生活因阅读而精彩

生活因阅读而精彩

张红镝◎编著

白金限量
典藏版

聪明人会说
智慧人会听
高明人会问

非懂不可的口才经典

中国华侨出版社

图书在版编目(CIP)数据

聪明人会说,智慧人会听,高明人会问 / 张红镝编著.
—北京:中国华侨出版社,2011.8
ISBN 978-7-5113-1641-7

Ⅰ.①聪…　Ⅱ.①张…　Ⅲ.①心理交往-语言艺术-
通俗读物　Ⅳ.①C912.1-49

中国版本图书馆 CIP 数据核字(2011)第 156425 号

聪明人会说,智慧人会听,高明人会问

编　　著 /	张红镝
责任编辑 /	尹　影
责任校对 /	孙　丽
经　　销 /	新华书店
开　　本 /	787×1092 毫米　1/16 开　印张/17.5　字数/260 千字
印　　刷 /	北京建泰印刷有限公司
版　　次 /	2011 年 9 月第 1 版　2011 年 9 月第 1 次印刷
书　　号 /	ISBN 978-7-5113-1641-7
定　　价 /	30.00 元

中国华侨出版社　北京市朝阳区静安里 26 号通成达大厦 3 层　邮编:100028
法律顾问:陈鹰律师事务所
编辑部:(010)64443056　　64443979
发行部:(010)64443051　　传真:(010)64439708
网址:www.oveaschin.com
E-mail:oveaschin@sina.com

前　言

一个人要很好地适应这个社会，他是否具备良好的沟通能力是其中的关键。沟通能力是一种综合素质，它的 3 大要素可以概括为聪明地说、智慧地听、高明地问。

话，谁都会说，可是要说好话，让每个人听起来都很舒服，这就需要说话的技巧了。怎么说好想要说的话，怎么表达你想要表达的意思，怎么达到你想要达到的目的，怎么说出难以启齿的话，这都需要掌握一定的方法。所以当我们感觉自己"不会说话"的时候，可以学习一些小技巧，让你从一个口拙的人变成社交达人。

每个人的身份性格都有所不同，见到不同的人，说话的语气、态度、说话方式都要有所不同，说话前要了解对方的喜好性格，然后对于他不同的性格"对症下药"。对于不同的人，要说不同的话，我们要学会灵活多变，不要对着所有的人都是一种语气，说话是一种艺术，要想做一个受欢迎的人，我们就要学会见什么人说什么话。

对于在不同的场合，我们要说的话也要有所不同。正式的场合，适合说比较礼貌正式的话题；休闲娱乐的场合，就要说比较轻松的话题。只要你掌握好说话的技巧，能分清场合，在合适的地方说合适的话，那么，你就一定能够得到别人的认可，受到大家的欢迎。

我们每个人都是自己人生的主角，也都是别人人生大戏的配角，喧宾夺主的事情最好不要做，是什么样的身份，就扮演什么样的角色，如同足球比赛一样。说话的时候，也要谨慎不要越位。

要想在交际圈子里顺风顺水,和不同类型的人交朋友,其实这并不是一件容易的事情,我们总是会觉得有张厉害的嘴就可以了,可是你错了,有一张厉害的嘴,只会说不会听,一样会让别人觉得你很自大,对你产生排挤的现象。中国有句老话"会说的不如会听的",这些人不是因为会说话而讨人喜欢,而是因为他们有一颗慧心,能在倾听中洞察别人内心的企图,然后再加以分析,明白对方到底在想什么,然后给予恰当的回应。

　　如果说说话是一门艺术,那么听话就是一种水平。学会倾听,其实更能打动人心,不是每一个人都会倾听,也不是每个人都愿意去倾听别人说话,可是我们要知道,会倾听的人,会给人一种亲切感,他也会对你产生一种信赖感。

　　高超的问话技巧,同样能赢得别人的好评,随机应变的能力,无疑是让人最羡慕的东西。我们感觉问话可能是一件小事,其实问话也有很多技巧在里面。不会问话的人,也常常会得罪人,而一个善于问话的人,能够用巧妙的问题获得自己需要的东西。

　　很多不容易应对的事情,你不知道怎么开口,这时候,你不妨问几个问题来解决这一难题。问问题对于我们在人际交往中,算是比较容易的,问话也被称为是让对方开口的金钥匙。会问话的人总是能调动起别人的热情,总是会把尴尬的气氛融化掉。在社交场合,我们在遇到棘手的场面时一定不要慌张,静下心,沉住气,发挥你的聪明才智,用幽默的语言打破这尴尬的局面。其实并不需要我们知道得太多,你只要挑开话题,如果他感兴趣,自然就会打开话匣子。所以,提示性的话一定要说好,它起着至关重要的作用,还会直接作用着谈话的结果。我们要是不会运用一些问话的小技巧,不但得不到你想知道的答案,还会得罪对方,让对方对你产生不好的印象。

　　语言是一门值得推敲的艺术,与人交往的时候,表达的技巧直接影响到事情的成败。所以,我们必须懂得说话要分人、分场合、分形势,在与别人交流的过程中,善于倾听,懂得在恰当的时机提出恰当的问题,获得自己需要的答案。对于听、说、问的所有问题,希望读者朋友可以从本书所提供的具体场景和经典案例中得到启发,结合自己的生活经验,强化优点,补充不足,把自己沟通交流的能力提升到一个新的层次。

目　录

第一篇　聪明人懂得说

美国人类行为科学研究者汤姆士指出："发生在成功人物身上的奇迹，一半是由口才创造的。"这是千真万确的，如果你经常出言不慎，那么，你将不可能获得别人的认可、别人的合作、别人的帮助。无数成功者的事实证明，善于说话，并把话说到对方的心里，才是实现成功人生的催化剂。话是一样的话，只是在于你怎么说，会不会说。聪明的人，能够掌握好这个火候，知道在什么场合、什么时候，见到什么人说出什么样的话。

第一章　说话看对象

第二章 什么场合说什么话

第三章 什么身份说什么话

第四章 什么形势说什么话

第二篇　精明人懂得听

"听"对于我们每个人来说都不是一件困难的事,可是真正会听话的人,却又不是那么多。精明的人会听话。要知道没有谁会喜欢总是喋喋不休的人,话说得太多,难免会有得罪人的地方,所以做好一个倾听者,要比一个只会喋喋不休的人强很多。在生活中,很多时候是需要我们去倾听的,在别人说话的时候,出于礼貌,出于尊重,也请你管好自己的嘴巴,在认真地倾听之中获得有用的信息,增进人与人之间的相互理解,创造融洽的人际关系。

第一章　在倾听中释放善意

第二章　在倾听中洞察别人的内心

第三章　在倾听中了解真相

第四章　在倾听中决定方案

第三篇　高明人懂得问

会说话的人走在什么地方都会赢得听众的好评,高超的技巧、随机应变的能力,无疑是让人最羡慕的东西。很多不容易应对的事情,你不知道怎么开口,这时候,你不妨问几个问题来解决这一难题。问话是打开对方话匣子的一个好方法,不会问话的人,也常常会得罪人。一个善于问问题的人,能够以一个个巧妙的问题激起对方的谈兴,牵引对方的思路,推动事态向自己的既定目标发展。

第一章　问出热烈的气氛来

第二章　问出急需的忠告来

第三章　问出预期的结果来

美国人类行为科学研究者汤姆士指出："发生在成功人物身上的奇迹，一半是由口才创造的。"这是千真万确的，如果你经常出言不慎，那么，你将不可能获得别人的认可、别人的合作、别人的帮助。无数成功者的事实证明，善于说话，并把话说到对方的心里，才是实现成功人生的催化剂。话是一样的话，只是在于你怎么说、会不会说。聪明的人，能够掌握好这个火候，知道在什么场合、什么时候，见到什么人说出什么样的话。

第一篇

聪明人懂得说

第一章　说话看对象

有一句话说得好："会干的不如会说的。"聪明人不会说起话来滔滔不绝，而是能把握住分寸，见到什么人说什么话，到什么山唱什么歌。每个人的身份性格都有所不同，见到不同的人，说话的语气、态度、说话方式都要有所不同。说话前要了解对方的喜好与性格，灵活多变，对症下药，真正做到把话说到每个人心坎里。

称呼对方要得体

有这样一个笑话：一个人在和别人交谈的时候说："我的令尊很健康，你的家父还好吧。"可笑之处就是这个人在交谈过程中，在称呼的问题上犯了张冠李戴的错误。错误的称呼充分暴露了这个人在交际知识、文化修养上的欠缺。这种人在称呼的问题上犯了疏忽大意、随便乱用的错误，在交际场合中必然会导致失败，让别人对他的印象大打折扣。

在人际交流中，对人的称呼往往是进入交际大门的通行证。正确称呼是在交际场合中的门面，能反映出自身的教养和对别人的尊重程度，甚至还能够体现出个人对社会时尚所把握的程度。称呼是最起码的交际礼仪，我们在交际场合中一定要注意称呼的正确得体，不能错用，更不能乱用。

在和别人交往的过程中，我们要想掌握正确的称呼方法，可以从以下几个方面来注意。

第一，要合乎规则，不能犯一些常识性的错误。比如称呼对方的孩子时，可以用令郎而不能用犬子。

第二，要充分考虑对方的个人习惯、面对一个副市长，不要直冲冲地叫什么"×副市长"，不妨称呼一声"×市长"，这样，就能避免给对方的心理上带来不快。

第三，要注意对方的风俗习惯和文化背景、每个人来自不同的地区，有着不同的文化修养和宗教信仰，在称呼对方的时候一定要注意这些细节。比如对一个南方人，就不要称呼"师傅"，因为在他们的观念里，这是出家人的专用词语。

第四，要注意称呼的时代性。尽管有很多称呼流传了上千年，但是在现代社会中其内涵已经发生了变异，有的已经完全不符合现代社会交际中的需要，因此，我们要注意一些在本质上发生了变化的称呼。

在日常的交际中，称呼的基本要求就是要表现出尊敬和亲切，能够让双方进行有效的心理沟通，很自然地去缩短两个人的心理距离，最终做到感情融洽、一团和气。要想做到称呼的郑重、规范，我们就要注意中国人的习惯称呼。中国人的习惯称呼大致可以归纳为以下几种。

（1）职务性称呼。在我们交往的人群当中，有不少人具有高级或者中级职称，这是他们取得一定成就的具体标志，那么这就要求我们在称呼他们的时候要直接以职务相称。在我们称呼对方的职务时，就能表达出我们应有的敬意，同时也会满足对方某些方面的虚荣心。这种职务性的称呼可以分为 3 种：直接称呼，比如"教授"、"博士"、"工程师"等；在姓氏后面加上职位，比如"李教授"、"周工程师"、"孙校长"；在姓名之后加职称，这种一般用于正式场合，比如"范松鹤教授"、"杨清源社长"；等等。

（2）职业性称呼。在交际生活中，有时候可以根据对方的职业进行称呼。用对方当前从事的职业进行称呼，可以表现出你对他的了解和兴趣。比如直接称呼对方为"老师"、"医生"、"律师"，等等。在这种职业之前，通常是要加上姓氏或者姓名的。

（3）性别及年龄性称呼。在交际场合中，如果不清楚对方所从事的职业，不妨按照约定俗成的称呼来称呼对方。在称呼别人的时候,既要注意性别的差异,又要注意年龄段的不同。称呼未婚女性为"小姐",已婚女性为"女士"。至于男性,最好还是称呼"先生"为佳,那些"哥们儿"、"兄弟"的称呼,最好不用。

(4)姓名性称呼。一般情况下,在交际场合中彼此熟悉的人之间可以用姓名相称。比如"杜小威"、"赵志强"、"谢昕"等。有时候为了表示彼此之间的亲切,还可以在姓氏之前加上一些"老"、"大"、"小"等字,而不用称呼名字。比如,对年龄稍微比自己大的人,可以称呼为"老刘"、"老李",对于年龄稍微小一些的可以称呼为"小陈"、"小王",等等,像这种称呼,经常出现在职场之中。面对同性朋友,如果关系十分亲密的话,就可以不用称呼对方的姓,直呼其名就可以了,比如"海涛"、"建伟",等等。不过,应该注意的是,这种称呼只能存在于同龄同性别的人之间,如果是异性朋友,最好不要直呼其名,因为如果如此称呼对方的话,就可能给外人一种夫妻的印象。

介绍要恰当

在人际交流中,介绍是相当重要的一环。因为我们在任何场合都有可能接触到一些素昧平生的人。通过清晰的介绍,可以结识新朋友和新的合作伙伴,也可以为谋求新的职业打开门路,开始新的里程。

在介绍时,需要掌握以下要点。

1.介绍的顺序

(1)先将男士介绍给女士。在介绍一男一女互相认识时,是把男士介绍给女士,在介绍过程中,应先提女士的名字,然后再提男士的名字。如:"沈小姐,我来为你介绍一位朋友,这是张先生。"有时也有例外。如果你要介绍一男一女认识,而男的年纪比女方大很多时,则应该将她介绍给这位男士,以示尊敬长者之意。如:"张先生,让我介绍我的外甥女给您认识。"

（2）先将年轻者介绍给年长者。把年轻者引见给年长者，以示对前辈、长者的尊敬。如："陈阿姨，这是我的表妹周静。""冯伯伯，我请您认识一下我的朋友钱小宇。"在介绍中，应注意有时虽然男士年龄较大，但仍然是将男士介绍给女士。

（3）先将职位低的介绍给职位高的。介绍职位有高低差别的两个人互相认识时，应突出职位高者的地位。先介绍职位低者，再介绍职位高者。如："张总，这位是××公司的总经理助理赵女士。"注意，这里我们先提到的是张总经理，这是因为我们把张总经理的职位看作高于赵女士，尽管张总经理是一位男士，仍不先介绍他。

若职位高低与年龄、性别有冲突，那么介绍规则仍应以职位为优先，也就是，即使职位低者为女性或年龄较长，亦应成为先被介绍的一方。

（4）先将未婚女子介绍给已婚女子。如："吴太太，让我来介绍一下，这位是楚小姐。"注意，当无法辨别被介绍者是已婚还是未婚时，则不存在先介绍谁的问题，可随意介绍，如："吴女士，我可以把我的女朋友韩小姐介绍给您吗？"

2.介绍的内容

（1）在给他人作介绍时，首先要实事求是、简明扼要地介绍双方各自的情况，如姓名全称、职位、与自己的关系以及认识对方的目的等，令双方知道如何称呼彼此、明白双方交流的意义。

（2）在介绍对方时切忌厚此薄彼，不可以对一方介绍得面面俱到，而对另一方只用寥寥数语。也不可以对一方冠以"这是我的好朋友"，而不给另一方以"同等待遇"。

（3）介绍两位素昧平生的人互相认识，不要只是寥寥数语道出各人的姓名便算完成，而应该尽量让他们多知道一些对方的事。一来使气氛轻松，二来亦可为他们之间的交谈先铺一条道路。如："小莉，这位是陈建鹏。我知道你正好要找个著名摄影家学习摄影技巧，而陈建鹏正是高手，他是很乐意帮助别人的。"或是："小莉，陈建鹏上星期从九寨沟度假回来，你以前不是也去过九寨沟吗？你们都爱好旅游，一定有共同的话题。"主人如此起了穿针引线的作用之后，便可以"功成身退"，让他们自己谈话了。

3.介绍不必太过拘束

在家庭交际场合，介绍不必过于拘泥于礼节，倘若大家又都是年轻人，就更应以自然、轻松、愉快为宗旨。介绍人说一句："我来介绍一下，"然后即作简单的介绍，也不必过于讲究先介绍谁、后介绍谁的规则。最简单的方式恐怕莫过于直接报出被介绍者各自的姓名。也不妨加上"这位是"、"这就是"之类的话以加强语气，使被介绍人感到亲切和自然。在把一个朋友向众人作介绍时，说句"诸位，这位是杰克"也就可以了。

另外，作介绍前，应考虑被介绍人双方有无相识的必要与愿望，故可事先询问被介绍人的意见，以防作介绍时冷场。如"请允许我介绍你们认识一下"，然后再把双方的情况一一介绍。

说话要因人而异

俗话说："到什么山唱什么歌；见什么人说什么话。"在你说话之前，一定要充分考虑对方是什么类型的人，然后再张口说话。

不要以为你一贯的说话方式适合所有的人。在面对所有人的时候，都用同一种说话方式，这是行不通的。和不同职业、不同性格、不同学识、不同年龄、不同性别的人打交道，采取的方法也是不一样的。只有对不同的人说不同的话，把握好说话的方式，才能和人很好地进行沟通。

1.和性格各异的人交谈

面对性格不同的人，你说话的方式也要不一样。对一个很深沉的人，如果你总是说玩笑话，对方会觉得你很轻浮；对一个很幽默的人，如果你总是说很深沉的话，他会觉得你很死板。我们面对不同的人，从说话的语气上应该注意有所区别。对男性说话，可以豪爽一点；而对女性说话，应该委婉细腻一些，你要是说话太直白，可能会弄得对方很尴尬，让她接受不了。所以，我们在和别人说话的时候，一定要选择正确的说话方式，才不会让对方觉得厌烦。

2.和不同年龄的人交谈

不同年龄的人，兴趣和爱好都不一样，关注的焦点也会不一样。年轻人初入社会，会比较喜欢一些有活力、有激情的东西。再加上年轻人容易心浮气躁，情绪容易冲动，在和他们讲话的时候，你最好选择一些时尚的话题，至少不能拿太陈旧的东西与他们谈论。另外，与年轻人谈论的时候，你的语气可以轻松一点，不要太过拘束。

和中年人交谈的时候，你不能显得太过轻浮。中年人的心理已经成熟，他们会更关注与自身利益相关的话题。而且人到中年，难免会有一些城府，所以和中年人说话，你应该选择一些贴近现实生活的话题，口气也应该适当地严谨一些。

如果你是和老年人交谈，那么不管你的职位高低，你一定要显示出对他的尊敬。老年人喜欢谈论过去的事情，他会喜欢和你谈论当年勇、想当年怎么怎么样，这时候你不能显得不耐烦，而是应该显得很感兴趣，并且附和着他说话。这样的话，他自然就会觉得你是一位不错的聊友了。

3.和与你文化程度有差异的人交谈

交谈者双方由于文化程度不同，所接触的东西会有所不同，理解能力和欣赏水平也会有所不同。同时，文化程度也决定着一个人的生活环境，生活环境的不同，也会决定一个人说话和听话习惯的不同。所以，在你说话之前，要了解对方的情况，如果你的文化程度比他高，你可以放低你的姿态，聊一些对方所熟知的话题，用直白的话和他进行交流。如果你交流的对象文化程度很高，你可以用请教的方式和他交流，从而满足他的虚荣心，他自然就会喜欢和你交流。不要在一群学问低的人面前说一些高学问的话，那样会让人觉得你在卖弄。可是如果在高学问的人中间你再去说一些低俗的话，就会让人觉得你格格不入。

4.和职业不同的人交谈

俗话说"隔行如隔山",不同的职业,决定了一个人不同的说话方式。做销售的人,可能说起话来会洪亮一些,话可能会多一些。做研究工作的人,可能会低调一些,说的话也没有那么多。因为他们的工作原因,与人接触打交道会少一些,如果你们的职业没有交集的地方,你就可以从生活方面或者是以共同的兴趣爱好为话题。从事以体力劳动为主的人说起话来可能会直白一些,在和他们说话的时候,你可以用直白的方式和他们交流。如果你满口术语、之乎者也,对方会觉得你故意在他们面前显摆。而从事文字工作、教育工作的人,在说话的时候常会给人以文绉绉的感觉,而且他们的幽默方式,可能会有所不同,文字游戏也会常常出现,他们对生活、对事情的看法和感慨也会多一些。跟这样的人打交道,你的脑子和你的嘴巴一定要转得快,可能你不是这个意思,可是如果你表述不清,就会让对方误解。而对于经商的人,你可以谈一下最近的经济形势,或者一些生意上的事情。但是,你一定要掌握说话的分寸,每个商人都有自己的商业机密,你若是问得太多,对方可能会觉得你有所图谋。

在生活中,每个人的性格喜好各有不同,所以我们对不同的人要不同对待,具体问题具体分析。想要成为一个受欢迎的人,就必须学会看人说话,找到适合的话题,才能更顺利地进行你们之间的沟通。

生活中的人形形色色,每个人的心理、脾气、语言、习惯都不相同,每个人对语言的要求也是不同的,我们不能对每个人说话都用一种语言态度来表达。对语言的表达,你一定要把握好。

贴近对方的身份说话

古人常说:"知己知彼,百战不殆。"我们在开口说话的时候也应该这样,什么话对什么样的人说,这都是有技巧的。有的人在朋友圈子里混得很好,什么类型的朋友都有，可是有的人却混得很差，原因就是不会说话。

我们在开口说话之前，要了解对方是什么身份的人，然后针对对方的身份、生活背景采取不同的谈话技巧，只有这样才能把话说到对方的心坎里，否则就可能引起对方的不满或反感，甚至惹出是非。

孔子带着他的几名学生出外讲学、游览，一路上十分辛苦。这一天，孔子一行人来到一个村庄，他们在一片树荫下休息，正准备吃点儿干粮、喝点儿水，不料，孔子的马挣脱了缰绳，跑到庄稼地里去吃了人家的麦苗。一个农夫上前抓住马嚼子，将马扣下了。

子贡是孔子最得意的学生之一，一贯能言善辩。他凭着不凡的口才，自告奋勇地上前去企图说服那个农夫，争取和解。可是，他说话文绉绉，满口之乎者也，天上地下，将大道理讲了一串又一串，尽管费尽口舌，可农夫就是听不进去。

有一位刚刚跟随孔子不久的新学生，论学识、才干远不如子贡。当他看到子贡与农夫僵持不下的情景时，便对孔子说："老师，请让我去试试看。"

于是，他走到农夫面前，笑着对农夫说："你并不是在遥远的东海种田，我们也不是在遥远的西海耕地，我们彼此靠得很近，相隔不远，我的马怎么可能不吃你的庄稼呢？再说了，说不定哪天你的牛也会吃掉我的庄稼哩，你说是不是？我们该彼此谅解才是。"

农夫听了这番话，觉得很在理，责怪的意思也消散了，于是将马还给了孔子。旁边几个农夫也互相议论说："像这样说话才算有口才，哪像刚才那个人，说话不中听。"

众所周知，子贡也是满腹才华之人，他的能言善辩也是众人所不及的。但是，在和农夫交流的时候却没有注意到对方能否理解自己所说的话，如果说出的话不能让对方理解，那么交流也就失去了意义。子贡虽有绝妙口才，农夫却不领情，倒不如另一位学生直白地相告来得痛快和容易让人理解！

一位衣着时髦的白领小姐，正在为购买一件大衣犹豫不决的时候，女营业员忙上前说："这件衣服品位高雅，我们卖得很好，今天早上就卖出了好几件。"可那位白领小姐听后立即走了。不久，一位中年妇女来了，准备买一件新潮的马甲，那位营业员接受了刚才的"教训"，便说："这件马甲很不错，上身的效果很不错，很气派，一般人穿着还压不住它，从进货到现在还没有卖出一件，看来只有你最适合了。"这位中年妇女听了很生气地走了。

上述故事中那位女营业员所犯的错误，就是没有看清对方的身份说话，结果惹得顾客很生气，自己也没有卖出一件衣服。作为白领，自然是追求个性，不喜欢和别人穿一样款式的衣服，那样就会感觉有失品位。可是，对于中年妇女，最害怕看到别人不穿的衣服自己穿，那就说明自己已经老了，赶不上潮流了。由此可见，说话看不清对方的身份，会造成不好的后果。

在我们的生活中，说话一定要很注意，对于领导要尊敬，对于前辈要谦虚，对于下属要亲切，对于同事要有礼貌，要贴近对方的身份进行交流，否则你将会制造很多不必要的麻烦。

全国人口普查时，一位年轻的普查员向一位70多岁的老太太问道："您有配偶吗？"老人愣了半天，然后反问他说："什么是配偶？"普查员恍然大悟后解释说："就是你老伴。"老太太这才明白。

这位普查员说话没有看清对方的身份，说出不合适的话，难免会闹笑话。所以我们在和别人说话的时候，看不清对方的身份就开口的话，很容易引起别人的厌烦，那势必会影响到你们交际的结果。俗话说"秀才遇见兵，有理说不清"、"一把钥匙开一把锁"，这个同样可以运用到我们与人谈话上，和人交流谈话之前认清对方的身份，贴近对方的身份说话，运用不同的谈话策略，这样你才能成为一个受欢迎的人。

一般来说，不要和没文化的人高谈阔论，他的文化水平不高，你就可以和他拉拉家常，和农民交谈，你可以问一下收成与他聊一些生活的事情。他平时接触的生活是怎样的，你和他聊起来，他一定很高兴，很乐意和你交谈，觉得你懂事、亲切、会说话。对于有文化底蕴的人，你可以向他请教文学方面的事情，聊一些有深度的问题；对于爱炒股的人，你可以和他聊聊股票；对于喜欢体育的人，可以和他聊聊足球、篮球。他喜欢的项目以及近期的动态。没什么可聊的，可以聊聊彼此家乡的小吃民俗、新闻，等等。

一般来说，不要对一个无职业的人去传播什么领导艺术；不要对一个普通工人或农民摆出知识分子的架子，满口之乎者也，肯定让对方满头雾水，更别说会被接受了，对方还会觉得你是故意在显摆。如果遇见文化修养较高的人，也不能开口就一副江湖气，容易引起对方的反感，更无法获得交往的信任和好感。在学术会上，与会者都是专家教授，如果你仅仅是一个刚刚入门的初学者，却在会上夸夸其谈，这好比在关公面前耍大刀。对一个初学者，你最好不要摆出自己的深刻，宁可让对方觉得你是一个普通人，假如你一开始就站在和别人不同的等级，对方很难对你产生好感，你若总是摆出一副高高在上的样子，那别人也会用同样的态度来对待你。专业术语，就对着专业的人来说，而如果对于外行人说专业术语，你的专业用语一定会让人觉得反感。

与他人交往时注意谈话技巧，贴近对方的身份说话，能让你在人际交往中游刃有余，并能比别人获得更多机会。大致说来，可从以下几个方面做起。

1.用对方可以接受的方式说话

话是要有人听的，一个人口才好不好，不仅是看他是不是恰当表达了自己的思想和感情，还要看别人能不能接受和理解他说的话。

见什么人说什么话，在和别人交谈的时候，尽量使用对方可以认同的语言，谈论对方熟悉或者比较关心的话题，当然也要根据当时的情况灵活应变，这样你就能赢得对方的好感。

2.注意对方的身份、地位

跟不同的人打交道，说话方式也有不同。

如果你面对的是身份地位比你高的人，尊敬是必不可少的。在对方讲话的时候要注意听，不要随意打断或者插嘴。回答对方问题的时候要自然、简洁得当。

如果是对比自己地位低的人讲话，不能有那种盛气凌人或者给人一种高高在上的统治者的态度。要明白，即便是你的下属，你也应该对对方有足够的尊重，才能显示出你自身的的权威和德行。

3.注意对方的年龄、性别

同样的内容,如果要对不同年龄、不同性别的人说,用语方式也应该有所区别。比如在打听对方年龄的时候,你会对一个孩子说:"你几岁了啊?"可是对于一个老年人,则应该问:"您今年高寿?"或"您今年高龄?"

如果你的交谈对象是一位女性,那么很有可能她需要的是一个很好的倾听者。那么,你不妨适当地迎合她们自尊的天性,这样她们会觉得与你谈话十分快乐。

赞美男人要间接,赞美女人要直接

虚荣心是我们每个人都有的弱点,喜欢听赞美话是人的天性。当对方听到你诚恳赞美的时候,心里一定会产生一种优越感和满足感,这样你成为他知己的可能性就更大了。当你听到别人的赞美时,嘴上经常会说"哪里哪里,我没你说得那么好"。可是,你的心里一定很高兴,即使你明知道对方说的是恭维的话,可心中的喜悦之感还是挥之不去。

赞美不是一件简单的事情,对于不同性格的人,赞美的方法和语言都要有所不同,而对于男人和女人,赞美的方式也要有所不同。赞美男人的时候一定要看清方向,了解对方的性格,如果你的赞美没有找准恰当的方法,那么好事也会变成坏事,简单的事情也会变得麻烦。如果你当着别人的面说好话,对方会觉得你是在有意地讨好他,可是你在背后称赞别人的时候,对方会觉得你的赞美是发自内心的、真诚的。

1997 年,金庸和池田大作进行了一场友好的会谈。两个人刚刚落座,金庸就谦虚地说:"我虽然过去与会长(指池田)对谈过,我自知与世界知名人士不是同一个水平,但我会尽我所能与会长对话。"池田大作听了连忙说不敢当,他说:"您太谦虚了,您的谦虚让我深感了'大人之风'。在您 72 年的人生中,这种'大人之风'是一以贯之的,您的每一个脚印都值得我们铭记和追念。"池田大作然后又接着说:"早就听说过'有中国人之处,必有金庸之作',先生享有如此盛名,足见您当之无愧是中国文学的泰斗,是处于亚洲巅峰的文豪。而且您又是世界'繁荣与和平'的香港舆论界的旗手,正是名副其实的'笔的战士'。《春秋·左传》有云:'太上有立德,其次有立功,其次有立言,是之谓三不朽。'在我看来,只有先生您所构建过的众多精神之价值才是真正属于'不朽'的。"

池田大作不愧是著名的文学家,短短的一段话之中用"借他人之口予以称赞"的方式,借用舆论界的评价和古典文学中的语句将金庸大大地称赞了一番。既显得诚恳又显得十分得体,给对方带来莫大的满足感。

我们常用到间接赞美,间接地赞美一个人,是你与人关系融洽的最有效的方法。我们要想让对方感到高兴,当面说好话,可能人家会觉得你是在恭维,而且目的性很明确,他多少不会买账,还会弄得你很尴尬。在背后赞美他,从第三个人的嘴里说出来,即使语言很拙劣,他也会心花怒放的,而且更容易相信它的真实性,心里会更舒坦,你交谈的效果也会更好。

王蒙在和同事闲聊的时候,顺便说了上司几句好话:"李伟这个人还真不错,办事挺公道的,也挺乐于助人的,上次我找他帮忙,我还想着他是领导,这种小忙可能不会帮我,没想到他二话不说就答应了,平时又挺为我们着想,能在这样的领导手下做事,真是一种幸运。"没想到这几句话很快就传到李伟的耳中,这让李伟十分欣慰和感激。那些传播者在传达的过程中,也顺带着将王蒙称赞了一番,这也使王蒙在领导和同事眼中的地位有所提升。

赞美一个人,背后说和当面说所起的效果不一样,即使对方会对你夸赞的人有些成见,听你这么一夸,他都会停下来仔细想想:是不是我真的没注意,可能这个人真的挺好的,或许是我对他有些误解。

对于女人的赞美,我们就不用绕这么多的弯子,女人都喜欢你最直接的赞美,女人都喜欢炫耀自己,很简单的赞美她都会觉得很高兴。

赞美女人要恰当,不要夸大其词,也不要虚构,没有的事情就不要夸,否则不但称赞的效果没有达到，反倒会引起对方的不满，会觉得你是有意地挑衅，起到反效果。每个女人都有自己的长处，即使最普通的女人也有她的长处，关键是看你有没有细微的观察力，夸她该夸之处。

作为一个女人，最喜欢的就是你夸她漂亮。如果对方长得不是很好看，你可以说她的五官哪一处比较细致，如果对方说：我也觉得，我这个部位长得最好，那你就可以继续放大称赞，皮肤好的可以称赞她的皮肤好，可以称赞瘦的女人苗条，称赞胖的女人丰满，称赞矮的女人小巧，称赞高的女人亭亭玉立。她穿新衣服，你可以称赞说，这衣服真漂亮，和你真配。早晨见面，你可以说她气色真好。对于女人的称赞其实也很简单，女人无外乎两点，第一是漂亮，第二就是年轻。此外我们还可以夸她身边的人或物，比如一个女人牵着狗出来散步，你可以夸她的狗，养宠物的人一定很在意她的宠物，带小孩的可以称赞她的小孩，等等，这些都是可以让女人很高兴的称赞。

赞美是种艺术，不恰当的赞美叫人听起来会觉得很难受、很别扭，所以我们要学会恰当地赞美，从而提升你的说话水平。

不论是间接赞美男人，还是直接赞美女人，恰当的赞美都要考虑两个方面的因素：一是赞美者本人，你的赞美是否发自内心，真诚的赞美会取得很好的效果，虚假的赞美注定会失败。二是被赞美的对象，他所得到的赞美是不是自己所期望的，是否是合乎情理的赞美。当你的赞美还没有说出口的时候要考虑清楚，这种赞美有没有真凭实据，如果你的赞美文不对题，连你自己都不相信，又如何能让对方相信呢？

与前辈说话要谦虚和恭敬

尊重，对于我们来说，是一种道德修养，是一个人素质的体现，也是你待人接物时所折射出来的自身的品质。聪明的人会尊重每一个人，因为他知道每个人都有自己的长处，也明白每个人都有值得尊重的一面。只有懂得尊重他人的人，才能获得别人的尊重、认同和欣赏。

在与人交谈时，尤其是和前辈、长辈、师长等人交谈时，要使用一些礼貌用语。常用的礼貌用语很多，一个讲文明、讲素质的人，就要学会如何对前辈谦虚恭敬地说话。

"您"、"您好"、"请"、"久仰"、"拜见"等词汇，都是我们日常生活常用到的，对前辈说话，要把对方放在一个高的位置上，作为一个后辈、晚辈，你的基本礼貌是必不可少的。作为新人、晚辈，你没有资格用一种不屑的眼光看待你的前辈，即使对方在某些方面不如你，你也不要用一种不屑的语气和他说话，你尊重他，他才会尊重你。

王教授是北京某知名大学的教授，一次，他正在办公室里备课，忽然有人敲门，王教授习惯性地说了声请进。来人进屋后，王教授抬起头，见面前站的是一位女生，可是他并没有见过这位女生，他想这女生可能是找别的老师的。可是，女生朝四周看了看，并没有确定自己到底找谁，于是张口就问道："王××呢？"

这句话一出口，大家都吃了一惊，目光纷纷向王教授这边投来，王教授心里也很奇怪，在学校教书这多年，还没有谁敢直呼他名的，连校长见了他都要谦让三分。他的脸色微微一变，还是很有礼貌地说了句："我就是。"

女生大大咧咧地说："哦，原来你就是王教授啊，我可早就听说过你了。我是陈教授的学生，我的论文你给我看一下。"

当时有规定，论文答辩的时候要请外校的专家来指导，这位女生是外校的，因此来找王教授给自己批阅论文。

王教授是个有涵养的人，看到这个女生这么说话，并没有发火，只是随口说道："我知道了，你先放在那里吧。"

女生有点不高兴，把论文随手往桌子上一扔："你快看啊，后天我们要论文答辩，你可别耽误我的事。"

王教授再也忍受不了了，生气地说："你这是找人办事还是下命令呢，你懂不懂得尊重二字？你把论文拿走，我没有时间给你看。"

其实谦虚是一种态度，你的态度都不对，你还怎么去求别人办事？这个女生对王教授一直语出不逊，本来可以办成的事情，却被自己弄砸了，这不能怪别人，只能怪她的说话态度。

高原是公司新晋升的主管，是从别的部门调来的，对本部门的很多事情还不太清楚。他自从上任之始，就谦虚待人，对待一些资历老的员工，也很敬重，态度很真诚。老李是部门的主任，本来他认为自己是主任，空出来的主管位置应该就是他的，之前他还满心欢喜，想着这个位置就是他的囊中之物，可是没想到公司会从别的部门调人过来，这让老李有种竹篮打水一场空的感觉，老李的心情不免有些失落，他对高原自然也没有好脸色看。

这天，高原过来向老李请教工作方面的事情，高原的态度十分友好谦逊，见到老李立刻扬起笑容："老李，您好，我有些问题弄不明白，您是前辈，是这方面的专家，还望您不吝赐教。"可是，老李却不这么想，觉得高原这个人很虚伪，故作姿态，想要拉拢自己，于是就故意刁难他。本来一个步骤就能做完的事情，老李告诉他用两个步骤去完成。后来高原才从别的同事那里得知，这个程序用一个步骤就能做好。

同事对高原说，肯定是老李眼红你的位置，可是高原却说："可能是你误会了，我向老李请教的时候，他的态度很和气的，况且，我还年轻，本来就需要历练的。"高原从同事那里听说了事情的原委，本来是老李坐自己现在的位置，对他的态度不好也就可以理解了。之后的时间里，高原每次和老李说话都是和颜悦色，谦虚恭敬，以晚辈的身份请教问题。时间一长，再加上老李本就是个心软的人，心中的结自然就解开了，老李开始敬佩起新晋升的主管高原，并开始全力以赴帮助高原。大家齐心合力，部门的业绩有了很大的提升。

老李作为下属，本来那个空位是自己的，可是却被其他人占据了，心里的不快无处宣泄，如果新上任的领导态度不好，时间越长，积累的矛盾也就越多，部门内部的斗争也就会愈演愈烈，最终没有谁会是受益者，还有可能殃及池鱼，影响到部门的业绩。但是，主管高原摆正了自己的心态，没有因为自己是领导而在员工面前摆架子，而是谦虚恭敬地和老员工交谈着，最后化解了危机，赢得了下属们的敬重。

谦虚的力量是很大的，谦虚恭敬的态度能感染每一个人，即使一个人对你不怀好意，可是当他看见你每次对他说话时恭敬谦虚，他也就不好意思再刁难你了。所以谦虚不是吃亏，而是为自己积福。

我们以谦虚的态度和前辈说话，没有什么坏处，前辈反倒会教给我们更多的东西，对我们进行更多的帮助。如果你刚刚升职，那么在和老员工沟通交谈时的态度很重要，要用真诚和敬重来感动他们，真诚地赞美他们为公司作出的贡献。在工作中，不清楚的地方可以找他们商量一下，不要因为职位高而对老员工有失敬意，老员工对公司的上上下下都很清楚，听他们讲公司的事情，对新领导也很有益处，这样一来，新领导不但对公司加深了了解，还在老员工的心里留下好的印象。

如果你在升职之前就和老员工搞好关系，对他们表示关心，和他们说话的时候客气一点，态度谦逊一点，那么他们一定会支持你的工作的。要知道在工作中，人际关系搞不好，你接下来的工作就很难开展，工作不好开展，你的业绩也就会受到影响。所以，尊重你的前辈们，抓住他们的心，让你热情谦虚的话语渗透到他们每个人，那么无疑对你的人际关系是非常有益的。

对"后来者"要加以鼓励和引导

在职场中，我们每个人都做过新人，同样，我们每个人也都可以变成前辈。在我们还是新人的时候，总会有前辈给予我们鼓励和引导，作为前辈或者领导，我们对新人一定要多多鼓励和引导。要知道对于后来者，引导和鼓励是非常重要的，我们学习一些领导者的言谈秘诀，就可以运筹帷幄，驾驭下属。拥有优秀的口才，对于交流信息、情感的沟通和建立广泛的人际关系都发挥着举足轻重的作用。

作为前辈、领导者，怎样把握住"后来者"的心呢？后来者对于新的环境都有一种陌生的感觉，在陌生的环境里，人都没有安全感，如果有前辈或者领导主动地对他好，鼓励他、引导他，那么他很自然就会对你产生一种依赖感、信任感，这样他就会自然而然地追随你。这样，你就可以达到你的目的，你的下属就会对你言听计从，你管理起下属来也会得心应手。

如果你是领导，在制订了具体的工作方案之后，一定不希望让它变成海市蜃楼。你必须把你的方案传达到下属那里，并让他们付诸实施。有经验的领导会用好口才去激励下属接受任务、完成任务。

琼斯是一家印刷厂的主管，有一天他收到一份印刷粗糙的印刷品，这是出自一位新人之手，这位工人刚来不久，他害怕自己动作慢了完不成任务，就只好草草了事，没有注意到产品的质量，印出来的产品大多数都不合格。班长看到他这样狠狠地批评了他一顿，说："如果你这样做，工厂的次品就太多了，会影响到整体的进度，那大家都只能面对失业了。"

琼斯了解到这一情况，他找到那位新工人说："我昨天看到你印刷出来的东西，印得还不错，小伙子，你做事情很有激情，每天都能印出这么多产品，要是大家都像你一样干劲十足，我们的工厂就不怕工作效率低了，希望你能好好地坚持下去。"新工人听了以后很是感激，以后他工作起来更是干劲十足，印刷的效果也越来越好。

前辈或领导的鼓励与引导对于新人来说，远比批评的效果更好。人人都有渴望被认可的心理，在工作中，那个能在恰当的时机给人鼓励的人，一定会在对方的心里留下深刻的印象。若一个下属辛辛苦苦地工作，却总是得不到肯定的话，他必然会对工作失去兴趣，对工作的态度也会由主动变成被动，还可能会对领导产生怨气。领导若是理解下属的这个心理，就要随时表扬工作出色的下属，从而达到融洽关系和鼓舞人心的效果。

指导和激励下属，一般是在他们遇到难以解决的问题或者是创造成绩的时候，这是最合适的时机。一般人都希望领导能帮助他们提供恰当的解决难题的方法，希望领导是他们创造成绩争取进步的引导者，而不愿看到领导或者前辈对自己冷冰冰的，没有一点热情，让新人们在面对困难问题的时候手足无措。

某家外企的部门主管，因为失误使公司损失了100万元，老板要求和他面谈，他想自己一定是要被解雇了。让他没有想到的是，老板只是和他探讨了失误的原因，还鼓励他继续努力做好工作。他疑惑不解，老板说道："这100万元就当是我给你做的一个培训，现在你已经有如何避免100万元损失的经验了，这样的经验，拥有的人少之又少，如果我辞退你，那我这100万元就真的白浪费了。"

其实这个老板是很聪明的，这样的代价很大，可是却使得一个员工死心塌地地为自己工作，还能创造出远胜于100万元的业绩。

新人在犯错误的时候，需要有一个人站出来给予他指导和鼓励，如果他犯了错误只是被批评一番，那一点效果都没有，他还会对你产生不好的印象，所以作为前辈或领导，对新人进行适当的引导与鼓励，这是对他们最大的帮助。

犯错误是每个人都避免不了的，如果一个下属犯了错误，你应该用友善的态度去找犯错的人谈话，认真地帮他分析导致错误产生的原因，认识到错误产生的原因，让他不要再重蹈覆辙，让他在离开你办公室的时候，下决心不会再犯同样的错误。这样一方面帮助下属提高了办事的能力,另一方面他也会感激你的宽容和大度,从而对你更加忠诚。可是在很多情况下,领导都会将下属批评一番,当他在你离开办公室的时候,心情一定很糟糕,闷闷不乐,对领导也会心怀怨恨,更有甚者可能会乘机报复。

每个下属都希望自己的成绩能得到领导的认可,作为领导,更是要充分了解下属的这一心理,不要吝啬表扬自己的下属。表扬是最好的激励,下属们觉得自己的成绩得到了认可的时候,你们上下级的关系将会变得更加亲密。

表扬能给人带来前进的动力,是认可他人价值的表现,对于领导者来说,关注下属的成绩,并在适当的时候给予他鼓励,也是提高下属工作热情和积极性的有效手段,也是同下属搞好关系的最佳途径。

身为前辈、领导,想要得到别人的信任,俘获人心,其实很简单,就是要学会鼓励人。对新人,一定要多加鼓励,让他们在你的鼓励下不断进步,当他们取得成绩、能力得到提高的时候,无疑,你就是他们最感激、最信赖的人。

强人面前,不能说太"软"的话

在我们的身边总会有一些人觉得自己高高在上,总是喜欢摆出一种高姿态,表现出唯我独尊的样子,仿佛身边的人都不如他,比他低一头。和这类人交流,你不能说太软的话,不要把别人抬得太高,也不要把自己贬得太低。在必要的时候,你应该在言语中加入一些"刚硬"成分,使对方在无形之中感到一种威慑力。

春秋时期,吴国和楚国之间进行了一场战争。楚强吴弱,很快就被打得大败,吴王只好宣布投降,派沮卫作为使者前去楚军大营递交降书,顺便刺探对方的军情,以便将来重整旗鼓进行反扑。没有想到的是沮卫的阴谋被楚军识破,楚军将领大为恼怒,下令将他抓进大帐,准备凌辱一番之后杀掉,用他的血涂在新鼓的缝隙上。

当沮卫被五花大绑地推到军帐之中时，脸上的神情十分镇定，没有丝毫的慌乱。楚将感到十分奇怪，就讽刺他说："难道你在出发之前就没有占卜过吗？"

沮卫回答说："占卜过。"

楚将大笑道："吉凶如何啊？"

沮卫抬起头来大声地说："大吉！"

楚将听后笑得前俯后仰："如今你就要成为我的刀下之鬼了，还有什么大吉呀？"

沮卫回答说："我家大王派我来，目的就是要试探你们对待我的态度。假如你们能够对我以礼相待的话，吴国上下就会放松警惕；但是你们如果要杀了我，就是在表明并不想真心停战议和，那么吴国上下就会加强戒备，枕戈待旦，准备和你们决一死战。这对吴国来说，难道不是好事吗？"

楚将又发出刺耳的笑声，说道："你马上就要身首异处了，你的国家也救不了你，这又怎么能说是大吉呀？"

沮卫沉着地回答说："我占卜只是为了国家的前途，并不是为了个人的生命安危。如果能够将我杀掉而保全整个吴国，那么我死又何憾？何况，我死了对你们也没有什么好处，你们可以把我的血涂抹在新鼓的缝隙当中，但是我的灵魂也将附在你们的战鼓之上，当两军交战之时，我定会让你们的战鼓发不出响声来，让你们因为失去战斗的号角而一败涂地！"

沮卫的话掷地有声，铿锵有力，让帐中的每一个人听到之后都感到有些恐惧，生怕将来他死后会导致自家军队战败。楚将考虑再三，总感觉杀掉沮卫并没有任何实际性的作用，相反还会有害无利，只好把他放了。

我们在与别人交谈的时候，不能一味地说"软话"，毕竟每个人的处世观点和利益考虑是不相同的，你的软话未必能打动对方。在谈话之中，要努力发现对方的漏洞所在，朝着对方的破绽进行进攻，这样的话，就会让对方处于自身利益的考虑而按照你的思路去想问题，那么，你所需要的结果也就很自然地得到了。

哈伯博士准备为芝加哥大学建一座教学楼，但是有100万美元的资金缺口。于是，他找出了芝加哥百万富翁的名单，准备从他们中的某一个人身上募捐到这些钱。经过慎重的考虑，他选择了两个人，有意思的是，这两个百万富翁之间却是积怨颇深的。

在一个午餐时间，哈伯博士前去拜访了其中的一位——芝加哥市区电车公司的总裁。因为这个时候办公室的工作人员都已经用餐去了，就连总裁的秘书也不在，这样的话，哈伯博士就不会遇到任何的阻力，能够很轻松地走进总裁的办公室。

总裁对这位不速之客感到很惊讶，脸上的神情也是淡淡的，可以看出他对哈伯博士的不请自来是十分不欢迎的。

哈伯博士自我介绍说："我叫哈伯，是芝加哥大学的校长。在这个时候外面办公室里没有人，我就自己闯进来了，请您原谅我的冒失。"

总裁的脸色缓和了下来，示意哈伯博士坐下。哈伯博士坐下之后对这位总裁说道："我知道您在事业上非常成功，您在芝加哥市建立了一套很好的电车系统，也获得了巨额的利润。但是，总有一天您还是要被上帝召唤回去，进入那个不可知的世界。在您之后，或许芝加哥市的人们早就把您忘掉了。"

"我想我可以给您提供一个名垂千古的机会。您可以在芝加哥大学兴建一座大楼，这座大楼用您的名字来命名。但是，学校董事会的许多成员却准备把这个机会让给布朗先生，据我了解，布朗先生曾经和您有过一些过节，在我的心里对他也是有一些意见的，因此也不愿意将这个机会给他。如果您有这方面的打算，那么我会回去说服那些支持布朗先生的人。毕竟，在私下里，我对您抱有的好感还是大一些的。

"当然，我今天只是因为外出办事路过这里，顺便过来坐坐，和您见面谈一下。不过这个事情还是需要您仔细考虑，并不能现在就作出决定。如果希望和我谈论这件事的话，麻烦您抽空给我打个电话来吧。好啦，先生，我很高兴有机会和您聊天，就这样吧，我该走了。再见！"

说完这些话之后，他没等这位总裁开口说什么，就退了出去。回到学校没多久,电车公司的总裁就打来电话说,和哈伯博士约一个见面的时间。

第二天早晨,电车公司的总裁就按时来到了哈伯博士的办公室,短短的一个小时之后,一张100万美金的支票就交到了哈伯博士的手上。

为什么哈伯博士能够轻而易举地就成功了?哈伯博士的募捐没有费太多的口舌,轻而易举地获得了成功,是因为他抓住了这位电车公司总裁渴望名垂青史的心理,然后又说这个机会可能会让他的敌人得到,从而让他的心中因为忌妒而产生不安,从而对这件事情变得有些急不可耐,在短时间内就把支票交到了哈伯博士的手中。

在知识高深、经验丰富的对手面前,越殷勤、越妥协,往往越会引起更多的疑问和戒备,因此,在和这样的人交谈时,语气不妨强硬一些,用自己的自信来感染对方、感化对方,使他打消疑虑。

我们在和别人交谈的时候,想要获得成功其实并不困难,只要把握住对方的心理,不要对他太端着,也不要长他人志气,灭自己威风,只要做到尽量地满足他的虚荣心,要想成功也就不在话下了。

学会制造"善意的谎言"

有这样一句话:善意的谎言是美丽的。当我们为了他人的幸福和希望,适度地撒一些小谎的时候,谎言即变为理解、尊重和宽容,具有神奇的力量。父母的一句谎言,让涉世不深的孩童脸若鲜花,灿烂生辉;老师的一句谎言,让彷徨学子不再困惑,更好成长;医生的一句谎言,让恐惧的病人由毁灭走向新生。笔者讲述了这样一个故事。

有一个对心理学十分感兴趣的朋友,他的漫画画得很好,可教研没有过关。为此,他的情绪很低落,对心理学也产生了反感情绪。

一天我跟他聊天:"哥们儿,我有一本书稿想配漫画,你能帮我画一下吗?"

"你不是会画吗?我可不行,什么内容的书稿?"他问。

"哦,是心理学方面的,我那两下子可不行,这个画非你画不可,帮帮忙吧?"

"我行吗?"他开始松动了,"多少幅?"

……

一个月后,他完工了,我交到出版社,3个月后出版了,封面上打着我们二人的姓名。从此,他又对心理学重新提起了兴趣,而且经常拿着那本书给别人看。可他不知道,本来我自己是可以画的,却表现出要请他帮忙,而只是为了协助他从阴影中走出来,让他感觉到:"别看我没拿到学位,可有几个人能出心理学的书?"等于让他变相地"得到认可"。而且在操作时,也不要让他知道这是个"善意的谎言"。

有一对夫妻,自己创业,刚开始的时候,他们的生意做得比较顺,赚了一些钱。有一次,生意上出现了一些麻烦,导致他们破产了。他们变得一无所有,而且还要偿还银行贷款,妻子十分绝望,已经没有了活下去的信心。丈夫为了鼓励妻子重新恢复信心,就对她说:"你不要急,我还有一部分存款,只是现在不能花,不到万不得已时不能拿出来用。"

妻子听了丈夫的话,心里得到了一丝安慰,不再绝望了,恢复了继续奋斗下去的信心和决心。其实,丈夫根本没有什么存款,只不过想通过这个善意的谎言来安慰妻子而已。

说谎是不好的,但是善意的谎言我们可以提倡。在我们的生活中,这样的谎言是不可缺少的。只要你用对地方,谎言有时候可以从毒药变成救人的良药。隐藏真实,不伤害对方,反而可以让你置之死地而后生。一句实话会让你陷入尴尬、遭人厌恶,可是一句善意的谎话反倒会给别人一个台阶下,保住别人的面子。他不会怪你说了谎欺骗了他,反倒会感谢你善意的谎言。

生活中,真实是最重要的,真诚更加重要。这对人生对社会都是有很大的价值。可是我们所处的社会是很复杂的,每个人的心中都存在各种各样的念头和欲望。如果你不分对象、不分场合地把什么话都说出来,要知道有的时候真实比谎言更伤人。只要你把握一定的原则、把握好分寸,你才能做一个会说话的人。

真诚应该是每个人都应该具有的美德,但是善意的谎言,不能算是违背了你的真诚原则,你的善意谎言会比你的真诚更能赢得人心。换言之,谎言有时候能促进人与人之间的交流,但是真实却不一定能赢得人心。

　　有一个刚做完眼部手术的小男孩,摸索着来到医院的后院,在一棵大树下坐下,一阵风吹过,有树叶落在男孩的头上,他拿下了树叶,用手摸着说:"这是杨树叶,还是……""是杨树叶。"接着小男孩感觉到一双温暖的大手摸到他的脸上。"小朋友,你几岁了?""12岁。""你眼睛不好?""是啊,从小就有毛病。伯伯,您说这世界美丽吗?""美啊!你看,这天空是蓝色的,这远处的山很美丽,那朵云很可爱,像棉花糖。我们的面前不远处有一个美丽的湖,水面上浮着粉红的荷花、碧绿的荷叶,还有小鸭子在水中游过。"小男孩听完这些感觉到心情好了很多,突然,他抓住那个人的手,问道:"伯伯,我的眼睛能治好吗?""能,能!孩子,只要你听医生的话认真配合治疗,就会好的。""真的?"小男孩激动地说道。"真的!"从此以后就常看到两个人坐在树下聊天的身影。

　　过了一段时间,小男孩的眼睛折了线,眼睛恢复得很好,他看见了周围的东西,然后急忙跑向了后院,当他来到那个黑暗中给予他欢乐的地方,当他望向四周时,他愣住了,原来,这里没有花木,没有清水,没有大山,有的只是一堵冰冷的墙壁和一棵老树。在秋风落叶中坐着一位老人,他戴着一副墨镜,身边放着一根探盲棒。

　　一个谎言,打开了一个盲童的希望,他能重见光明,完全是因为老人对生活的精彩描述,使他对生活有了渴望,让他捡起了恢复的信心。善意的谎言不是以利己为目的,在这样的时间说出的谎言饱含真诚,可以让绝望的人重获希望,这谎言所散发的光辉,是真实所无法比拟的。

　　谎言,在人际交往中是不可杜绝的,许多假话在形式上与人际间的相处不一致,但在本质上却又符合人的心理。我们都不希望自己被否定,我们也都希望得到的坏消息都是假的。所以为了这个美好的想法,谎言的作用开始发挥效力,善意的谎言,让生活中的很多不美好开始变得美好。有时候谎言也是一种权宜之计，为了使事情变得不那么糟糕，我们可以适当地运用谎言来化解这一切不必要的争端。

我们应该以诚待人，应该说真话，这是毫无疑问的，但是该讲假话的时候，你却要坚持讲真话，可能会伤害到别人，然而一句假话反倒可以救人，那样你还会坚持说真话吗？使用善意的谎言，并不是让你去说谎，而是告诉你，有的时候我们需要用善意的谎言来掩盖事实。与人交往要真诚，但是做人不能太死心眼，处世要灵活。实话可能会把大家的场面弄僵，这种情况下，你就不妨说句善意的谎言，这样一来大家皆大欢喜。

在各种各样的交际场合，为了避免让人难堪，有的时候我们还是需要一些善意的谎言，它是人际交往的润滑剂，更是一种说话的智慧。

对难缠精明的人，说话要滴水不漏

在我们身边有一种人，这种人很难相处，也很难与别人深交。这种人可能是商场上狡猾的竞争对手，可能是乱发脾气的很难缠的人，也可能是欠钱不还，下次还要问你借钱的人，等等。这种人的鬼点子很多，你不留意就会中了他们的圈套，被他们要得团团转。他们随时都有可能冒出什么新的主意，或是让你难以解决、让你头疼的问题。

与这种人交谈，你就要学会以不变应万变，如果他们有意攻击、诋毁你，你一定要坚持自己的底线，坚持自己的立场，步步为营，滴水不漏，时刻做好与他对峙的准备。在与这类人打交道的时候，一定要有灵活的头脑和随机应变的语言能力，这常常会帮助你渡过难关。

有一个女演员，她和大学时的一个女同学关系不合，总会因为一点小事而吵得不可开交。说来也巧，在一次大学同学举办的同学会上，这名女演员一眼就看到了她的"昔日劲敌"。于是，她故意走到这个同学的身边和她聊天。她们谈到各地的戏院，女演员刚在圣堡戏院演过戏，于是炫耀地问："你到过圣堡戏院吗？"女同学也摆起了姿态，高声回答道："去过，而且我还看到了一个非常蹩脚的演员表演……"女同学的回答很不客气，火药味立刻就浓了起来，女演员听后脸色立刻就变了，很生气地说："那个演员就是我。"这个女同学转过头看了女演员一眼，对自己所说的讽刺的话也感到颇为后悔，心想："糟糕，这回怕是要大吵一架了。"可是她灵机一动，以惊讶的口气说："真想不到，在短短的时间内你居然进步这么快。"女演员听后，怒火顿时消了大半。一句话的转变，就使火药味浓烈的场面瞬间平静下来。

这个女同学很机智，如果她当时继续针锋相对的话，那么这场吵架也就在所难免了。所以，对于难缠的人，即使你很不喜欢他，也要尽量不让他陷入僵局，给他留点面子，否则他将会记恨你一辈子，致使怨结得更深。西方有句谚语说："与魔鬼交往的通道是由善意铺成的。"也就是说，即使那些难缠的人像魔鬼一样奸诈狡猾，只要具备起码的善意，再加上运用恰当的技巧，也可以与之和平相处。

在与这种人交流的时候，首先就是要识别对方的动机，这是最重要的。如果对方的动机是好的，那么即使他们的行为让你不能接受，你也要友好对待，比如说你的老师为了你能进步，而采取种种方法来督促你；再比如你的上司对你十分严格，但完全是为了工作着想；你的朋友对你提出意见，却是为了你好。如果动机是不好的，那么就要求你多做防范了。

识别对方的动机之后还要树立良好的形象，与这类人打交道的时候，尽量让对方多说话，你尽量用提问、附和的方式让对方说，然后在对方阐述观点的时候再适当地加入你的观点，使对方不知不觉地接受你的观点。

不要把自己对对方的厌恶之情写在脸上，在交谈的过程中，你的语气一定要亲切自然，让对方感受到你的真诚和温暖，否则，这些人的心病就会加重，甚至和你发生误会或冲突。即使和你不喜欢的人交谈，你的脸上也不要表现出不喜欢他的神色。

处于职场中的人之间充满了竞争，各种钩心斗角都是少不了的，对待职场中的难缠之人，我们应该本着"害人之心不可有，防人之心不可无"的态度，时常用这句话来告诫自己，要小心这些人如难防的暗箭。如果你在职场中遇到这类难缠的人，在和他们交谈时，最好多准备几招，以免成为无辜的受害者。

如果你的上司是一个难缠的人，你也还想保住工作，在他的手底下继续工作的话，就要注意平时做事情最好顺着他，说话的时候，也顺着他的意思，不要违背了他的意思，要注意不要让他把你推到对立的位置上。否则，当上司心情不好的时候，很可能你就是他的出气筒。

在你的同事中，哪个人比较难缠，你的心里一定要有数，他们常常很重利益，有的只会说大话，还有的总是不说话，可是他们的一个通病就是喜欢搬弄是非，如果不小心的话，你很可能就中了对方的暗箭。在和这样的同事交谈时，一定要谨言慎语，不要给对方留下什么话柄。

如果难缠的人是你的下属，如果他的建议说出来，而你却没有理睬，或者是不认同，这样就会刺激到对方，你反而要表现出对他的关心、期待和信任，这样他就会产生勇气和自信。

在和各类难缠的人交流时，不妨以赞美代替批评。

赞美总是比批评受用，一般人也比较喜欢和欣赏他们的人共事。试着从周围难缠的人物身上找出值得赞美的地方，诚恳、实在地赞美他。如果这是你头一次这么做，这个难缠的人物可能刚开始会心存怀疑，但没有关系，多正视对方的优点也许是改善人际关系最简单、最没有风险的方法，而且即使对难缠的人物也非常奏效。

在我们面对这类人的时候，该退让的就做出退让，能少说几句，就不要逞一时之快来显示你的口才有多出色。毕竟强龙压不过地头蛇，能尽量避免"战争"就尽量避免，息事宁人最好。

对于太尖锐的问题,要模糊应对

生活千变万化,什么样的怪问题都可能遇到,而对付这些怪问题的方法,就是做出迅速灵活的变通,千万不能被对方的问题困死、陷于被动。要知道,不是每件事情都可以找到人来帮你开脱,关键的时候,还是要靠自己的巧言来应对。

当遇到有人故意刁难的时候,不会说话的人可能就会钻到对方的套子里,对方提出一些怪异、尖锐、有关于你的隐私、很不客气的问题,你又不想告诉他,可是不作出回答又不好,所以这时候要运用模糊的语言来替自己解围,将自己解救出来。

我们在生活中,闪避的方法是交际中比较礼貌的做法,它的要求是:对别人的提问,应当作出相应的回答,但是回答的时候又应该巧妙一点,迂回地达到躲闪、回避别人问话的目的,既不会让别人下不了台,又能维护自己不便作出回答的问题。

清代初年,有位叫周宛云的诗赋名家,名气很大,所以上门来请教的人络绎不绝,大家都为能见他一面而感到万分的荣幸。起初,周宛云见别人千里迢迢向他求教,于是格外的认真,是好是坏,一点也不隐瞒,他以为只有这样,这些求教于自己的人才会有所收获。谁知这些人拿着诗稿都是兴冲冲而来,经他批评一番之后,一个个都是垂头丧气地离开。时间一长,外面议论周宛云老先生的话便多了起来:有人说他很自大,有人说他自以为是,有人说他浪得虚名,有人说他黑白不分等等。

周宛云十分后悔,对朋友诉苦说:"我既不想招来别人的怨恨,又不想称赞他们那些写得很烂的诗,我该怎么办呢?"

朋友淡然一笑,安慰他说:"你呀!既不说他诗好,又不说不好,只说一句'真不容易'不就好了。"周宛云老先生感到豁然开朗,对朋友这一妙招点头称是。

这一天,一个老头骑着毛驴带着上百卷诗稿前来向他请教,周宛云改变以前的做法,和颜悦色地问老头:"您作诗到如今有多少年了?"老头很自豪地说:"快40年啦!"周宛云老先生用手拍拍诗稿:"在40年里,竟能作出100多卷诗来,真不容易呀!"老头连连说:"哪里哪里!"于是心满意足地离去。

从此以后,向周宛云请教的人都高兴而来,满意而归。他们回去都向别人说:"宛云老先生说我的诗不容易,真是有眼光!"

周宛云的回答确实巧妙,用一句简单的话巧妙地回避,既让自己得到了开脱,又满足了对方的自尊心。所以我们巧妙、模糊地回答,能帮助自己渡过交流中的难关。

模糊语言是日常生活中随机应变的一种重要方法,常常用于一些不必要、不可能把话说得太死的情况。这个时候,我们就可以很巧妙地运用这些模糊的词语。

当别人问及自己隐私的时候,比如说:"你的收入多少?""夫妻感情如何?""你的年龄是?"这些问题涉及自己的隐私,有的更是不方便作出回答,好事者可能就喜欢抓住这些事情传播开来,导致流言四起,那么你的麻烦可能会源源不断。这时候,你不妨作出模棱两可的回答,既不冷落对方,又不使自己为难。

女性朋友在与人交谈时,有时会遇到一些不愿意回答甚至可能很尴尬、受到刁难的问题,此时,女性朋友的说话技巧和反应能力,以及心理素质就成为成功回答问题的关键因素。那么如何在面临问题的时候把握分寸、滴水不漏,让对方觉得满意呢?我们可以作出模糊的回答,既无懈可击,又可以不让对方感到难堪。

男:"小陈,好几天没见了,听说你病了?"

女:"没什么大病。"

男:"什么病?要不要紧啊?"

女:"一点儿小毛病。现在已经不碍事了,谢谢你的关心。"

在问答中,男青年的好奇心太强了,刨根问底,只顾自己的急切心情,完全没有考虑到对方的脸面。女青年有难言之隐,不便言说,只好用模糊语言简单地回答。这样，问题回答了，没有直接回绝对方的提问，但是也没有说出不愿说出的事实。

在生活中，常常有人在不经意间就问到了你的禁忌之处，有些是你的隐私，你可能不方便作出回答，甚至不愿意回答，又不好指责对方说这个问题不该问，这时我们就可以用模糊的语言一带而过，如果对方还是要刨根问底，这时候你可以用一些更有力度的话来解决这个问题，让对方知道你不愿意回答这个问题，但还是照顾到了对方的面子。

对于本来已经清楚的事实或者一些想法，聪明的人会故意使用含义模糊的词语，可以使你的话具有弹性，能收到良好的效果。

与熟悉的朋友说话要贴心

在我们的人生旅途中会遇到形形色色的人，会发生各种各样的事，你的人生之路可能顺利，也可能坎坷。不管你人生的道路怎样，伴你一路走下去的除了你的父母伴侣，还有你的朋友。

和朋友交谈的时候，说话一定要贴心。真正的朋友在你失意、受伤的时候，他们永远都在你身边说着贴心的话，不用很委婉，但是每一句都能说出你的心声。

春天里给人一朵花，即使再鲜艳，也仅仅是一朵花。冬天里送人一片绿叶，即使再普通，却给了人整个春天。

与人成为莫逆之交的最好时机就是雪中送炭，在朋友困难的时候，送去一丝关怀，说几句贴心的话；在朋友冷的时候送一丝温暖，在朋友饿的时候送一碗饭，在朋友口渴的时候送一碗清水。你帮他解了燃眉之急，这要比他什么都不缺的时候你送他东西要好上千倍、上万倍。在朋友失败的时候说几句贴心的话、鼓励的话，他将会感激你一辈子。

周强在一家公司人力资源部任职。他近来发觉他的朋友沈星举止有些反常，不但终日不发一言，连午餐也是一个人呆呆地坐在办公桌前啃三明治，不肯跟同事外出用餐。这引起了周强的注意，因为他明白沈星向来是个极为外向开朗的人，一般不会有这种令人费解的作风。因此，他决定和沈星好好聊聊，看看能不能帮到他。

周强说："沈星，我发觉最近你的作风有些怪怪的，变成一个独行侠。你以前向来是同事的开心果，跟现在简直是判若两人。到底是怎么一回事呢？"

沈星没有马上回答，思索了片刻后才轻描淡写地说："其实也没什么啦，只是……只是有点闷而已。"

"嗯，"周强点点头，"如果我没记错的话，这种症状大概从半个月前就开始了。在这段时间，是不是发生过什么事呀？"

"这……"沈星又犹豫了老半天才小声地说，"没什么……一点私事而已。"

"哦，原来是这样呀。"周强接着说，"你看我们都是多年的朋友了，相交莫逆，有什么话，还不能对我说吗？"

沈星听了朋友的话，心中充满了感动，他想了想，说："干脆老实跟你说得了。你也知道我的女朋友晓惠，我和她相处了两年，甚至到了谈婚论嫁的程度。结果……唉，她在半个月前突然提出跟我分手，而且也不愿给我一个合理的解释。我实在是……唉，算了！不提也罢。"

"换句话说，你之所以会变得这么沮丧，就是因为和她分手了？"周强问道。

"何止沮丧，简直都要吓呆了。她实在很过分，莫名其妙地就把戒指扔回给我，连编一套理由来安慰我都嫌麻烦。真的很过分！"沈星回答道。

周如说："那你打算怎么办？总不能一辈子都这样愁眉苦脸的吧？"

沈星叹了一口气："不知道，都乱了方寸了。哥们儿，你有何高见呢？"

周强说："我自己也不知道该怎么办，不过倒是可以提供一个实例给你作参考。我有个朋友在两年前也碰到过类似的事情，一连好几个月都是一副生无可恋的沮丧模样。后来他经过别人介绍，参加了一个专为单身贵族以及离婚人士所设计的相亲活动，没有多久，他又是一条好汉，简直是快乐得不得了。"

沈星说："真的？嗯，这主意不错。听你这么一说，我心都痒了。"

周强说："那就好。沈星，我很感激你对我这么信任，把心底的话都一五一十地告诉我。你放心，我用人格担保，今天你所说的每一个字我都会守口如瓶。这样吧，你不妨就先去试试看，等过几个月之后再跟你约个时间聊聊，看看这一招有没有效。"

事情就这样圆满落幕了。回顾起来，当沈星透露出他觉得很"闷"的时候，周强就知道当中必定大有文章，于是直截了当地提出"时间"这个关键因素。这招果然管用，迅速突破了沈星的心防，把真相和盘托出。最后当沈星向周强求助时，又鉴于这是个非常私人的问题，周强技巧性地引用了第三者的经历来提供意见，而让沈星自己决定是否要采纳。

朋友之间难免会有摩擦，可是在关键的时刻，你能在他需要帮助的时候伸出你的援助之手，说几句贴心的话，你们的矛盾将会化解，和好如初。

人生在世，没有谁是一帆风顺的，谁都有需要帮助的时候，当你也遇到了紧急的状况时，你会需要有人来雪中送炭，而不是在你成功的时候门庭若市，在你低迷的时候门可罗雀。所以，在别人需要帮助的时候，你送去贴心的话或是别的支持，在你需要帮助的时候，才有可能会有人来帮助你脱离困境。

"我等着你"、"没关系的，事情总会过去的，不管遇到什么困难，我始终会站在你的身边"、"我永远是你坚强的后盾"、"有什么困难就告诉我，咱们是朋友"，等等，这些话在你失意的时候，总是显得那么贴心、那么好听。

《士兵突击》中那些铮铮男儿之间的感情让我们记忆犹新，吴哲和许三多能成为朋友，一个年轻有为的少校和一个士官成为朋友、好哥们儿，是让我们都想不到的。在边境与毒贩作战的过程中，许三多近身击毙一个毒贩，这是许三多第一次实战中近距离地打死一个人，受到了很大的打击。面对3天下不来床的许三多，大家想了很多方法让许三多下床，最后是吴哲成功地用花让许三多下了床。没办法，不下床，花就不能绽放，以许三多的善良，自然不会让花为他而死。吴哲其实很会把握人的心态,在许三多终于答应要起来的时候,吴哲又用尽方法使许三多高兴。

吴哲对许三多说:"我觉得你可能是累到了极点,你想找归宿,其实大家都一样。我知道你可能想找回你以前扔掉的一些东西,找份好的工作,有一些朋友,有点小财产,有自己的私生活,再找个老婆,从容平淡,但就算你认为你找到了你所谓的归宿,你也看不见劲头,因为,人生是没有穷尽的,也就没有什么归宿。顺便说一句,这也是我认为生命当中最重要的一点。"

一段很贴心的话,说到了许三多的心里。这样的例子在电视剧里数不胜数,在我们的生活中也是一样。作为朋友就是要这样,没有年龄与贫富上的差距,就是心与心在交流,他想要听什么样的话,你就说什么样的话给他听,话不在好听,关键,是要说到人的心坎里,这才是真正的朋友。一个人的心理状态、精神追求、生活爱好,等等,都或多或少地会在他们的表情、服饰、谈吐、举止等方面有所表现,只要你善于观察,就能把话说到朋友的心里。

避免冷场,要挑人熟悉的话题说

面对陌生的人,我们常常不知道怎么开口,常常会出现冷场的情况。其实解决这个问题并不困难,只要你仔细地观察对方,从他的兴趣爱好、个性特点,到他的水平性情、处境入手,快速地寻找话题,找到一个交点集合,作为你接下来谈话的集合点,就会逐渐打破冷场的尴尬局面。

面对众多的陌生人,要选择众人关心的事件为话题,把话题对准大家的兴奋中心,也可以巧妙地借用彼时、彼地、彼人的某些材料为话题,借此引发交谈。

有一次,杨帆和一个朋友去一个教授家,有关论文的事情需要教授帮忙。因为教授是长者,所以他们的交谈很快陷入了僵局,几句客套话一说,后面的气氛变得十分尴尬,杨帆本来就是不善言谈的人,更不知如何去找话题,就这样干坐着,正当杨帆不知该如何是好的时候,朋友看到教授家的书房里有一个很大的书柜,上面放的大多都是中国古典文学名著,于是朋友就开口问教授:"您喜欢古典文学,是吗?"教授先是愣了一下,然后眼睛里面突然有了光,神采奕奕地说:"是啊。"朋友便开始以古典名著为话题,请教教授一些问题。一句话的转变,瞬间打破了尴尬的气氛,大家的距离突然就近了许多。其实杨帆知道,朋友并不喜欢古典名著,可是他却装作很有兴趣地听着教授大发感慨。就这样,教授很痛快地答应了帮助杨帆处理论文的事情。

有的人相处了一辈子形同路人,而有的人萍水相逢却又觉得相见恨晚,几句话对上了,就互相产生了好感,达到心灵上的共鸣。你要想在最短的时间消除与对方之间的隔膜,还是有迹可寻的,死板的聊天只会让对方提不起兴趣,话题越聊越冷,最终陷入尴尬的局面,所以,我们要挑对方熟悉的话题来打破冷场。

一次,小成在拜访上司的时候,见其墙上挂有"制怒"二字,便得知对方喜欢发脾气,而且还要抑制自己发脾气,于是就问道:"您平时很爱发脾气吗?"上司说:"我很容易冲动,但明知自己有这个毛病,却有时控制不了,为了提醒自己,就写下来挂到墙上,时刻提醒自己,控制自己的情绪。"于是,小成就着话题来谈,先是表示非常理解,然后说出自己的看法,上司也就同一问题说出自己的感受,两个人聊得非常投缘,这样就缩短了彼此间的距离,两人就有了一种"相见恨晚"的感觉。在之后的工作中,上司对小成也是十分照顾。

我们和别人交谈的时候,还应该留下话头让对方接起,不要把话说完,否则会让对方无从下手,那么你们的对话将会变成你的单人演讲。要知道交流是双向的,留下话头,使对方感到双方的心是相通的,交谈是很和谐的,从而能拉近彼此之间的距离。聪明的人和对方交谈的时候千万不要把话说完,把自己的观点讲死,而是将陈述句变成疑问句。那样对方才会愿意和你继续交流下去。

我们在生活、工作中,常常要和一些陌生人打交道,与陌生人接触,初次见面,给人的印象最为关键。聪明的人和人聊天的时候会很快找到这个人的平时喜好,然后投其所好,他喜欢宠物,就和他聊宠物;他喜欢读书,就和他聊文学;他喜欢旅游,就和他聊景点。其实并不需要你知道得太多,只要你挑开话题,说些他感兴趣的话,他就会打开话匣子,你又何愁会因为没有话题而陷入僵局呢?

你只有通过细微的观察,发现和对方的共同点,和人交流起来才能自如。如果在交际场合出现冷场时,你还可以从大家比较关心的事情上入手,女性朋友可以聊聊服装、化妆品、皮肤保养的问题;男性朋友可以聊聊时事、体育、新闻方面的问题,你可以先表达你的观点,然后询问别人对你的观点有什么评价。有时候,你也可以装作不懂的样子,并且还可以表现出急切想知道的样子,让他说给你听,这样能激发出对方的优越感,对方也会因为自己说出的话有人感兴趣而变得兴致勃勃。

抓住别人的"弱点"是说服他的关键

我们每个人都有弱点,也都有自己的"小辫子",当我们抓住别人"小辫子"的时候,你就可以利用这个把柄来达到说服对方的目的。这个所谓的把柄,可以是对方的弱点,也可以是对方的痛处,只要能影响到对方的情绪,能牵着对方走的,都是你说服的关键点。

有一次,汉代的大辞赋家司马相如外出云游,在回成都的路上路过临邛。他在当地的富豪卓王孙的家里看到了貌美如花、冰雪聪明的卓文君,第一眼就喜欢上了她,然后用一首《凤求凰》表达了对卓文君的爱慕之情。卓文君看到才貌双全的司马相如,春心萌动,也立刻就喜欢上了他,当天夜里就与司马相如私订终身。刚刚天亮两个人就一起回到成都。

司马相如家一贫如洗,生活根本无法继续下去。卓文君便回到家乡准备向爹爹求援。可是卓王孙看到女儿与人私奔早就气在心里,一文钱也不愿意给他们。

就在这时,司马相如却笑了笑,对卓文君说:"你爹爹最害怕什么?"卓文君想了一会儿说："我爹爹最怕丢面子，我们的亲事也是他怕人说没按礼节聘娶才不管的。"司马相如说："没关系，我们一定要让他自己送钱来。"

随后，司马相如就卖掉所有的东西，在卓府的旁边开了个酒馆，让卓文君在大街上卖酒，他自己穿得很简单，和酒保一起干活，制酒卖酒。消息一传出去，城里城外的人纷纷来到酒馆，就是为了一睹卓文君的芳容。卓王孙知道这件事情以后，气得不得了，无奈之下，只好分给他们夫妻二人仆人百名、钱财百万，他们夫妇二人更是高兴得不得了，然后带着钱财仆人回到成都生活去了。

司马相如很巧妙地抓住了卓王孙爱面子的弱点，与他对着干，卓王孙一被激怒就中了司马相如的圈套，给了他们钱财。既然他爱面子，那就叫他有失面子，面子一失，他自然就掌握在司马相如手中。

在说服别人的过程中，要擅长抓住对方的"把柄"，他的把柄就是你成功说服的关键，只要对着这个地方猛攻就行了。比如你知道他喜欢听好听的话，你就可以多说点赞美之辞，把他哄开心，他就会很乐意地任由你摆布。他在意他的孩子，你就可以拿他的孩子做文章，以他的孩子为话题来说服他。

刘枫今年刚刚20岁，可是在他身上却发生了很多悲惨的故事。刘枫15岁的时候正在上初三，他的父亲在工地上不小心被掉下来的水泥板砸伤了腿，从此刘枫家的顶梁柱倒了，家里再也没有能力供他上学，他不得不辍学回家。

从学校回来后，刘枫就开始帮别人干一些零活，再加上刘枫妈妈帮别人缝补衣服，家里也勉强可以度日，就这样过了五六年，刘枫也长成了大小伙儿，能帮家里挣更多的钱了，可是天公不作美，刘枫的妈妈被检查出患了白血病，一下子整个家又被笼罩在了悲伤和绝望中，这时候刘枫听说他爸爸曾经干活的那个工地的老板现在发了大财，于是刘枫就想去找找这位老板，希望他能看在父亲为他干了那么多年活的分上帮帮他们。

刘枫找到那位老板的住处，可是不管刘枫怎么说，老板都说不认识他，无奈之下，刘枫拿出了老板曾经送给他父亲的一张照片，照片上是刘枫爸爸和老板的合影，然后对老板说："您还记得吗？您刚开始包工程的时候，找不到助手，别人不是偷工减料就是虚报账目,无奈之下您来请求我爸出山帮您,当时我爸毫不犹豫就答应了,我爸说因为你们是好朋友、好兄弟,后来我爸帮您跑材料算账目,现在您生意做大了,而我爸也因为您……"那位老板见刘枫有"证物"在手,也就答应了刘枫的要求。

　　抓住对方的把柄,首先就是要了解对方,摸清对方的性格,掌握他的动机,抓住他的"把柄",从而对症下药,成功地说服他。

第二章　什么场合说什么话

　　我们在与人交谈的时候常常会面对不同的场合,对于在不同的场合,我们要说的话也要有所不同。做一个社交达人其实并不是那么难,只要你掌握好说话的技巧,能分清场合,在合适的地方说合适的话,那么你就一定能够得到别人的认可,受到大家的欢迎。

说话分场合,才有好效果

　　说话要分清场合,这是人们在长期的工作、生活中总结出来的经验。说话若是不分场合,有时会闹出很多笑话和尴尬。

　　我们很多人见面习惯问对方"吃了吗?"不管在什么场合,都少不了这样的问候。两个熟人在厕所门口遇上了,一个正准备出去,另一人正准备进去,两人不约而同地问道:"吃了吗?"其中一个人说:"刚吃过,你呢?"另一个回答:"还没呢,正准备去吃。"不明就里的人还以为厕所是餐厅呢,岂不好笑!

　　上述例子可以当做一个茶余饭后的谈资,供人们开口一笑,但是这也的确说明了有些话只能在特定的场合说,换一个环境、换一个场合就不行。要明白,某些场合,哪些话该说,哪些话是万万说不得的,只有这样才有利于人与人之间的交流和沟通。

　　一些人看似伶牙俐齿、口若悬河,但却常常把事情办砸,完全是自己场合意识培养不足的表现。这些人遇事时往往心里有什么嘴上就说什么，完全不顾场合环境，结果有意无意地就冒犯了他人。如果一个人不分场合地说话，那不仅不会有好的人际关系，还可能因此吃大亏。你若想受人欢迎，获得良好的人际关系，就必须在什么场合说什么话，否则就会破坏交际效果。

一次，美国总统里根在国会开会前，为了试试麦克风是否好使，张口便说："先生们请注意，5分钟之后，我将对苏联进行轰炸。"一语既出，全场哗然。里根在错误的场合、时间里，开了一个极其不当的玩笑。为此，苏联政府提出了强烈抗议。这说明，在庄重严肃的场合里是不宜开不当的玩笑的。

这个事例说明，有些人说话所以惹恼人，并不是他们不会说话，而是场合观念淡薄。所以，对于这些人来说，当务之急在于增强场合意识，懂得不同场合对说话内容和方式的特定限制和要求，时时不忘看场合说话。说话必须要讲究场合，不注意这点，说一些不适宜场合气氛情境的话，往往与初衷适得其反。

喜欢开玩笑的人，让人觉得他很容易接近。一个玩笑可以拉近两个人的距离，但是同样的两个人，同样的玩笑如果不注意场合就容易使对方难堪，甚至产生矛盾。

小刘和小李两个人关系挺好的，平时没事也习惯逗乐子。如果几天没有见，一见面一个就说："你还没有'死'呀！"对方也不计较，回一句："我等着给你送花圈呢！"两个人哈哈一笑了事。后来小刘因病重住进了医院，小李去医院看望，一见面想逗逗他，又说："你还没有死呀？"这一次，小刘变了脸，生气地说："滚，你滚！"把他赶了出去。

对方正在病中，心理压力很大。小李在病房里对着忧心忡忡的病人说"死"，显然是没考虑场合，人家怎能不反感、恼火？其实，小李说这话也是好意，他想让对方轻松一些，可惜他在思想上缺乏场合意识，不该在这种场合开玩笑，才闹出了不愉快。

说话分清场合，才能有好的效果，这也是一个人有素养、有眼色的表现。说话时一定要有场合意识，这样才能和周围的气氛相协调。国学大师翟鸿燊曾经说过"不做气氛的破坏者"。可以说，人们对那些破坏气氛、破坏场合的人是深恶痛绝的。

某人的父亲去世，你不请自来，大家都沉浸在伤心和难过之中，你不劝慰主人"节哀顺变"也就罢了，还强行跑到老爷子棂前说出一番挤兑的话，让活着和走了的人都不得安宁，想必事后人家不找你报仇雪恨才是怪事呢！

同事们都在忙着工作，你却由于无法控制自己的情绪而把自己内心的想法及家庭隐私毫无保留地一吐为快，或许你只是想寻求宣泄和求助的对象，但是你却忽略了"办公室和同事"这个场合，你这样做，得到的只是别人的反感和非议。

受邀参加宴会，大家都在一起欢天喜地，如过节一般欢庆，即便你遇到了什么麻烦，也要强忍痛苦和泪水，不能说一些悲伤的话。因为每个人都很忌讳办喜事的时候听到些不吉利的话。我们千万不做破坏氛围的罪人。

参加婚礼，记得称赞菜色，更要记得称赞新郎新娘的"郎才女貌"。

一个会说话的人，要注意以下两点。

1.要充分利用特定的场合讲话

正因为受特定人际关系和场合心理的制约，有些话只能在某些特定场合说，换一个场合就不行。同样一句话，在这里说和在那里说也有不同的效果。因此，在人际交往中，说什么、怎么说，一定要顾及场合、环境，才有利于沟通。不顾及场合的心直口快是不值得提倡的。

2.要自觉摆脱谈吐上的习惯性

人的言行往往带有一定的习惯性。这种习惯性使他们说话时来不及考虑就脱口而出，造成与场合的不协调。所以，一个聪明人必须要有意识地摆脱自己口语表达上的惯性，养成随境而言的良好表达习惯。在与人交往的过程中，要把交际对象、交际场合、交际时间等多种相关因素都考虑进去，想一想如何表达自己不失礼数，话说得适时适地，从而使你获得更好的表达效果，达到沟通最优化。

面临着各种各样的场合，面对着各样的人物，一个说话高手一定能分清场合，选择最恰当的方式说话，到什么场合说什么话，使自己的谈吐既符合场合要求,又考虑到谈话对象的接受心理,最大限度地实现与交际对象的沟通。这样可以为你增添无穷的魅力,使自己成为一个妙语连珠、谈吐不凡、受人欢迎的说话高手。

谈吐讲礼仪,职场有人气

语言是人与人沟通的桥梁,在与人交流的时候,我们一定要注意自己的谈吐礼仪,不要让别人觉得我们是没有礼貌的人。不知礼仪的人,往往会给人带来不好的印象,即使你很有才华,也会被别人看轻。所以,我们的谈吐礼仪在社交场合同样很重要。

有的人认为只要会说话就行了,为什么还要注意礼仪呢?其实这个问题不难回答,试想,如果有人对你出言不逊,很没有礼貌,你会有什么感受?换位思考,如果我们对别人不讲礼仪,别人也会有我们同样的感受,对你产生反感。会说话的人一定要懂礼仪,才能得到别人的赞同。

程冬是一位聪慧的职场女性,她很会运用工作中的点滴细节去显示出自己优雅的一面。她说话的声音永远都是大小适中,语调平和沉稳,咬字清晰而且从不大声说话,让听到她说话的人都感到亲切自然。程冬在和别人对话交谈的时候总是面带笑容,给人一种亲切自然的感觉。大家也很愿意与她交谈,都会觉得和她谈话的时候很轻松,气氛也很和谐。就这样,程冬用自己出色的交际能力打动了职场的上司与同事,于是很多人纷纷找程冬前来请教。

程冬想了想说:"其实,要展现自己职场女性的魅力并不困难,只要把握好几个要点,就能使你的谈吐变得优雅:第一,在你和别人交谈的时候,不但要注意谈话内容,还要注意交谈方式、姿态、表情等因素。交谈注重的是思想上的交流和感情的沟通,如果你的语言匮乏、枯燥无味或者粗俗都会令他人感到厌恶,从而丢失了你应有的修养。第二，职场女性不光要注意外在形象，还要懂得言谈需要修养，这样既提高了自己的气质，又彰显了个人素质，成为女人的闪光点。在职场上，你只要注意到这两点，那么就会有很宽的平台来彰显你的个人魅力，让你成为职场的万人迷了。"

文雅的谈吐不仅在社交场合有用，它还给你带来不小的收益，你的谈吐还会是你升职加薪的敲门砖。你的谈吐决定着你在上司心中形象的好坏。一个谈吐文雅的人，必定是个有着丰富内涵的人，有内涵的人当然更受欢迎。

崔媛媛毕业后，应聘到一家企业工作。只经过短短3年的时间，崔媛媛就从一位普通职员跻身至公司的管理层，原因除了她出色的容貌和积极的上进心外，优雅的谈吐也帮了她的大忙。

记得有一次公司接待外宾，崔媛媛那时只不过是一位接待人员，负责一些后勤工作，外宾进餐时不小心打翻了崔媛媛刚刚冲好的咖啡，崔媛媛既没有手忙脚乱也没有过分言语，而是先镇静下来说："没关系，是我自己不小心，您的衣服没有弄脏吧。"崔媛媛大方地接受了对方的道歉，并且重新泡好一杯香浓的咖啡端了上来，并得体地请对方慢用。

崔媛媛出色的表现和优雅的谈吐给外宾和公司上司都留下了深刻的印象，不久崔媛媛就接到公司寄来的升职信，在之后的职场中平步青云。

文明的语言能够拉近职场人士之间的距离，让人听起来有种美的享受。职场上能够做到谈吐优雅的人，必定会让人刮目相看，从而得到别人的赞同和收益。优雅的谈吐是作为新时代职场人士的基本素质。我们要时刻注意自己的言谈，时间长了形成一种习惯，就可以很顺利地与人交谈，显得落落大方、很自然，不会像刻意改变那样让人感觉很不舒服。

在我们与人交流的时候一定要亲切自然，我们的表情要自然，语言要和蔼可亲，交谈的时候，我们可以用一些简单的手势，但是要注意得体，动作不宜太过，太过的话，就会给人张牙舞爪的感觉，同样会给人带来不好的影响。

我们在与人交谈时，还要注意语调平和，每个人在交谈的时候常常会流露出真情,语调就是流露真情的一个窗口,也是谈吐礼仪的一个部分,如果你的语言不管哀伤、喜悦、坚定、轻松,全部都是一个语气,说出来的话会给人什么样的感觉?肯定是不好的,所以我们的语调就代表着我们的感情,说话时语调抑扬顿挫,也会给人一种有礼貌的感觉。

在职场中,我们一定要注意自己的言行谈吐,很可能因为你的一句失言而造成很严重的后果,与人交流时不讲究礼仪,可能会让别人觉得难堪。谈吐文雅是交际礼仪的基础,清高自傲、夸夸其谈的人,无论走到哪里都不会受到别人的欢迎。待人彬彬有礼、谈吐文雅的人,就很容易展开社交,结交更多的职场人士来丰富自己的交际圈子。谈吐文雅是职场必备的素质,也是对别人的一种尊重。具有这种素质的人,必定能在自己的成功道路上锦上添花,赢得好的人气。

谈吐文雅的人散发着魅力,假如你是一位容貌出众的人,再加上你优雅的谈吐,一定会给人留下深刻的印象,如果你只是相貌平平,加上你得体的谈吐,也会使你的魅力剧增。优雅的谈吐,是一个人做人的风度,是职场中美的体现。不难看出优雅的谈吐是职场人士的道德情操、文化修养的反映,让我们提升自己的谈吐,获得好的交际能力吧。

克服胆怯心理,提升当众说话的能力

生活中,当我们面对熟悉的人时"没话可说";职场中,当面对领导时,说不出来;当我们处于一个大场面时,因胆怯而不敢开口。你是否为自己的笨嘴拙舌、胆怯心理感到遗憾呢?

人害怕当众说话的主要原因,是你不习惯于当众说话。对大多数人而言,当众说话是一个未知数,其结果不免令人满心焦虑和恐惧。你应该预料得到,由于你要面对很多人说话,因此,有一定程度的恐惧是很自然的。但是,你应该学会将自己的恐惧感限定在一定的范围之内,使之产生的负面影响最小,然后尽力征服它。你要有勇气和胆量走向讲台,不要因为别人的取笑而害怕和恐惧。

美国有线电视新闻网著名的脱口秀主持人拉里·金从小便向往广播生涯,从学校毕业后,他到迈阿密一家电台应聘广播员。那天是星期一,上午8点30分他走进了电台,心情紧张得不得了。

节目开始后,当他准备开口说话时,喉咙却像是被人割断了似的,居然一点声音也发不出来。结果,他连播了3段音乐,之后仍然一句话也说不出来,这时,他才沮丧地发现:"原来,我还不具备做专业主播的能力,或许我根本就没胆量主持节目。"

这时,老板忽然走了进来,对着满脸丧气的拉里·金说:"你要记得,这是个沟通的事业!"

听到老板这么提醒,他再次努力地靠近麦克风,并尽全力地开始他的第一次广播:"早安!这是我第一天上电台,我一直希望能上电台……我已经练习了一个星期……但是,现在的我却口干舌燥,非常紧张。"

拉里·金结结巴巴地一长串说了下来。终于能够开口说话的他,似乎信心也被唤回来了,这天,他终于实现了梦想,也成功地完成了梦想!

那就是他广播生涯的开始,从此以后,他不再紧张了,因为第一次广播经验告诉他:"只要能说出心里的话,人们就会感受到你的真诚。"

许多人不知道如何开始与人对话,他们常常感到障碍重重。其实他们拥有丰富而有趣的思想,这些思想随手可得,只需知道如何把它们表达出来。

威廉·詹姆斯说,如此多的人发现自己难以成为出色的交谈者,原因在于他们担心自己所谈的事或者流于无味的肤浅,或者言不由衷,要不就害怕他所讲的东西对交谈的对方毫无价值,或者方式方法不适合于某种场合。他的纠正方法是:"无论何时,只要人们消除心理的障碍,并且让自己的舌头自如地活动,交谈就一定会顺畅而友好,并且令人振奋起来。"

对成就事业和个人的整体幸福而言,克服胆怯而成为说话高手是相当重要的。那么说话者应该如何克服说话时的胆怯心理呢?可以参考以下技巧。

1.从生理的角度进行调节

生理与心理是互动互制的。生理的调节会对心理产生影响。当说话者产生紧张现象时,通过生理上的一些调节措施往往能取得良好效果,比如通过深呼吸、搓手、舒展四肢、走动等方式,都可以使紧张的心理消除、缓解。

2.进行心理放松

表面上看,说话是一种嘴上功夫,实际上与人的心理活动密切相关。因此,一个人的心理活动常常是一个人说话水平发挥程度的决定因素。面对不同的说话对象和说话环境,人的心理常会出现微妙的变化。对方的地位、身份、关系常是影响这种变化的重要因素。

人的心理出现紧张现象是心理夸张性感受所致,必须让心理感受重新归位。要达到这一要求,需要采用心理暗示的方式,对对方做客观、正确的认识,对自己做准确、公正的评估,这样就能保持清醒,树立信心。如当别人说话显示出我们所无法达到的优势时,我们可做这样的暗示:这是他的优势所在,我同样也有优势,一样是他比不上的。切勿对对方过高认定,更不要神化,要把他看做一个平常人。同时谈话者都是平等关系,不要人为地把双方的关系拉开。要正确地认识自我,摆正自己的位置,提高自信心。

3.心态平稳,克服表现欲望

有时我们说话产生紧张现象,并不是轻视自己的缘故,而是由极强的表现欲望造成的。说话之初就想着一鸣惊人,压倒他人,当发现对方口才出众、见解独到时,心理上产生了失落感、挫折感,情绪上就会一落千丈。要想培养朴实、自然的说话风格,把自己的意思圆满地表达出来就行了,期望值不要太高。只要心态平稳,紧张意识也就无从谈起。

4.学会交往

紧张者最重要的是缺乏交往实践和成功的交往感受,需加强交往实践训练,广交朋友,在实践中消除紧张的弱点。也可用心模仿那些泰然自若、善于交际的人的举止风度。

要达到这一点，一定要抛弃成见，真诚待人，用善良之心待人，开诚布公地与他人交流感觉，培养冷静待人接物的态度，在交往中纠正自己的歪曲判断。

正式场合，简洁明快的语言受欢迎

简洁的语言是最经济、最实用的手段，简洁明快的语言能输出大量的信息，简洁的语言能带给人一种生气勃勃的感觉，特别是在正式的场合，简洁明快的话语最受人的欢迎。所以我们需要努力培养自己简单精练的语言风格。

说话时运用过于烦琐的语言，会让人觉得很反感，即使很华丽、很优美，可是过多的话，通常会适得其反。我们不管做什么都要掌握好一个度。很多人以为好口才就是口若悬河、夸夸其谈，事实上，这是一种误解。很多时候，你在一开始的时候口若悬河，可能很多人都会关注你，可以引起别人的注意，长时间下去，若你还是这样喋喋不休，那你将会迎来别人的反感。

特定场合下也许用得上这种方式，但在更多的时候，这并不能表示我们很有口才，相反，却会证明我们说话缺乏诚意、不负责任甚至还会让人觉得你庸俗。这种说话方式很容易让人以为是夸大其词，让人对你产生不好的印象。

在学校里开晨会的时候，每当陈校长站在台上发言，下面总会传来一阵欷歔声，原来陈校长是一个中文教授，多年的教育习惯让他变得喋喋不休，虽然每次发言都很精彩，语言也很华丽，在一开始的时候大家都会很认真地听校长的发言，10 分钟过去了，陈校长还没有讲完，又 10 分钟过去了，陈校长还站在上面，当陈校长终于说出"我的讲话完了，谢谢大家"时，站在队伍里的同学们终于松了口气。下一次晨会，陈校长又上了台，同学们立刻就没有了精神，陈校长说："下面我来说两个问题，第一个问题，如何做好学生的管理工作，第一点……"同学们以为两个问题很简短,可是谁知道两个问题,其中的一个就包括许多个小点。陈校长的话说完,20分钟又过去了。本来简短的话语,可是他加上了华丽的词汇,3个字变成了10个字,一段话就多出了很多字,原本耐心听话的人,也会变得没有耐心。

我们在讨厌别人喋喋不休的时候,也要想想自己有没有这样的情况出现。一句话能说明的事情,不要用两句话来说,话不在多而在精,这是我们要牢记在心的。

墨子的学生问墨子:"话是说得多好,还是说得少好?"墨子说:"你看田里的青蛙,整天叫个不停,却没有人理会它,而公鸡每天只在天快要亮的时候才叫一两下,人们都很注意它。可见,话不在说得多而在说得有用。"

一个男生去向另一个男生借洗发水,可是他又不好意思,于是就坐下和这个男生开始聊天,聊了半个小时后,男孩起身说,我先回去了。一会儿,男孩又来了,这次他鼓足勇气说道:"我想借一下你的洗发水。"这个男孩立刻就明白了,原来他第一次来和自己聊天就是要借洗发水。本来很简单的一句话,非要绕个大圈子,最终让别人产生反感,明明能办成的事情,最后只能失败而归。

谈话抓不住重点、絮絮叨叨、不着边际,说来说去也使人无法把握住他谈话的要点,这种人常会遭到别人的反感。

小洪是一家报社的记者,一次,他托一位同事代买圆珠笔,并再三叮嘱他:"不要黑色的,记住,我不喜欢黑色,暗暗沉沉,叫人一看心情就很低落,千万不要忘记呀,12支,全部不要黑色。"第二天,同事把那一盒笔交给他时,他差点昏过去:12支,全是黑色的。小洪埋怨同事,可是同事却振振有词地反驳:"你一再强调黑色的,黑色的,忙了一天,昏沉沉地走进商场时,脑子里印象最深的两个词是:12支,黑色,于是就一心一意地只找黑色的买了。"其实,小洪只要简单地说"请为我买12支蓝色的笔",相信同事就不会买错了。从此以后,小洪无论说话还是做事都做到言简意赅、抓住重点。

在公众场合,我们最厌恶的就是那些说话半天说不到重点上的人,说了半天，还是不着边际，完全弄不清楚他想表达的意思。这种说话不直接而喜欢绕圈子的人，虽然在业务上会下苦工夫，可是这样的人往往很难成大事。

在社交场合中，简洁的语言通常要比冗长的话题更吸引人，它可以体现出一个人分析问题的能力，它能使听话的人在很短的时间内明白大量的信息，也有助于赢得对方的好感。现代社会本就是个节奏快、时间观念强的时代，文山会海，已被称为社会的公害，所以简洁的语言恰恰可以减少这些社会公害，也被大家推崇。时间观念强、说话简洁的人，会给大家留下好印象。

在这个高速发展的以现代化、信息化为主的社会，时间对于每个人来说都很重要，简洁的话一定很受大家的欢迎，谁也不喜欢听那些烦琐的修辞，口头语的最大特点就是简洁明快，它区别于书面语就是在此，可以省去大段的修辞描写，于是口头语也就更容易受人喜欢。

不管在什么场合，简洁的话总是很受人喜欢，试想一个领导在下达命令的时候语言烦琐，就有可能让下属觉得找不到重点，就像我们读一篇很长的课文，你想要找到它的中心思想，一定要花很长一段时间，所以简洁的话对于我们的生活是很方便的，学会运用简洁明快的话来进行沟通，效果一定会很好。

让开场白给人留下深刻印象

我们在与人交谈的时候，开场白起着至关重要的作用。只有运用匠心独运的开场白，才能让听者在瞬间把目光投在你的身上。

卡耐基说："开场白是讲话者向听众最先发送的信息，它如戏曲演出前的开场锣鼓，直接影响到听众的心态。"一般人都会有先入为主的思想，第一句话对于我们和别人交谈来说是至关重要的。初次见面，我们的第一句话就像是敲门砖，能否叩开对方的心门，让对方乐意听我们讲话，就看你的开场白说得如何了。

有人有这样的本事：与人交谈起来，一句话就能抓住别人的内心，让对方很乐意听他讲话，或者一下子就能征服对方，让对方产生好感。一语钩心，就能迅速地营造出热烈融洽的交谈气氛，让对方觉得和你谈得很投机、很顺心，然后顺利地进行沟通交流。

与人交往，初次见面说的话说得好，可能会给人留下很深的印象，甚至终生不忘；可是如果说得不好，就会给人不好的印象，所以，第一次见面的开场白最好能一炮打响。

台湾媒体报道，歌手王力宏和出色的钢琴名家郎朗在香港有一次合作演出，原本王力宏认为郎朗应该是沉默少言的文艺青年，可是让王力宏没有想到的是，郎朗一见到他就和他说了一个冷笑话："力宏，你是龙的传人，我是狼（郎）的传人。"这个冷笑话立刻就拉近了两个人的距离，同时也正是因为郎朗的这句有意思的开场白，王力宏对他产生了很好的印象。王力宏说："郎朗是我见过最好相处，也最热情的古典音乐家！"

大家在听你第一句话的时候都是很专注的，所以开场的话给人传递的信息就是别人评价你的标准。第一句话结束后，很多人心里就有了要不要和你继续交谈下去的答案。要想说好开场白，让大家不再是陌生人，我们在与对方交流之前要做的就是对对方的事情做一些了解，了解对方的一些情况：他的职业、兴趣爱好、生活习惯，等等。

那么什么样的开场白才能给人留下好印象呢？下面有几种小技巧值得借鉴。

1.制造悬念，激发对方的兴趣

人都有好奇的天性，对不知道的东西都会有种好奇感，一旦有了疑虑，非要探出个究竟不可。为了激起对方的强烈兴趣，可以使用制造悬念的方法，用开场白制造悬念往往会收到不错的效果。

开学第一天，学校举办讲座，一位年轻的女教师走进教室。面带微笑环视了教室一周，看到教室里坐满了刚步入大学校门的学生。女教师清了清嗓子："同学们大家好，中秋节快到了，今天我给大家带来了3份礼物。"本来还有些吵闹的教室瞬间安静下来,几百双眼睛全都注视着讲台上的女教师。女教师说:"今天我带来了月饼,你们准备好收礼物了吗?"同学们瞪大了眼睛,女教师带了月饼,然而在座的有好几百人,可是女教师双手空空,于是大家更是集中了注意力,注视着女教师。女教师说:"大家把嘴张开,准备接礼物了。"大家张大了嘴,女教师做出了抛东西的姿势,仿佛手中真的有礼物。"月饼甜不甜?""甜。""大家发现一个问题了没有?我们在说甜的时候脸上的表情是不是也很甜呢?今天我给大家上的第一节课就是微笑。在和别人交谈的时候,微笑是给人最好的礼物,也体现了你的素质……"

上述故事中那位女教师的开场白做得很好,瞬间吸引了所有人的注意力,可能一大堆的讲座过去了,大家记住的很少,可是这样的开场白不仅调动了大家的兴趣,还让女教师自己达到了教学的目的。

2.用幽默的语言,以自嘲开路

自嘲就是自我贬低,这个方法用在开场白里,其目的就是用来吸引对方的注意力,用幽默的语言在无形中缩短了彼此之间的距离。

一次演讲比赛,第一位演讲者出场了,首先他报出了自己的名字,然后说:"不知道在场的有没有我小时候的伙伴?他们知道我有一个不光彩的绰号,但愿他们都没在场!"

第二位的开场白更是引人注目,这个人长得就很独特,五官也很夸张,他说:"女士们、先生们,你们已看到我是个什么样的人了。我的耳朵很大,像贝多芬的耳朵。可是长大以后,我为这对耳朵感到害臊了。不过,现在我对它们已经习惯了,说到底,它们对我站在这儿演讲并没有什么妨碍!"

演讲本来就是一个有点枯燥的比赛,在第一位演说完以后,听众都有些困了,但是第二位一出场立刻就吸引了大家的注意,他的外形以及他幽默的言语,立刻就使死气沉沉的气氛变得活跃起来。这种有趣的开场白,远远要比单调的自我介绍强多了。

我们用有特色的开场白缓解那些紧张的气氛,拉近彼此的距离,给人留下美好而又深刻的印象。说好开场白，就等于你用最短的时间抓住了对方的心，对方要是对你的开场白感兴趣的话，对你之后的表现也一定会关注的，所以说好开场白，对你在接下来的发展起到决定性的作用。给自己设计一个特别的开场白，在你一出场的时候就把所有人的眼球吸引过来，你还害怕接下来的时间会没有人喜欢你吗？

与人寒暄不怕说"废话"

人与人见面的时候难免有些尴尬冷场，而寒暄就可以有效地缓解这种气氛，寒暄是一把打开话匣子的钥匙，适当地寒暄可以营造交谈的气氛，使气氛变得融洽，帮助你和他人顺利地完成对话。在我们和别人寒暄的时候一定不要怕说什么废话，假如你没有话题说的时候，你可以和他聊一聊天气，这一点是绝对不会有错的。

在与人初次见面的时候，寒暄要适度，既要表现得亲切，又不要阿谀奉承，这样对方才能很乐意地与你交谈。几句简单的寒暄可以打开对方的话匣子，使你们的交谈继续下去，有时候你会觉得"早上好"、"今天天气真冷"这样的话是废话，可是恰恰这样的话就是你寒暄的开始，从讨论天气，再展开接下来的话题，这无疑是一个好的选择。适度地寒暄不仅不会使对方感到厌烦，还会让对方觉得亲切热情、温暖。

在我们与人寒暄的时候，客套话是必不可少的，明知故问的话你也要说，对方的手表很好看，看起来价值不菲，你不妨夸赞一下说："好久不见，您的风度更加迷人了，您佩戴的这块手表很好看，一定很贵吧。"对方听你这么一说，一定会感到很高兴，自己身上的小东西还会被别人注意，说明你是一个细心的人，他也就会对你产生兴趣，愿意与你交谈。

寒暄是冲破人与人之间交流障碍的有效方法，如果你在和人寒暄的时候能有意无意地插进一些能够吸引对方注意的话题，或者是对方比较了解的一些事情，由此展开交谈，那么寒暄就不仅仅是形式上的客套话、废话了。如果寒暄的话语用得巧妙，那彼此的距离也就很容易拉近了。在温馨的气氛营造成功之后，要及时进入正题，要注意寒暄也不能过度，否则对方会觉得你的热情有些过度了，也可能会对你有所提防，那么你之前所做的铺垫就全部白费了，功亏一篑。

寒暄没有固定的方式，通常要注意以下几点。

1.注意寒暄的内容是否恰当

在我们初次与人见面的时候，可能只有短短几分钟的时间，一般只有简单的几个问答回合。在这个时候，为了加强别人对你的印象，你可以做一般性的寒暄，可以问候、谈论一些无关紧要的话题。我们还要注意应该避免使对方尴尬、触及对方的隐痛、引发对方的一些不愉快的回忆，以及那些容易引起争论的话题，但是也不能漫无目的地瞎聊。

寒暄的内容，你可以根据当时的场景来定，可以触景生情。与人初次见面交谈，如果总是在籍贯、家庭、身世上转圈，会让别人觉得你是来调查户口的，对方会对你有所警惕、有些反感，还会可能出现冷场的现象。寒暄的内容不要太过于死板，看到什么谈什么，这样的话会变得灵活，也不至于让气氛变得很死板，还可以增进彼此的友谊。

2.要保持愉快的情绪

在你与人相遇的瞬间，要迅速地培养出自己愉悦的情绪。我们要做到主动，充分体现自己的真诚，要使对方感觉到你的问候是发自内心的，要使对方受人尊重的心理需要得到一种满足。而且，积极的姿态也是一种自信、真诚的外在表现，这样也会有利于融洽人与人之间的交流。

3.要选择一个恰当的时机

在与人寒暄的时候也要注意选择恰当的时机。首先，我们要分析对方当时的心情，再决定打招呼时的方式和表情，假如对方的家里刚发生不快的时候，你可以从他的面部表情看出来,这种情况,若你要打招呼,声音不要太大,语言也不要太热情,要低调。或者可以用询问式的语言,用安慰的语气来打招呼。如果对方脸上洋溢着喜气,那你就可以很热情地与他打招呼,使对方感觉到温暖,从而展开讨论的话题。

会见陌生人不怕说"套话"

在我们与人交际往来的时候,常常会用到一些"套话",而这些套话就像润滑油一般,能减少人与人之间的摩擦。初次见面,可以说"久仰"、"很久不见",也可以说"久违"。客人到来,可以说"非常欢迎",去看望别人可以说"拜访",等等,这些都是我们常用到的套话。其实意思都一样,可是这些套话说出来却让人感到很舒服。尤其是对陌生的人就更不要怕说套话,有时候说套话,也是交流时不可缺少的。

什么场合说什么话,什么事情做起来都要有个度。说套话也是一样,说得好会让人觉得开心舒服。可是,套话说得不好,会让听的人受不了,听后很难受。会说话的人能将套话说很好听,顺利达到目的。那么如何将套话说好呢?下面介绍几种常用的技巧。

1.给陌生人介绍自己朋友的技巧

向陌生人介绍自己的朋友、同事或者领导,这是我们常常遇到的事情。如果你的朋友长得很一般,或者还是一般以下,如果你实话实说,就会伤到你朋友的面子。可是,你要是恭维他长得好看,又会太过了,还是会让你的朋友难堪,觉得你是故意让他丢脸,搞不好还会和你翻脸。所以在这样的情况下,我们就可以用套话来解决这一难题。如果你的朋友长得不好,可是相当有才华,你可以介绍说:"这是我的朋友×××,在大学时可是公认的才女,还很温柔贤惠,厨艺更是不在话下,谁要是娶了她,那可真是有福气了。"这样的话,一定会让你的朋友听起来心花怒放,即使她不温柔,听你这样说,一定也会不自觉地展现出自己温柔的一面,心里还会感激你的套话。

2.借用别人的口来说套话

我们在说套话的时候,有时候当面称赞的效果会不好,可能会让对方觉得你是在拍马屁,还会对你有所警惕,这个时候,你就可以借用别人的嘴来说出你想说的话。比如你见到一个很有名的人,称赞他的人也是相当的多,你就可以这样说:"久仰您的大名啊,我朋友小胡天天在我的耳边说您年轻漂亮,我还真不信,心想,肯定是他在吹牛,可是今天我一见您,可比小胡说得还要好呢。"百闻不如一见,这样的套话说出来,谁会不喜欢呢?

3.夸人家的孩子准没错

凡是当家长的都喜欢在别人面前炫耀自己的孩子,遇到亲戚、朋友家的孩子时,你适当夸赞几句准没错。若是男孩就说他长得帅气,若是女孩就说她长得漂亮,若是小孩子就夸他(她)可爱。可是时间一长,你就会觉得有些词语匮乏,这时,我们不妨来说些套话。小孩子长得白净,你就可以说他长得真白净,粉粉嫩嫩的,像个瓷娃娃一样,看着就让人喜欢。孩子的父母一听准保高兴。孩子长得瘦小,你可以说他长得真机灵,一看就知道聪明伶俐。孩子长得黑,你可以说他虎头虎脑,还可以夸他的优点,眼睛大、睫毛长、浓眉等都可以夸,总之,孩子有优点要夸,没有优点创造优点也要夸,让孩子的父母觉得原来我的孩子还有这方面的优点啊,一定会很高兴。

4.说到年龄的时候,一定要注意

我们都知道年龄是一个很敏感的问题,尤其是对于中年女性,如果你特别想知道她的年龄,千万不要直接问,直接问可能会引起别人的反感。如果对方显老,而实际年龄又比较小,你不能一见到对方就问:"你30几了?"如果对方不到30岁,那么她一定会很生气。这个时候就需要说一些套话来满足你的好奇心。

你可以采用间接的方法来询问对方的年龄。你可以说:"小李说您有40岁了，怎么看着不像啊。"这时候要看她的反应，如果她说："他是这样说的吗？其实我都 45 岁了。"这时候你可以说："真不像啊，看着您顶多 35 岁，您看起来真年轻啊，您平时都是怎么保养的啊。"如果她说："他是这样说的吗？我还不到 35 岁呢。"你可以说："我就说嘛，你怎么看都不像啊。"这样一来，不管你猜对猜错，都会因为适当的恭维而把距离拉近了，能达到你的目的，还不会让对方觉得你打探他的隐私而对你反感了。

5.酒桌上可以说的套话

很多人都觉得酒桌上有些人劝酒的话一套一套的，可是自己就没有话说，只能干坐在一边。其实，酒桌上的套话有很多，最简单的话就是："在座的各位，我想向某某敬个酒。"通常的话就是："感情深，一口闷。""结识新朋友，不忘老朋友。"和文雅的人在一起，你就可以说一些比较文雅的套话，和一般的人在一起，你说一些俗话，大家也会觉得很和气。套话说得好，别人也不会不给面子，拒绝你的要求。如果你不想喝酒，你也可以说一些套话来给自己解围："来时夫人有交代，少喝酒来多吃菜。"总之，酒桌上应付，拿捏一个度就好，不要唯唯诺诺，也不要总是咄咄逼人，让对方觉得很难堪。

在我们与人交往的时候，套话是少不了的，说好套话，也能给我们带来不小的收益。掌握一些说话的技巧，我们在与人交际的时候会更加顺风顺水。

说恰到好处的"段子"，使气氛更融洽

在我们的身边，总会有一些人能够把很冷的气氛弄得活跃，让僵局变得和谐。我们很多人都想成为化解尴尬、弄活气氛的人，其实这一点做起来并不困难。在我们遇到冷场的时候，我们不妨说些有趣的段子来将气氛弄活，解救冷场。

刚入职的第一天，雨欣向新同事打招呼问好，可是大家却各忙各的，对她不理不睬。雨欣想，真是肉包子打狗一去不回啊，想着想着便不禁笑出声来。因为是第一天来报到，理所当然要有人安排她的工作，就在她笑得很开心的时候，身后走来部门主管，主管问："什么事笑得这么开心啊？"雨欣止住笑说："哦，我突然想到肉包子的故事，就像我这样，肉包子！"雨欣是个相貌平平的胖女孩，可是她并不介意拿自己开玩笑。同事们听了她的话，纷纷抬起头看着她，心里都想，这样的女孩子还真是很少见，说自己是肉包子。其实雨欣打招呼没有人理睬，经理看见了，听到她说自己是肉包子，觉得雨欣是个大方乐观的女孩子，也顺着她的话开起了玩笑："那我可要回一句早上好啊，要不然我不就成了狗了。"雨欣也笑着对经理说："那也是个哮天犬啊，神啊！"

安静了一小会儿，大家不约而同地和雨欣打起了招呼，脸上也都带着笑容。雨欣清清嗓子作了自我介绍："我本是天上的仙女下凡，只是落地时脸先着了地，于是就成现在这样子了。"听了雨欣幽默风趣的话，大家忍不住笑了起来。随后开始有人帮雨欣倒水，有人开始帮她指导工作，办公室的气氛一下子活跃了起来。在以后的日子，雨欣没事的时候就说几句好笑的话，慢慢地，同事们也和她一样开始变得幽默，于是死气沉沉的办公室也开始变得有活力了。

幽默的能力并不是任何人都有的，但却是人人都能幽默。比如，掌握一些现成的幽默的语言、逸事、故事之后，不但要做到不为所制，而且更重要的是灵活地、自由地套用它来说明自己的观点，解决自己面临的困境。这时，要有一种大胆发挥的气魄，切忌拘谨。而在发挥时，就不仅是套用了，而是创造幽默了。

张大千是我国现代著名的画家，他颏下留长须，讲话诙谐幽默。

一天，他与友人共饮，座中所谈的笑话都是嘲弄长胡子的。张大千默默不语，等大家讲完，他清了清嗓门，也说了一个关于胡子的故事：

三国时期，关羽的儿子关兴和张飞的儿子张苞随刘备率师讨伐吴国。他们两个为父报仇心切，都争当先锋，这使刘备左右为难。没办法，他只好出题说："你们比一比，各自说出自己父亲生前的功绩，谁父亲功大谁就当先锋。"

张苞一听，不假思索地张口说道："我父亲当年三战吕布，截断坝桥，夜战马超,鞭打督邮,义释严颜。"

轮到关兴,他心里一急,加上口吃,半天才说了一句:"我父五缕长髯……"就再也说不下去了。

这时,关羽显圣,立在云端上,听了儿子这句话,气得凤眼圆睁,大声骂道:"你这不孝之子,老子生前过五关斩六将之事你不讲,却专在老子的胡子上做文章!"

张大千的故事还没讲完,在座的所有人都已经捧腹大笑。

幽默的段子总是会使气氛变得活跃、变得融洽,幽默的话语也是使人拉近距离、消除戒心的最好工具。讲一个恰当的小段子,能在最短的时间营造轻松的氛围,在瞬间就能吸引很多目光的注意。

一个人的睿智谈吐,是同他的聪明才智紧密相连的。因此,这就要求我们有良好的文化素养、丰富的文化知识,如果一个人对古今中外、天南地北的历史典故、风土人情等各种事情都有所了解和掌握,再加上有较强的驾驭语言的能力,说话就容易生动、活泼和谐趣。古今中外著名的幽默大师,往往又都是语言大师。幽默并不是矫揉造作,而是自然的流露。

有一次,林语堂被邀请到林氏大宗祠建成的庆祝典礼上。林语堂的光临,让在场的人都很兴奋,主持人也同样兴奋,登台发言前,他请林语堂作一次演讲,还反复地嘱咐他,在演讲的时候多介绍林氏家族里的名人。

终于,林语堂在众人的掌声中登台了,他也按照主持人要求的那样,在演讲中多多介绍林氏家族的名人,他在演讲时是这么说的:"林氏家族里有很多名人,早已载入史册。在《红楼梦》中有位女子,叫做黛玉;在《水浒传》里有个林冲,他是80万禁军教头;在《镜花缘》里,有个旅行家叫林之洋。其实,不光是在史册中,在我们现代社会中,还有个名人,他可真的算是鼎鼎有名,他就是美国总统林肯。"他的话刚说完,台下就想起雷鸣般的掌声,同时,也发出了一阵阵的笑声。大家谁也没有想到,美国总统林肯也被列入了这个范围之中,欢笑之中也缓解了现场沉闷的气氛。

在大家闲谈的时候，在大家无聊的时候，你可以说一个轻松愉快的笑话，大家哈哈一笑过后，气氛自然就会变得融洽起来。这样的小段子，你可以根据当时所处的环境来选定，在合适的时间说出合适的小段子，也会让大家觉得你懂得活跃气氛，从而大大提升对你的印象。

私密沟通，说好"情话"

情话在我们的生活中是必不可少的，情话说得不好会带来不好的结果；情话说得好，在很多时候可以充当感情的润滑剂，让我们的感情变得更加甜蜜。

恋爱时期，我们在感情上常会出现各种各样的摩擦。对于男人来说，当你的心上人心情不好的时候，你就应该适时地送上你的情话来缓解她的心情。

恋爱是美好的，可是没有一段恋情是一帆风顺的。人们的性格不同，对于某些问题所持的意见观点就会不一样。言行的失当或者对对方言谈的理解有所偏差，彼此之间可能就会出现一些感情上的摩擦。

恋爱是婚姻的前奏曲，当你运用你的恋爱口才，一次次赶走恋人心中的乌云时，婚姻的殿堂也就离你不远了。

如果说爱情是夫妻之间感情的基石，那么充满爱意的情话就是这基石上美丽的花朵，它装饰了我们的生活。充满爱意的情话是真爱之心与得体的语言的结合。有些人在婚姻上经历失败，其实并不是找错了对象，而是缺少了情话这个很重要的润滑剂。

我们在生活中感觉情话其实不重要，而且有时候会很俗，可是越是俗的情话，大家听起来就越是顺耳，情话可以不婉转但是不可以不真诚，不可以不贴心。

一般来说，表达关爱的情话可以用以下几种形式。

1.充满爱意的赞美

很多女人渴望自己的丈夫比别人有钱,更事业有成,可是却不知道怎么去帮助自己的丈夫发展他的事业,甚至一直以来连一句鼓励的话都没有,所以这样的女人永远都活在不满和抱怨之中,永远达不到自己的目标,永远实现不了自己的梦想。其实,要改变这种情况很简单,要自己的丈夫不断地进步,不是要你去逼他、去抱怨,而是应该从一个好妻子的角度去关心他、鼓舞他、激励他。那么,作为一个好妻子该如何帮助丈夫实现理想,使他成为你理想中的样子呢?其实很简单,只要你针对丈夫的优点给予恰到好处的赞美就能有效地帮助他施展出自己独特的才华,以足够的信心去实现自己的梦想。

你希望他做好吃的饭菜,就夸他厨艺高超;你希望他多做家务,就夸他能干。真诚的赞美和鼓励,值得妻子们试一试。作为妻子的你能说一句发自内心、恰到好处的赞美之言,可以改变丈夫对自己的看法,使他的心态变得更好。无论是谁都希望得到别人的崇拜,都希望被人用尊敬、仰视的眼光看待,这也是人之常情。而对一个处于成功之巅的男人来说,这种渴望崇拜的心理会更加的强烈。而女人的崇拜会让男人更受用,这种崇拜是对他成绩的最大肯定。作为一个好妻子,可以赢得男人一时的喜爱,而懂得说好情话的女人,却可以在男人眼中永葆魅力。

2.注意表达关心与体贴

喜欢关心、体贴别人可以说是女人的一个天性。她们细腻的关怀,就如吹面而过的柔和春风。她们的赞美犹如沁人心脾的淡淡花香,会悄悄渗入男人的心灵之中,让他们沉醉不已。比如:"亲爱的,你写的那本书我看了好几遍,写得真好,没少花工夫吧?我看你比以前瘦多了,你可得注意休息啊。"再如:"你把那事谈成了?怎么谈的?以后你可得教教我,我要拜你为师,向你学艺。"这些既温馨又充满敬仰与关切的语句,怎么能让男人不动心,不打心底感激呢?

其实很多时候,你的一句简单的问候是他(她)心底最大的安慰,因为你们是家人,所以即使平淡普通,也能深入他(她)的内心。当一方烧好菜之后,另一个就可以发自内心很真诚地说一句:"你辛苦了,今天的菜真好吃。"早上出门之前,你可以说一句"今天你真漂亮"、"今天你真帅",等等,几句简单的话就能够激起对方的好心情。

平时大家的工作都很忙,对家庭的关照可能就不够多,可是一定要记得在重要的生日纪念日的时候送给他(她)一份小小的礼物,说几句温馨的情话,对方一定会感到你的体贴,体贴的话也会增进你们之间的感情。

3.直接抒发你的爱意

当你步入婚姻殿堂的时候,轰轰烈烈的爱情归于平淡温馨的幸福生活。虽然你不再把"我爱你"这类的词常挂在嘴边,但是也没有必要把这句话给抛弃了。在某些时候,一句深情的"我爱你",会勾起双方恋爱时的美好回忆,在彼此心中荡起层层波浪,重拾恋爱时的感觉,对加深夫妻感情是大大有效的。

亲切的话是生活中我们不可缺少的,尤其是在吃饭或是放松的时候进行亲切的交谈,可以说是我们爱情中的催化剂。

大文豪马克·吐温常把一些写着"我爱你"、"我非常喜欢你"之类的字条插在花瓶或者压在盘子下,给妻子一份意外的惊喜。这种习惯伴随了他一生。

充满爱意的情话不仅是恋人们的甜言蜜语,也是夫妻之间必不可少的润滑剂,夫妻之间的情爱语言比不上恋人之间的那样浓烈,但是却同样甜美、回味无穷,就仿佛一瓶陈年老酒,越久越香,越久越醇。

推杯换盏,说好"酒话"

说起喝酒,很多人都有切身的体会。现代人交际过程中,越来越多的场合离不开酒。确实,酒作为一种交际场合的媒介,在迎宾送客、朋友聚会、沟通交流、友情传递的时候,发挥着本身独特的作用。掌握一些酒桌上的酒话,有助于你的成功。

　　我们都知道,酒喝多了并没有什么好处,但酒作为一种媒介,很多时候不喝又不行,所以我们一定要练好推酒的艺术,少喝酒,还要使在座的各位不扫兴,没有一定的说话艺术是做不到的。

　　在酒桌上要看清场合,我们要正确估计自己的实力,不要太冲动,要有所保留,还要注意说话的分寸,不能让别人小看了你,也不能过分暴露自己的实力。选择适当的机会,逐渐展露自己的锋芒,才能不被人看低。

　　我们在参加酒席的时候,酒席上有领导或长辈的时候,你作为晚辈,在你向长辈或领导敬酒,起身说话的时候,所说的话要符合自己的身份,注意要以尊重的态度,注重措辞的严肃性和你的礼节。如果是熟悉的长辈,而且长辈喝净了杯中的酒,而你的酒量又不好的时候,你不妨对他撒一下娇,耍耍赖,套套近乎。你也可以对他说:"张叔,您又不是不知道大侄女的酒量是拿不上台的,要是我真的喝多了,还让您操心,您不心疼我了?张叔,您看这是您最喜欢吃的烤鱼,我给您夹一块,您快尝尝好不好吃。"这时候我们不妨给每位领导及长辈都夹一块吃,倒上茶水。这时,你的一番甜言蜜语已经转移了大家的注意力。如果是遇到不是很熟的长辈或者领导的时候,遇到这种情况,你不妨面带微笑地说:"晚辈在长辈面前大杯喝酒,尤其是女孩子会有失体统,再说对长辈和领导也是一种不尊重。"作为晚辈,你已经说出这样的话,长辈也不好再让你喝酒了。

　　在我们和同事一起喝酒的时候,因为是同事,大家每天在一起相处,抬头不见低头见,彼此之间很熟悉,如果大家能坐在同一个酒桌上,都能比较放松,喝酒时的气氛也会很热烈,这时候要想推酒也就没有那么容易了。所以,在和同事喝酒的时候如果想推酒,就需要发动你的聪明才智了。同事们坐在一起都是平等的,没有业绩的好坏,没有你上我下,所以你不能因为和谁的关系好或者他是你的上司,就喝他让的酒。而其他同事因为与你关系差点或者能力相对差点,就因此不喝他让的酒。那样势必会引起同事对你的成见,而且也会在同事的心中产生不好的印象,大家会觉得你很势利,在以后的工作中,也可能产生不好的影响。

余先生喜得贵子，在孩子满月的时候请同事好友聚会庆祝，小白也在其中，而且小白平时很少喝酒，酒量更是不堪一击。在酒宴上，余先生提议和小白单独喝一杯，小白知道自己的酒量不好，忙起身，堆起一脸笑容，一个劲儿地说圆场的话："酒不在多，喝好就行。余哥喜得贵子，本来是件好事，我们要是喝多了，那多扫兴啊。大家经常见面还客气什么。你看我喝得满面红光，全都是托你的福，实在是不能再喝了……"结果余先生无可奈何。

俗话说"无酒不成宴"，我们在交际应酬的时候，自然是少不了饭局和酒场的，吃饭喝酒是联络感情、洽谈生意必不可少的事情，只要吃好了、喝好了，没有办不成的事情，所以许多事情就是在推杯换盏、迎来送往中办成了。其实我们都知道，许多生意是在饭桌酒席上谈成的，其成功率要远远高于在办公室。酒其实是给人壮胆的，能麻痹人的心理，人在喝酒的时候就能放下心灵中沉重的枷锁，喜欢喝酒的人自然也能理解其中的微妙。

在酒桌上我们常会遇到别人劝酒的事情，有人也总是喜欢把酒桌当成战场，想方设法地劝别人多喝几杯，还觉得不喝酒就是不实在、不给面子。以酒论英雄，对酒量好的人来说还好，可是你的酒量要是不好，那就犯难了。所以学会一点推酒的艺术，对我们真的很有帮助。

尤其是女性朋友，在你推酒的时候若是能说出不能喝酒的实情，再加上肢体语言，一定能使劝你喝酒的人欲言又止。

小静去参加一个同学的毕业典礼，宴席上小静看到几个老同学，大家倍感亲切，同学程成端起酒杯说："小静，好久不见，你是越来越漂亮了，今天高兴，我要和你单独喝一杯，你不会不给面子吧？"小静露出笑容说："不是不给面子，你的好意我心领了，你的心情我也理解，因为我也有同感，只是最近身体不好，一直在吃药，医生说让忌口。我以茶代酒敬你一杯，大家不是常说嘛，只要感情有，喝啥都是酒。"

美酒佳肴、推杯换盏的确能缩短彼此之间的距离，但我们要量力而饮，千万不要因为高兴或者难为情多喝，要尽量保留一些酒量和说话的分寸。你可以说一些幽默的小段子博大家一笑,转移大家的注意力,成功地为自己挡酒。这样你不管做什么,都会给宴会增添不少气氛。

很多人是非常成功的推酒者,任凭你怎么劝,他总是笑而不饮,而且振振有词。聪明人不仅能在酒桌上少饮酒,而且还会很巧妙地推酒,为酒桌增添欢乐的气氛。推酒的方法就如同与人交谈,同样是因人而异,随机应变。

办公室里不适宜说的话

步入职场的我们,除了家,办公室就是我们常待的地方。在这个大环境里,怎么说话很重要,有的话适合说,有的话不适合说,如果在办公室里说了不该说的话,那么你就有可能给自己惹一些不必要的麻烦。

办公室是是非的滋生地,同事们每天待在一起,难免会生出一些是非来。我们要想在职场中立于不败之地,一些不适宜在办公室里说的话,我们一定要注意。说话时要小心谨慎,不要因为你的语言失误而承担后果。

平时在办公室里,表面上看起来大家和和气气,实际上大家的内心都在暗暗地打着小算盘,各种利害关系导致同事们能同舟共济、携手并进,也会各怀心事。所以,这种关系呈现出来就是和平与斗争共同存在。我们要处理好与同事的关系,一定要注意回避一些话题。

1.薪水的问题需要回避

很多公司实行薪水不公开制度,同事之间的薪水往往也有着不小的差距,也有着同工不同酬的现象。所以,薪水问题就会引起很多人的心理不平衡。很多人喜欢在发薪水的时候去问别人的薪水有多少,如果他的没有别人的多,他就会觉得心理不平衡,即使他的脸上露着微笑,可是他的心里就不一定了。他会觉得对方是在炫耀。如果你碰到这样的同事,最好早作打算,当他把话题往薪水方面引的时候,你要尽早打断他,告诉他公司不让谈论薪水。如果他的语速很快,没等你打断他就说完了话题,这时候,你就可以冷冰冰地对他说:"对不起,我不想讨论这个问题。"识相的人,有一次就不会再有第二次了。

2.不在办公室里谈论私人的生活

无论你是失恋还是热恋,都不要把你的情绪带到工作中来,更不要把你的感情故事带到工作中来。办公室里容易聊天,不要说起来只图自己痛快,而不去考虑别人的感受,不分对象,往往话说出口了又后悔不已。把同事当成知己并不是一件好事情,你信任他,告诉了他你的秘密,你的私事将来就可能成为他让你难堪的把柄。职场上竞争激烈,你没有害人之心,可是不能没有防人之心,时刻谨记不要把自己的私事带到办公室里。

3.不和同事谈公司里的人和事

世界上没有不透风的墙,只要你说公司一句不好的话,立刻就会有人传到老板或领导的耳朵里,或者你说一句同事不好的话,很快也会传到他的耳朵里,在你还没有弄明白是怎么一回事的时候,你可能就得罪了对方。比如你今天和同事说:"小李能力不行,还不是靠着关系进的公司。"过不了两天,这话就传到小李的耳朵里,这可能只是一句抱怨的话,可是说者无意听者有心,你还不知道怎么了就把人得罪了,要是对方再不存好心,说不定还会对你打击报复,到时候,你哭都不知道为什么,早知如此何必当初呢?

4.家财不可外扬

对于你的同事,你的家财最好不要对他们提起,其实这不是什么秘密的事情,也不是你不够坦率,只是什么该说,什么不该说,你的心里必须有数。就算你腰缠万贯,刚买了新房,买了新车,也没有必要拿出来在办公室里炫耀,有些事情知道的人越少越好,被人忌妒的滋味其实不怎么好受,也很容易被人算计。如果碰上家庭条件不好的,此人心胸狭窄,那你不是给自己找麻烦吗?所以无论你贫穷还是富有,都不要在办公室里提起,与其讨人嫌,不如知趣一点的好,不该说的话就不要说。

5.有雄心不可外露

我们可能会在办公室里谈起你的人生梦想，其实你有雄心壮志只要和家人朋友说就好，在公司里没事就念叨"以后我要当老板"、"自己单干"等的话，"等我当了领导，我会怎样怎样"。这样的话说出口很容易让领导把你当成自己的敌人，或者是被同事另眼相看。话说得太大了很容易让同事把你放在对立面上。

"不想当将军的士兵不是好士兵。"这句话就告诉我们，做人需要有雄心。可是实际上不是叫你没有雄心，而是叫你把雄心藏起来，即使有雄心，你也要收起你的锋芒，要知道成为众矢之的后果并不好。做人的时候要放低你的姿态，才能走得更远，受到大家的尊敬。要知道放低姿态也是自我保护的一个好方法。

6.好汉不提当年勇

我们常说"好汉不提当年勇"，无论你的过去是多么辉煌，多么轰轰烈烈，要知道现在的你只是公司里一个普通的员工，每天要和你的同事们一起工作。没有谁喜欢听你的峥嵘往事，就算你说的是事实，那也只是属于你的光荣岁月，你常说，只会让别人觉得你是在炫耀自己，也会说明你现在的状态并不如以前好，能力不及从前。同事们听起你的过去不一定会尊重你，反倒会觉得你现在没有卖力，看不起你。久而久之，同事与领导会渐渐地疏远你，过分地炫耀，会伤害到同事及领导的自尊心，必然会导致大家疏远你。一个人过分沉溺于自己的过去，会让人觉得你活得不现实，生活在现在这个群体中，就应该很好地融入才对，而不是刻意地孤立、抬高自己。即使你曾经辉煌，那也只能代表你的过去，想要证明自己的实力，还是要融入现在的群体，拿出你的真本事，让大家心服口服。

在职场生存本来就不容易，我们要时刻保持警惕。要知道办公室是闲话的滋生地，工作闲暇的时候我们就喜欢找些话题来放松一下，为了不让闲话侵入私人的空间，最好的办法就是围绕一些无关紧要的事情，比如天气、时事、新闻、电影等都可以成为我们在办公室里闲谈的话题，避开个人话题，不牵扯个人利益。

办公室有时候会像一个温暖的大家庭一样，有时候，也会像战场一样地残酷。我们在工作的时候，一天至少有 1/3 的时间在办公室里，所以办公室也可以算得上是我们的第二个家，为了让我们的这个家庭变得温暖，请你注意什么话该说，什么话不该说。

别掺和职场是非

古人说过："静坐常思己过，闲谈莫论人非。"在我们和别人闲谈的过程中有很多话题可以讨论，但是关于别人的是非，我们最好不要触及，语出不慎的话，你可能就会成为"炮轰"的对象。

在职场上，同事之间存在着利害关系，这样的时候，大家之间的竞争就不是单纯的实力较量，而是掺杂了个人感情方面的问题、个人的感情、同事之间的关系、与上司的关系等复杂的因素。表面上大家看起来都是和和气气，相安无事，可是大家的心里却各自打着自己的小算盘。

我们在与同事交往的时候，必须留点心机，面对是是非非一定要学会巧妙地应对。同事之间的流言飞语，是带有很大的危害性的，可能只是你的几句抱怨的、不带恶意的话，日后都会成为对方攻击你的工具。所以面对这些是是非非，还是躲得远一点为好。

在说话的时候我们一定要注意，关于别人的是是非非，千万不要随意说，在闲谈时，一定要管住自己的嘴，不提及他人忌讳的话题。有些人口齿伶俐，在交际场上口若悬河、滔滔不绝，这固然是不少人所向往的。但是万事都得有个度，若是口无遮拦，说错了话，说漏了嘴，让人抓住你的把柄，就会给自己带来很多麻烦。

吴欣刚刚参加工作不久，初入职场的她难免有些兴奋。吴欣是个活泼的女孩子，办公室里有了她气氛也活跃了很多。小到芝麻，大到西瓜，无论什么事她总是能说上两句。同事间相处得似乎都不错，能找到这样不错的工作，吴欣也很开心。

一个月后，吴欣发现，市场部经理和办公室主任常常起冲突。市场部经理和办公室主任本也没有什么利益冲突,可是就是相互看不惯。主任是老员工,又比经理年长,可是职位和工资都不如新来的经理。主任心中不舒服,想要以自己老员工的身份排挤经理,这样她就是办公室最大的领导了。可是经理也不是省油的灯,于是就这样相互抵触着。

其实,他们俩都不是什么省油的灯,主任仗着自己是老员工,不仅对新员工进行挤兑,还会对来咨询业务的客户大吼大叫,态度很不友好,大部分人都看不下去。经理则一直想独揽客户,掌控大权,和老总一较高低,而后转身单干,这样的做法确实影响手下和公司的发展,让人无法忍受。

吴欣刚入职场,很单纯地为公司的利益担忧。没有烦恼的她也渐渐有了牢骚,这样下去公司怎么会好呢?自己是新人,被欺压没关系,可是他们影响到公司的发展,这可如何是好?可是在办公室,在主任和经理面前,吴欣又不敢多说,毕竟自己是个小人物。

李姐也是老员工,人相当老实厚道,所以自然而然地成了主任欺压的对象,也许是大家都是被上级欺压的对象,吴欣和李姐的关系越来越好,两人也很自然地谈起办公室的种种。吴欣看李姐也是老实人,又是同受欺压的人,也就毫无顾忌地把心里的不满和牢骚讲了出来,将自己对经理和主任的看法以及对公司的担忧一股脑地说了出来。吴欣说得很痛快,李姐也点头不断赞同,两人有种相见恨晚的感觉。

一番畅聊下来,吴欣很是开心。第二天早上一进办公室,就看见主任面带不善,接下来主任也不停地为难吴欣,吴欣很是不解。下午经理将吴欣叫了过去,很直白地问道:"你对我是不是很有意见?"吴欣一时不知如何是好。吴欣是老板亲自面试招来的,更何况老板对她也很看重,所以让她走人也不是件容易的事。可是面对经理和主任的双重打压,吴欣确实已经没有精力去应付,所以不得不选择辞职。吴欣很后悔,自己的口无遮拦,掺和进了领导的是非中,最终误了自己的前途。

在职场上不要轻易地相信别人。在你当着口无遮拦地说话,可能就成了对方打小报告的话柄,所以即使你有牢骚也不可以在职场中说给你的同事听。什么话该说，什么话不该说、我们心里一定要很清楚，话一说出口就收不回，所以当着你同事的时候一定要有所警惕，注意你的语言和表达方式。

职场中充满纷争，我们要怎么样明哲保身呢？其实很简单，只要我们在遇到别人谈论是非的时候远远地绕开它，而不是纠缠其中。社会上有种人就是唯恐天下不乱，有点是非他们就会去掺和、煽风点火、推波助澜，把别人的是非编得有声有色，夸大其词，如果你参与其中，很可能他就会把这些事情都推到你身上，那么你的结果可想而知。

聪明的人是会选择远离是非的，而不是去掺和是非，要知道尤其是要提防你的同事，有可能你们今天讨论的是非，就是你明天走人的理由。所以不管在什么时候都不要去讨论别人的是非，这样害人害己的事情多做无益。

职场抱怨，幽默解决最得当

在职场中，我们常会遇到一些不顺心的事情，抱怨的话自然少不了，几个同事聚在一起，抱怨公司制度、领导严格的管理、同事之间不好相处的关系、干不完的活、受不完的气、低工资高消费，等等，这些事情都是让我们抱怨的主题。确实，抱怨是一种发泄，可以排解你心中不满的、压抑的情绪。但是，要记住发泄过度、没完没了地抱怨其实并不好，不但解决不了问题，还容易让你陷入负面的情绪里，如果整天都这样，你还怎样去工作呢？

如果我们给这些抱怨都加上糖衣，把原本那些苦涩难以下咽的味道都去掉，会使抱怨听起来更具艺术效果，同时也能解决问题。

同事之间相处，因为利益关系，常常会产生一些摩擦，那么，你遇到这些问题的时候该如何处理这些小摩擦呢？这还能体现你处世水平的高低。有话好好说，这句话是很有道理的，有时候你们之间可能只是一点小误会，可是就因为你说话的方式不恰当,小事变成了大事,造成很多麻烦。所以在遇到这种情况的时候,不管你遇到什么不满,都要努力地克制自己,以轻松委婉的方法表达自己的意见,这样既能让你的同事认识到他们的错误,又不会伤害同事之间的关系。

一天,张芸来到办公室,看见桌子上的文件乱七八糟,明显被人翻过,当时她生气极了,可是她并没有大吵大闹,而是压下了心中的怒火,将办公室的窗户关了起来说道:"清风不识字,何必乱翻书。"

幽默地抱怨,语出诙谐,在你轻松巧妙表达出你的想法时,既能给那位做了亏心事的同事留点面子,还能告诉他,下次不要这样做了,相信同事以后一定不会再这么做了。

有一次发薪水的时候,职员小刘居然收到了一个空的薪水袋。当时他非常生气,心想,这财务怎么这么粗心,会出现这样的失误。他的脑子里想出几套方案:第一,直接和他们理论,问清楚他们这是怎么回事;第二,找经理治一治财务;第三,找到财务,对财务说:"我没有说用这个月的工资请你们吃饭啊,怎么把我的工资预支了呢?"第四,对财务说:"不好意思啊,我这个月的薪水袋饿得前胸贴后背了,麻烦你们看看这是怎么回事吧。"

小刘一开始就否定了前两种方案,因为工作任务多,失误是难免的,没必要抓住别人的错误不放,失误可以理解。第三种方法虽然幽默但是不太实际,因为自己的部门和财务上并不是很熟,所以说请他们吃饭有些过头,最后他用了第四种方法,很快财务上就给他补发了工资。有了这次交往,小刘和财务上的人也建立了良好的关系。

小刘用的这种方法是值得我们学习的,用幽默表达自己内心的抱怨,让人更容易接受,还能达到你预期的目的。幽默是一种艺术,运用得恰当才能起到一定的作用,如果用得不恰当,不合时宜地表达,有可能将事情弄巧成拙,还不如闭上嘴什么都不说的好。虽然忍一时可以风平浪静,但是这股怨气一直憋在你心里,相信你也会不好受,倒不如你静下心来想好处理的方法,这样会更有利于你将问题解决。

任何人都会出现失误，别人无意之间造成的错误你应该充分地谅解，不要去计较无关紧要的小事。当我们遇到这样的事情时，不如用委婉幽默的抱怨化解此事。

同事小王每天上午进办公室都会睡半个小时，虽然时间不长，可是也耽误了不少工作，作为搭档的小陈就承受了很大的工作压力。小陈想找个机会批评他，但是又害怕引起对方的不愉快。终于有一天，小陈忍不住了，对小王说："如果你少做点白日梦，以你的实力，一定可以当主管。"同事小王听了以后不仅没有生气，反而觉得对方认同自己的能力而感到高兴。在以后的时间里，小王在上班的时间尽量要求自己不要睡觉了。

在工作中，同事之间很容易发生争执，处理得不恰当常会弄得不欢而散，甚至会让双方心存芥蒂，在心理上、感情上都会蒙上一层阴影，为日后的相处带来很多不便。所以当同事之间遇到矛盾的时候，最好的方法还是避免发生正面的冲突，当你和同事的意见产生分歧时，首先要听听他的意见，从中发现合理的部分给予及时的赞扬和认可，这不仅使同事产生积极的心态，也给自己带来一定的思考时间。如果双方的修养都比较高，做到这些并不是难事。若是遇到不好惹的同事，那你不如就用幽默的方法将矛盾化解，将你的抱怨说出口。

小赵和小张的关系很不错，平时有说有笑，正因为如此，小赵有事没事就去找小张到办公室聊天，他也不管小张忙不忙。

有一次，小赵正就一些小事说得眉飞色舞，却听到小张冷不丁地说了一句："幸好我已经娶老婆了。"

小赵见小张突然冒出一句不相干的话，一脸茫然，感到十分困惑。接着听到小张自言自语地说："所以我现在才习惯别人对我没完没了地唠叨了……"

小赵听后，呵呵一乐，拍拍小张的肩膀，知趣地走了。

给抱怨加上幽默的元素，让对方保住面子，这样的方法，我们可以多多采用，化干戈为玉帛，何乐而不为呢？

探望病人，多说宽心话

人在生病的时候也是非常脆弱的时候，情绪低落，久病卧床的人还特别容易爱胡思乱想。我们去探望病人的时候，一定要特别注意。语言要讲究分寸，说话的时候不可以兴高采烈，也不能表现出厌恶和过分紧张。病人有时候对自己的身体和病情是非常敏感的，在和对方交谈的时候最好尽量少谈论病情，多多宽慰对方。大致说来应该注意以下几个方面。

1.不能故意装出一副怜悯的样子

如果你故意对一个病人表现出过分的怜悯，他会很反感，甚至觉得你在挤兑他、嘲笑他，觉得自己的病非同一般。你越是对他怜悯，他就会越觉得痛苦。如果他和你平时的关系还不错，病情又不重的话，你不妨说："我也很想生点儿小病，可以安安静静在家休息几天、并且还能见到平时不怎么见到的朋友。"这个时候他就会想到平时为工作忙得不可开交的自己，这会儿却因为一点小病可以得到暂时的休息，庆幸感和欣慰感油然而生。

2.给对方适时恰当的鼓励

有时候，别人的鼓励对病人来讲就如打了一针强心剂，使他们顿时产生一种与病魔斗争的勇气和力量。尤其是对那些处于情况紧急中的病人，甚至可以起到"起死回生"的效果。

有一个年轻的矿工在采煤作业时不慎被砸伤，处于昏迷状态。患者在医院里苏醒后，觉得下肢不听使唤，怀疑自己将终身残废，于是萌生了轻生的念头。患者的朋友发现他的这一思想苗头后及时鼓励说："你年轻力壮，生理功能强，新陈代谢旺盛，只要你积极配合治疗，日后加强康复训练，肯定会重新站起来，这是医生说的，请你相信我！"短短几句鼓励的话，终于使患者抛却了轻生的念头，增强了治疗的勇气。在以后的日子,患者不但积极配合治疗,而且积极地进行艰难的自我康复锻炼,数月后即伤愈出院,他跟友人说:"要不是你的鼓励,我是无论如何也不会对恢复健康抱有信心的。"其实,对于身患绝症的亲友,得体的安慰有时候就是最好的灵丹妙药。

3.不说增加对方心理负担的话

任何时候都不要误解了安慰病人的目的,因此应该尽量谈一些使患者开心的问题和事情。如果对方在病倒之前刚刚失去一段恋情,而你却又不断提起失恋的对象,恐怕这样只会刺激他的神经,想必他的心情将会更加烦躁。不管是工作、生活、情感,都应该尽量找一些轻松的话题,让对方的精神放松下来,一种宽松的环境和心境对患者的康复也是大有裨益的。

探望病人时,最忌讳的是说些增加病人负担的话。应该尽量让病人减轻心理压力。探望重病人,一定要同家属、医生口径一致,不可轻易当着病人的面泄露"天机",以免影响治疗效果。

4.让对方能感受到你实实在在的关心

病痛在身的人,十分需要他人的安慰,因而对探望者的语气语调特别敏感。所以,探望者要努力使自己在交谈时音量适当、语气委婉、感情真挚。要尽量使患者觉得在你探望后感到心情愉快和轻松,让对方感受到你真诚的关心。

说话时要看着病人的眼睛,不要东张西望,使病人感到你在真心实意地关注他。注意问话,不要问:"你怎么啦?"最好问:"今天感觉好多了吧?"不夸夸其谈。闲谈中始终让病人处于"主导"地位,有时可让病人多说几句。要有分寸地用乐观的话语鼓励病人。不可提及使病人不愉快或伤害病人自尊心的事情,因为病人需要的是安慰和鼓励。

注意他人的情绪，选择合适的语言

我们面对着不同的人物、不同的场合，一个说话高手一定要分清场合，注意他人的情绪，选择恰当的方式来说话，使你的谈吐既符合所处的场合要求，又要考虑到对方的情绪，做到最大限度地与对方进行沟通。

《红楼梦》中的王熙凤，就是极会说话的人，说起话来既有分寸，又能根据场合照顾到听者的情绪，说出"悦耳动听"的话。

《红楼梦》第三回，林黛玉丧父后进京城，小心翼翼初登荣国府时，王熙凤的几段话就展现了她"会说话"的超凡才能。人未到，却先听其笑，先闻其声："我来迟了，不曾迎接远客！"尚未出场，就给人以热情的感觉。随后王熙凤拉过黛玉的手，上下细细打量了一回，仍送至贾母身边坐下，笑着说："天下竟有这样标致的人物，我今儿算见了！况且这通身的气派，竟不像老祖宗的外孙女儿，竟是个嫡亲的孙女儿，怨不得老祖宗天天口头心头一时不忘。只可怜我这妹妹这样命苦，怎么姑妈偏就去世了！"一席话，既让老祖宗悲中含喜，心里舒坦，又叫林妹妹情动于衷，感激涕零。而当贾母半嗔半怪说不该再让她伤心时，王熙凤话头一转，又说："正是呢！我一见了妹妹，一心都在她身上了，又是喜欢，又是伤心，竟忘了老祖宗。该打，该打！"

王熙凤几句话说得人心里暖暖的，听话的人自然也高兴。话不单单说给林黛玉，更是说给贾母听的，贾府中说话最有权威的人，把她哄开心了，事事都好做。

还有一个例子：邢夫人要讨鸳鸯给老爷做妾，鸳鸯不依，贾母气得浑身乱颤，把众人怪了个遍，不仅怪邢夫人，还怪王夫人，怪宝玉，统统地怪，连凤姐都怪了，气氛很紧张。在这种情况下，谁都不敢出声，只有凤姐开口了，她说："我倒不说老太太的不是，老太太倒寻上我了。"大家很奇怪，怎么老太太还有不是呢？凤姐就说出理由来了，她说："谁叫老太太会调理人，把鸳鸯调理得水葱儿似的，怎能怨得人要？我幸亏是孙子媳妇，如果我是孙子，我早要了，还等到这会子？"这话一说出口，贾母先是愣了，心想怎么还有我的不是呢？这里就是凤姐语言的艺术了，表面上看起来好像说是贾母的不是，其实她是夸奖贾母会调理人，把鸳鸯调理得水葱儿似的，也给大家找了个台阶下。所以，贾母就转怒为喜，气也消了，心也开了，紧张的气氛也缓解了，又有说有笑了。

有一天，陈小姐约了几个以前的旧友来家里吃饭，她把她们聚集在一起主要是想借着热闹的气氛，让一位目前正陷于情绪低潮的朋友文杉心情好点。文杉的老公不久前因经营不善，不得已将自己的公司关闭了，如今又因不堪生活压力，正与文杉谈离婚，搞得她内忧外患，非常苦恼。

来吃饭的朋友都知道文杉目前的遭遇，因此大家都避免去谈与生意有关的事。可是，其中一位乔太太因为老公目前赚了很多钱，酒一下肚，忍不住就开始夸耀她老公的赚钱本领和自己花钱的功夫，那种得意的神情，陈小姐看了都不舒服。正处于失意中的文杉低头不语，脸色非常难看，一会儿去洗脸，一会儿又上厕所，后来干脆找了个借口提前离开了。

陈小姐送文杉到楼下的时候，文杉赌气地说："谁的老公不会赚钱啊，到我面前来打广告了！"从此就与乔太太绝交了。其实乔太太并没有意识到失误，因为她向来就是将老公挂在嘴边的人。

为了维护良好的人际关系，你的一言一行都要照顾对方的情绪，学会安抚对方的心灵，不可以使对方产生相形见绌的感觉。与此同时，你自己的心灵也会因安然自慰而有一个极好的心情。

聪明人切忌在失意人面前谈论得意之事，而且越自夸，将越靠近"讨厌虫"的角色。所以，当你处于顺境、春风得意时，与人交谈一定要考虑到对方的心情，以免无意中伤害了别人的自尊心。

说话是一门艺术，其中的分寸与技巧，需要你在人际交流中细心揣摩，才能悟出其中的奥妙。

营造让对方吐露真言的氛围

我们在与人讨论问题的时候，都会因为面对陌生的环境而不敢轻易地说出真话，你要想从对方的嘴里问出一些事情，可能就没有那么容易了，这个时候，我们就要学会营造气氛，让对方觉得可以说真话，可以说"是"。

你想要对方说出心里的话，你就必须先投入感情，让他为你感动，放下心里的包袱。气氛营造得好，他才能将心中的真话吐露出来。为了达到你的目的，不加入适当的感情是不行的。很多时候，只有营造出良好的气氛，付出感情，才能抓住对方的心，才能听到真心话。

有一个厂长在就职时向员工发表了别出心裁的讲话："我来当厂长，打心里高兴！但厂长不好当，担子重啊！从现在起，我这个厂长给大家交个底儿，我不想干两件事就'捞一把'，非跟大伙儿一块干出个样子来不可，好比一根绳子上拴着两只蚂蚱，飞不了你们，也蹦不了我……"

这几句话平实、通俗，没有大道理，更没有表面的客套，但让人们听了后就觉得含义不平常。显然，它赢得了员工的信任，许多人说："这个厂长挺实在……"、"厂长是个老实人，我们跟着实在的厂长干，叫人心里踏实……"

这位厂长当着全厂职工第一次亮相就"得了分"。他这次亮相的确对说话的方式、内容、角度进行了周密的考虑，实实在在地讲了自己上任时的心理活动及上任后的打算，从而达到了与职工交流的目的。

与人交谈，贵在坦诚。只有你注入感情，对方才会为你的感情所感动，从而也会适当地说出自己的心里话。只要你捧出一颗恳切至诚之心，一颗火热滚烫之心，怎能不使人感动？怎能不动人心弦？

其实有很多时候，很多人的心里打着很多的疙瘩，你要先去解开这些疙瘩，就必须站在他的立场上为他说话。只有让对方感觉到你是站在他的角度为他思考，他才有可能对你吐露真言。

著名的演说家李燕杰说："在演说和一切艺术活动中，唯有真情，才能使人怒；唯有真情，才能使人怜；唯有真情，才能使人信服。"若要使人动心，必先使自己动情。要想营造出让对方能够吐露真言的氛围，就必须与他交心。人在交往中，最可贵的就是交心，要想打动人心，就要拿出你的真诚。人是有感情的动物，没有一个人不会为情所动、为情所感，当你遇上一个很冷漠的人时，你也不要灰心，要知道在这时，用你的真诚和你饱含深情的话语，一定能打动他冷漠的心。

无论在生活中还是在职场中，我们怎样才能掳获人心呢？其实这很简单，就是说话的时候要发自内心。真诚不是写在脸上的，可是藏在心里也没有人能看得出，这时候，你饱含深情的话，就最合适不过了，你的语言代表着你的心，伪装在脸上的真诚，会被人一眼就看穿，还会觉得你这个人很虚伪，会让人觉得寒心，而来自心底的声音会更动听，更能扣人心弦。你的言语在不经意间就牵住了对方的心。

当松下电器公司还是一家乡下小工厂时，作为公司领导，松下幸之助总是亲自出马推销产品。在碰到杀价高手时，他就坦诚地说："我的工厂是家小工厂。炎炎夏天，工人在炽热的铁板上加工制作产品。大家汗流浃背，却努力工作，好不容易制出了产品，依照正常利润的计算方法，应当是每件××元承购。"对手一直盯着他的脸，听他叙述。听完之后，开怀大笑说："卖方在讨价还价的时候，总会说出种种不同的话。但是你说得很不一样，句句都在情理之上。好吧，我就照你说的买下来好了。"

松下幸之助的成功，在于坦诚的说话态度。他的话充满情感，描绘了工人劳作的艰辛、创业的艰难、劳动的不易。语言朴素、形象、生动，语气真挚、自然，唤起了对方的切肤之感和深切同情。正如对方所说的，松下幸之助的话"句句都在情理之上"，对方接受也在情理之中。

你要想办法打开对方的话匣子，对你消除戒备之心，就在在你话中融入真

聪明人会说 智慧人会听 高明人会问

情,因为惟有融入真情的语言才能打动人心。巧妙地运用充满真情的话语,可以促使说者与听者产生情感上的共鸣;可以促进交流双方的关系融洽,从而形成良好的沟通氛围;充满情感的话语可以使人赢得广泛的人脉关系,为人生的成功创造有利的条件。

第三章　什么身份说什么话

我们每个人在社会中都要面对不同的人，在不同的人面前，我们的身份也有所不同。在父母面前，我们是子女；在家庭里，我们是丈夫或妻子；在孩子面前，我们是父母；在上司面前，我们是下属；在下属面前，我们是领导……所处的身份不同，我们也就要按照自己的身份来说话，不要让你的语言背离身份定位，给你带来负面影响。

轮到你说话的时候再开口

我们在说话的时候一定要注意说话的时机，不该你开口的时候一定不要急着开口。你要时刻注意自己的身份，轮到你说话的时候，你再说话，这样对你是没有坏处的。

在社会上生存并不是一件容易的事情，我们更应该学会怎样说话，说话前一定要看好事情发展的情况，做出正确的判断后再表态。我们可以把社会当成是我们的课本，自己去实践、去体验，经过一番磨炼后，我们自然会成熟不少。

在生活中，该长者开口的时候，你抢在前面开了口，这样就显得你没有礼貌；在工作中，该领导发言的时候，你抢先发了言，领导会觉得你对他的位置有所威胁，必定会对你提高警惕，所以，在不该你开口的时候，最好还是缄口沉默。

刚走出校门的年轻人，总是会觉得自己很厉害，饱读诗书，自信满满的样子，但是进入社会,办起事情来就会处处碰壁,处处吃亏。其实,是我们过分信任书本的知识,以为到处可以通用,而忽略了社会的本质,把社会看得太理想化了,所以才会有种格格不入的感觉。当你进入社会的时候,应该要学会重新认识社会,只要你虚心学习、处处留意、日积月累、积少成多,不该开口时沉默不语,不去抢别人的风头,碰壁的事情自然就会减少很多,你的成功才来得更容易一些。

自作聪明的人,往往都是让人讨厌的人,逞一时之能,也会导致自己得不偿失。杨修就是因为不该开口时卖弄小聪明而最终害了自己。

有一次,塞北有人给曹操送了一盒精美的酥,想要讨好他。曹操尝了一口,突然灵机一动,想考一下大臣们的才智,就在盒上写了"一合酥"3个字,让人送给大臣们。大臣们面对着这盒酥,手足无措。杨修看到盒子上面的字,竟然叫人分给大家吃了,大家问他:"魏王的东西没有他的批准,我们哪里敢吃啊。"杨修说:"是魏王说的啊,你看这几个字,一人一口酥嘛。"在场的大臣们都夸杨修聪明。随后曹操问到杨修,怎么敢把自己的酥分给大家吃,杨修很淡定地回答说:"盒上明明写的一人一口酥,我们怎么敢违背丞相的命令呢?"曹操笑而不语,可是心里却很讨厌杨修。

还有一次,曹操造了新的后花园,落成时,曹操去看,在园中转了一圈,临走的时候什么话也没有说,只是在园门上写了一个"活"字。工匠们百思不得其解,这时候杨修又站出来对工匠们说:"门上写个'活'字,就是'阔',丞相是说这个门太宽了。"工匠们这才明白过来,立刻重修园门。完工以后,曹操看了很满意,问道:"是谁领会了我的意思?"大家都说:"多亏了杨主簿的赐教啊。"曹操表面称好,可是心里却很忌讳。

曹操出兵汉中,准备攻打刘备,被困在斜谷界口,想要出兵,又被马超据守,想要收兵回去,又害怕蜀兵嘲笑,心中正犹豫不决,正好在这个时候,厨师上了碗鸡汤,曹操看见碗里有鸡肋,于是有感于怀。正在此时,夏侯惇进来,问曹操夜间的口号是什么,曹操随口回答说:"鸡肋!鸡肋!"夏侯惇传令下去,说是:"鸡肋!"行军主簿杨修见到传"鸡肋"二字,便叫大家收拾行装准备回去了。有人报告给夏侯惇，他大惊，于是到杨修的帐中问是怎么一回事，杨修说："从传来的号令上来看，便知道丞相不久就要回去了，所谓的鸡肋，吃起来没有什么肉，可是扔掉的话又会觉得可惜。就像现在的状况，进军不能取得胜利，可是退军又害怕别人耻笑，在这里没有什么益处，不如回去的好，想必明天一早丞相必然会班师回朝，所以先命大家收拾行装，免得明早出发的时候会慌乱。"夏侯惇说："您真是明白丞相的心事啊。"于是大家都收拾东西准备回朝。曹操得知这件事情以后，把杨修叫来问他，杨修用鸡肋的意义回答。曹操很生气地说："你怎么敢造谣生事，乱我军心？"于是叫人斩了杨修，把他的头挂在辕门的外面。

在大家都没有说话的时候，你自作聪明，急着把话说出口，即使你真的很聪明，但是说话没有选对时候，你觉得你会有好下场吗？就像杨修，虽然拥有满腹的才华，却自作聪明揣测领导的心思，胡乱开口，终于招来了杀身之祸。

在战场上，时机不到盲目地出击，只会落入对方的圈套。在和人交谈时，同样是这个道理，如果不了解情况，不该你说话的时候你随口乱说，反而会使情况变得更糟，所以，在开口说话之前，一定要注意了解情况，轮到你说话的时候再开口，只有这样才能够有针对性，能够起到应有的效果。

那么，我们在什么时候应该保持沉默，又在什么时候开口说话最合适呢？

1.不了解情况的时候最好不要开口说话

有时候，不了解对方的情况就急于插嘴盲目地乱说，往往会给对方造成可乘之机，使自己遭受到很大的损失。所以，在不了解对方情况的时候，不要轻易地把话说出口，保持沉默是上策，等到你理解了对方的情况你再开口也不迟。

2.自己做不了主的时候不要开口说话

有时候，自己不能够做主，这时需要谨慎听明白对方想要表达的意思，你再开口说话。如果自己不慎把不该答应的事情答应下来了，到时候所有的问题只有自己来承担了，所以这时候也要保持沉默。

3.正在气头上的时候不要开口说话

当你或对方正在气头上的时候最好不要说话，如果你跟别人发生争吵，双方的情绪都很激动,那就等以后你们都冷静下来再开口,不该说话的时候你就最好保持沉默,以免造成不必要的麻烦。

在你的"主场",说话要热情周到

我们在与人交往的时候,在你的"主场"一定要做到热情周到,在你的地盘就一定要尽到地主之谊,让对方不要产生被冷落忽略的感觉。不要见到谁都板着脸,要知道没有谁愿意看一张板着的脸。

"来到这儿就当是自己家,别客气。""有什么照顾不周的地方,你就跟我说,我让他们去做就行。"像这样热情的客套话,让对方听起来也会觉得很温暖。

人与人是有差异的,每个人待人接物的方式方法都不一样,有的人给人的第一印象就是冷冰冰的,可是一旦你表现出你的热情,他也立刻会用他的热情来对待你。

赵平是一位非常优秀的数码相机推销员。有一天,一位顾客来到他的数码产品直销店挑选相机,这位顾客看了店里所有的相机之后,没有看中任何一款,就准备离开。这时,赵平走过去热情地对他说:"先生,我可以帮你挑选到你最满意的相机,我是这里的推销员,我很熟悉附近的数码产品直销店,我愿意陪你一起去挑选,而且还可以帮你砍砍价钱。"

这位顾客同意了赵平的请求,赵平带着他来到了别的数码产品直销店。那位顾客把所有的相机店都看了一遍,还是没有挑选到他满意的相机。

最后,这位顾客对赵平说:"我还是决定买你的相机。老实说,我决定买你的相机并不是你的相机比其他店里的要好,而是你对顾客负责的精神感动了我。到目前为止,我还没有享受过这种宾至如归的服务。"

结果,这位顾客从赵平那里买了3个相机,而且,还在他的朋友圈内免费为赵平做广告,给赵平介绍了很多客户。

热情最能够感化他人的心灵,在对待顾客的时候富有热情,在销售过程中待人接物更要始终保持热情。在你的主场保持热情会使人感到亲切、自然,从而缩短与对方的感情距离。

如果在和他人交谈的时候,你总是板着脸,说着冷冰冰的话,对他人也是爱答不理的态度,那么对方又如何能够喜欢你呢?又如何有兴趣听你讲下去呢?如果你说话缺乏热情,你的话语就像是蔫掉的菠菜,毫无生气可言。

有热情才会有动力,有动力才能全身心地去做好每一件事。对他人讲话的时候,热情周到是使交谈顺利进行的关键之一。有了热情,谈话才会取得良好的效果。你的热情也会成为你最好的招牌。

一位女士想要买房子,可是高傲的她只是一个人在一边看着广告牌上的信息,不管业务员怎样对她笑、对她有礼貌地说话她都不理不睬,也不离开。业务员小江推断这位女士一定想买这里的房子,于是走上前微笑着对女士说:"您好女士,您是想买房子吗?您看外面挺热的,不如到屋子里凉快凉快,您坐下来喝杯水,我跟您慢慢地介绍,这广告牌上只有一部分房子,还有一些新出的好户型,我们还没有来得及贴出来呢。"小江说了那么多话,女士还是无动于衷。于是,小江继续带着微笑说:"女士,您看看太阳这么毒,我们倒无所谓,倒是您,晒黑了就不好了,现在紫外线那么强,对皮肤伤害很大的。屋子里有空调,吹着冷气,会让您舒服一些。"女士终于听从了小江的话,决定到屋子里坐下来听小江慢慢地介绍。

原来这位女士就住在附近的小区,现在远方的父母也想搬过来,可是这些天她一直没有找到合适的房子,小江热情地为女士介绍着,并预约了3套房请女士看。感受到小江热情周到的服务态度,女士一直冷冰冰的脸终于浮起了一丝笑容,从中午到傍晚,小江一直热情地陪着女士看房子,终于在看第三套的时候,女士中意了。

临走时女士对小江说:"小伙子,你真是热情啊,我还有朋友想在附近买房子,到时候,我一定把你介绍给他们。"

在生活中,我们每个人都尝过被别人冷落的滋味,这样的滋味很不好受,尤其是你是一个很热情的人,人际关系也很不错,可是你到了一个新环境,总会有人对你不理不睬的,这样你心里的落差感就会产生,这个时候,你千万不要灰心,继续用你的热情去笼络他的心。俗话说得好,伸手不打笑脸人。他再怎么冷漠,都无法对你的笑脸及你热情周到的话语发脾气,他也不能拒绝你的热情,最终他会被你所感染,接受你。

与人交谈时热情周到,总是会得到相应的回报,在别人对我们冷漠的时候,我们不能同样用冷漠的态度去面对这些,如果大家都冷漠,那么关系只能是越处越僵,最后形同陌路。在遇到别人对我们冷漠的时候,我们就要用热情周到的话语去贴他的冷面孔,时间久了,再冷的面孔都不会再给我们颜色看了。

居次要位置,切忌喧宾夺主

在不同场合,我们一定要认清我们所处的位置,处在什么位置上,就做你该做的事情、说你该说的话,不要说得太多,做得太多,以免对方认为你有喧宾夺主、取而代之的想法,会对你时刻提防,这样对你也不是一件好事。

在生活中,我们每个人都是主角,演绎着自己最美好的戏,可是不要忘记了,很多时候我们并不是主角,而是配角。好的配角,说好自己该说的台词,千万不要抢了主角的台词,这样才是聪明人的做法。说话也是一样,你若是在不该说话的时候说了领导要说的话,就会让领导觉得你不把他放在眼里,想要取代他的位置。可能你只是习惯于这样说话,可是要知道这并不是很好的说话方式。

赵彤是一家外企所辖分公司的员工,经过几年的奋斗,她已成为这家公司的公关部经理。

一次,总公司的几位高层领导在北京举行宴会,除了北京分公司的总经理及一些要员外,英国总部也来了不少重要人物,再加上一些大客户的参与,宴会的阵容显得非常盛大。

赵彤在商场中有着一定的声誉,平时也喜欢以女强人自居,让她引以为豪的是自己的业绩一直都非常出色。

正是因为自认为业绩卓越,她在一些宴会中,风头常常凌驾于北京分公司总经理之上。总经理是一位性格宽容的好好先生,一般也不会让她难堪。于是,她更加有恃无恐,准备抓住这次宴会的时机开拓新的职业生涯。

宴会当晚,赵彤周旋于宾客间,确实令宴会气氛甚为活跃。到总公司的高层和主管分公司的总经理致辞时,赵彤在旁一一介绍他们出场。轮到她的上司,即分公司的总经理时,她竟先说了一番感谢词:"谢谢大家光临,公司能有今天的辉煌,都离不开大家的努力啊。希望以后我们还能再创佳绩。"虽然只是三言两语,但已让总公司的主管皱眉,因为她当时只负责介绍上司出场,而无独立发言权。

在宴会的过程中,总公司主管主动与她交谈了一番,发现她在提及公司的事务时,常以个人主见发表意见,全不提经理的旨意,给人的印象是,她才是这个分公司的总经理。

宴会后,分公司经理被上级邀请开会,研究他是否坚守自己的职位,是否能胜任自己的职务。后来,赵彤因越位,说了本不该她说的话,被他的上司找个借口炒了鱿鱼。

赵彤的错误之处,是她的手伸得太长了,嘴巴太快了,不该说的话,她却说了,把上司晾在一边,反客为主,遭人排挤,造成不必要的麻烦,最终也从职场中黯然离去。

在职场中,你一定要知道什么话该说,什么话不该说,这是一种智慧、一种气度。在一个团体之中,每一个人都有属于自己的位子。我们应该根据现实情况找准自己的位子,既不要越位,也不要让别人占了自己的位子,这样,才能够保证团体成员间的协调合作,推动共同的事业向前发展。假如一个球队的前锋跑到后卫的位置,中锋又跑到前锋的位置,那么这场球赛必输无疑。说话也是一样,找不准自己的位子,抢了主角的台词,就会给自己造成不必要的麻烦。

老李的孙子满月,他请了很多亲朋好友,一屋子的宾客为他的孙子送上祝福,其乐融融。这时老李的战友老余,看到大家都在兴头上,就拿着手机翻出了自己孙子的照片,给大家看自己孙子的照片,嘴里还一边说着:"你们看,这是我孙子百天的照片,你看多胖啊,长得多可爱啊,你看那小嘴,这孩子可聪明着呢……"老李看到这个情况,心里很不愉快,于是就收起了笑容,众人发觉了,就不准备答理老余,可是老余还在那里喋喋不休,弄得场面很尴尬。

在不该你多说话的时候,你就最好少说话,只要迎合就好,就像是相声中的捧逗之分,有捧有逗,节目才能演下去,若是逗哏抢了风头,那么这节目还怎么演下去呢?

我们居于次要地位的时候,就实实在在地做好我们的配角,和主角争夺位置是没有必要的,争夺不属于你的位置,到头来会得不偿失,还会让你丧失容身之所。不要为了逞一时之能而断送了自己的前程,这不是聪明人所为。所以我们在说话之前一定要考虑清楚,自己是不是到出场的时候了。

在为人处世中,要想达到平衡发展的目的,就必须踏踏实实地做好我们的本职工作,说好自己应该说的话,不是自己权利范围内的工作,不是自己所处职位该说的话,我们最好不要插手,不要多说。这样你的上司才会觉得你尊重他,不会有想要越权、给人不好的感觉。

把握好适度的原则,不越位,不越权,不要让不分主次的失误害了你,把事情做过了头,你的前途必会坎坷。要与人和谐相处,就必须找准自己的位子,使所说的话符合自己的身份。

下属进谏，也要懂点技巧

进谏是一门学问，作为下属，把自己心里的意见、建议巧妙地说出来，既可以让自己的想法付诸实施，又可以得到领导的赏识，这不是一件容易的事情。面对来自上面的压力，总有一些话想说，可是又不知该如何说出口，如鲠在喉，不吐不快。这时，你应该怎么做呢？即使是金玉良言，也不可以完全不去顾及领导的颜面，不管领导职位的高低，不管领导怎样大度，你尖锐的语言都会惹得他不高兴，那你为什么不在进谏的时候动动脑子，换个说法呢？要知道忠言也可以不逆耳。

一般来说，好建议都应该从正面说，但不是人人都可以接受你的直言，不管你面对的人是谁，都应该考虑对方能不能接受。那些固执己见的人，往往不容易接受你正面提意见，如果同他争辩，不仅不能让对方接受，还会适得其反，最终不欢而散，达不到说服的目的。我们向领导进谏的时候，不妨试试以下几种方法。

1.良好的建议，用幽默的方法说出来

某公司员工的待遇相当不好，公司的全体员工苦不堪言。公司领导知道公司的这种情况，可就是不愿意改善职工的待遇。

有一次，公司的某位员工针对越来越严重的迟到现象对领导说："刚到公司的新职员简直没法到公司办事！"

领导问："这是为什么？"

这位员工说："坐出租车吧，觉得车费太贵；坐公交车吧，又苦于挤不上去；而且每月的交通费也是一笔不小的数目，让他们如何能解决这个问题？"

这个员工叹了口气，一副束手无策的样子。领导接着说："走路来上班，倒是不费钱，而且可以借此锻炼身体，不是好办法吗？"

这个员工摇了摇头说:"这个方法不行,鞋袜要是走破了,他们可买不起新的。我倒有一个办法,希望领导出一个布告,提倡赤足运动,号召大家光着脚走路上班,这个问题不就解决了吗?谁让他们命运不好,出生在这个年代?谁让他们不去想赚钱的门路,却只能当苦命的职员?他们坐不起出租车,也不能鞋袜整齐地到公司上班,他们只能自认倒霉!"

这个员工边说边笑,让公司领导觉得挺不好意思的,于是答应改善下属的待遇。

用幽默的方式对领导提出你的建议,这是一种聪明的做法,在嬉笑之间,领导会欣然接受你的意见,你的目的可以达到,还不至于得罪领导。

这个员工就是采用开玩笑的方式来劝说领导的。他没有正面劝说领导,而是用责备下属的语气尽情表露他们的苦衷,用反面的方式表达正面意思:公司待遇太低。在语气上是嬉笑,实质上是建议、是批评。由于比较委婉,不伤对方面子,对方容易听进去,一旦对方觉悟到自己的过失,就容易接受劝告,改变行为。

2.将"意见"转变为"建议"

在恰当的时机向领导提几点建议,它不但包括了你所提出的意见,还包括了提出意见的方案。建议合理、恰当可能会使你的工作变得顺利,该提问题的时候要委婉地提出,可是要记住,把作决定的事情交给你的领导去做。

卫天骄是一家公司老板的秘书。一天早晨,老板把他叫到办公室,对他说:"你起草一个公司关于改革销售人员的奖惩办法,结合以前的方案,再补充一些,明天早上拿给我看。"

回到自己的办公室,卫天骄搜索整理了公司以前的奖惩办法,发现其中多是惩罚的条款,而奖励的条款很少,而且在奖惩幅度上,惩罚的明显比奖励的要大得多。需不需要把这种情况反映给老板,还是直接按照自己的想法把奖惩标准统一?当时卫天骄还真有点犯难,因为老板没有明确告诉他要怎样做,只是让他起草。想来想去,他决定先找老板把自己的想法说出来,再请示一些具体问题。

说完自己的想法和改进意见后,老板连连点头,接受了他的建议,最后说:"先按照你的想法起草吧。"

下班前,卫天骄拿着起草好的方案走进了老板的办公室。老板看后,表扬他写得很好,然后他又补充了几条,让卫天骄加进去。

第二天中午,卫天骄再次把打印好的完整文件拿给老板看,说:"张总,您看还有什么需要补充的?"老板说:"哦,很好,不需要了,就这样吧。"卫天骄看到,老板的脸上有一丝笑容掠过。

第二天下午的公司全体大会上,老板宣读了卫天骄起草的新的奖惩规定,当读完最后一条时,台下突然响起了热烈的掌声。卫天骄知道,这意味着大家对新规定的认可和接纳,也是对他工作的肯定。

从上面的事例,我们可以得到很好的启发:将"意见"转为"建议"的确是一种向领导进谏的好方法。站在领导的立场上,出发点是好的,也维护了领导的权威。这种方式还照顾了领导的自尊,容易让领导接受,效率也会比较高。

3.用一分钟说完你的建议

向领导提意见,你认为多长时间会比较合适?一般来说,谁都会对长的意见感到不耐烦。如果你能在一分钟内说完你的意见,领导就会觉得很高兴,如果他觉得你说得在理,也会比较容易接受。即使他不赞成你的意见,也不会因为你占用他的时间而对你反感,他会觉得你用心了,以后还会对你多多关注。

4.让你的建议有理有据

向领导提建议的时候,当你的建议被一些否定的词驳回时,就应该在你建议的内容以及方式方法上多下功夫。内容上,既然是提建议,就应该有理有据,不仅要把自己的建议表达出来,还要以大量的数据材料为依据,否则领导一旦问到了,你又答不出来,就很容易让领导怀疑你是在信口开河。如果你的建议没有问题,那就应该注意你提建议的方法,向领导提建议本是好事,可是你的热心过头,领导就会觉得你是不怀好意,不会去接受你的建议。这时,你一定要记住,不要过于自作主张而忽视了领导周围的人际环境以及时间的安排。

作为上司，说话要放低姿态

　　一个人想要成功，就要以一种低姿态出现在别人面前，态度要谦和、朴实。在做下属的时候，你要谦虚，作为上司，你也要学会放低自己的姿态，没有人喜欢总是仰望别人，作为上司你要知道，得不到下属的拥护，你的位置是坐不久的。所以有一天你坐在高位的时候，要注意你的言辞，不要对你的下属耍派头。

　　李泉是公司的老总，在一次例会上，他姗姗来迟，让大家等了很长时间，浪费了很多时间。他到会议室之后，并没有因自己的迟到向大家表示歉意，而是开口就说："刚才堵车，我来晚了，但是你们上班绝对不可以迟到，否则就扣除你们的奖金，我这么做，因为我是老板，而你们是员工，你们没有权利迟到。"李泉说完这些话，立刻就引起底下的一阵骚动。有人开始窃窃私语，有人故意咳嗽来表示自己的不满，整个会议室开始变得混乱，可想而知，这些话降低了李泉在员工中的威望。

　　喜欢耍派头的人，总是会让人觉得不舒服，大家都不愿意接触你。你是上司，所有的人只会用敬而远之的态度去面对你，你们的关系只会越来越疏远，只是保持在上下级之间。在一个公司里，大家都喜欢没有派头、能和员工打成一片的上司。要知道你的架子会导致你的孤寂，权力越大，也就越孤独。

　　如果你在谈话中不尊重人，语出伤人，说了不客气的话，就会很严重地影响到自己的形象。语言也体现出一个人的素质，一个没有素质的人还能有什么威望呢？所以领导在说话的时候一定要注意留口德，没有口德的领导最终会导致众叛亲离的下场。

　　老于是某公司的经理，一次，他接到了上级的通知，说总公司的领导要来视察，老于觉得这是一件大事，于是就召集所有员工开会："你们明天要穿得正式一些，有总公司的领导来视察，我们要给上级领导留下好印象，要知道你们代表着公司的形象。"虽然有些形式主义,但是大家觉得领导的出发点是好的,也就同意了。

第二天一大早,大家都提前到了,着装也都很正式,有的员工甚至还买了新衣服穿上,可是上级领导来了之后,视而不见地去了财务室,完全没有注意员工们的穿着打扮。上级领导查了账户以后,看到了很多问题,于是严厉地批评了老于,希望他能对这些问题做出一个交代。

上级领导走了以后,老于来到了员工们的办公室,他见到秘书小珍,大吼道:"我昨天不是让你们穿得正式一点吗,你看看你们都穿了什么?小珍,你看看你穿得像斑马一样,还有你,小陈,你的领带怎么和裹脚布一样。小王,你怎么不把妆化得再浓一点,简直可以到舞厅里去上班了。"老于把所有的员工都批评了一遍,他把上级领导对他发的火全部都撒在员工身上,他倒是痛快了,但所有人心里都不痛快了。后来大家纷纷辞去了工作,老于看着眼前空荡荡的办公室,悔不当初。其实员工们并没有错,谁都希望自己的公司形象好一点,他们的穿着打扮都很得体,但是老于却为了出气,将他们贬得一文不值。

作为领导,你一定要注意自己的措辞,出言不逊只能伤害员工们的自尊心。身为领导一定要注意你说话的分寸,领导在单位里扮演着家长的角色,既要树立威信,也要和大家做朋友,即使你的员工错了,也不能用恶语来中伤他,应该和颜悦色地对他进行说教,你要学会尊重你的下属,只有你尊重别人,别人才会尊重你。

作为一个上司,想要笼络人心,千万不要以高姿态出现,你的高姿态会让人觉得厌烦,很多人不愿意受气,你的人际关系也就不好,作为领导,如果你的下属都不拥护你,那你作为领导是非常可悲的。

在社会上生存并不是一件容易的事情,我们更应该学会处世之道,即使你做了领导,你也要注意你的言行,不可一世的态度最终会让你众叛亲离。放低姿态,并不是让你低声下气,讲话的时候放低姿态也是一种艺术,特别是你和对方的地位悬殊的时候,地位高的人采用适当的低姿态,可以满足和你说话的人的自尊,这样你们的谈话将会很顺利,你也自然会受到欢迎。领导在谈话中放低姿态,能拉近与下属之间的距离,而且更容易进行沟通。

对待同事，说话保持适当的距离

在职场中，不如意的事情太多了，不公平的事情也是随处可见。不合理的制度、没有能力的人却做了你的上司、同事之间的钩心斗角，等等，都会让你烦恼不已。

面对这些不如意的事情，你不能不分场合、不分对象地肆意评说，要知道你的直言直语只能解你一时之快，却给你带来巨大的影响。职场中聚焦了形形色色的人，小人处处可见，不知道什么时候你就会被自己的直言所害。

在我们与同事交往的时候，一定要注意保持恰当的距离。不管你们的关系多么要好，距离的保持是很有必要的。在办公室内发展友情，我们不得不去考虑其中的利益关系。如果说职场的友谊是一朵美丽的花，那么其中的利益就是长在花中间隐蔽的刺，在利益当头的时候，那些隐蔽的刺往往会变得突兀，伤及感情。

身在职场，你一定要知道：公司并不是你畅所欲言的地方，你若是常常对同事毫无顾忌地说出你心中的想法，那么，你留在公司的时间也就快到尽头了。

在和同事聊天的时候，我们常会不由自主地抱怨公司里令人不满的事情，而大家在抱怨的时候，并没有意识到自己所说的消极的言论所带来的负面影响。无论怎样，在工作场合发出的声音都应该是一种积极的。你要想畅所欲言，又不希望自己完全不受影响，那是绝对不可能的，所以在你和同事讲话的时候，一定要注意你的言论。只有将你的牢骚藏在心里，你才能做职场的常胜将军。

王欣和琳娜是好姐妹，两人是同乡，年龄相仿，喜好相似，都喜欢吃湘菜，喜欢看电影。更巧的是，两人又同时应聘到同一家公司工作。两人中午一块去吃饭，周末一块去逛街，关系越来越亲密，彼此也成了对方的心里依靠。

几个月后，王欣的销售业绩很好，职位也有所提升，作为好友的琳娜也很高兴。随着职位的升高，让王欣烦心的事越来越多。吃午饭的时候，王欣开始谈论一些同事的话题，有时候，王欣会抱怨部门其他的同事，抱怨他们拖后腿，不能完成公司的销售目标。而琳娜呢？只做个忠实的听众，从不发表意见。她也从不把自己的心事说给对方。

两个关系很亲密的好姐妹，谁也没有想到她们之间也会出现裂缝。

有一次，两人因为一个客户的问题发生了口角，她们都认为这个客户应该是自己的。刚开始的时候，她们还能心平气和地说，到后来，两个人都抑制不住心中的怒火，竟然吵了起来。琳娜对同事们说："你们评评理，你们知道王欣在背后怎么说你们的吗，她说总经理和副总关系很不一般，副总是靠总经理才爬上去的，否则就凭她的实力，能坐到那个位子上嘛？还说小于能力不行，效率低下，一直拖大家的后腿……"王欣很吃惊，她没有想到自己和琳娜闲聊时的话，她竟然当着大家的面说出来。她一直当琳娜是好朋友，什么牢骚抱怨的话都说给琳娜听，却得来这样的结果。又羞又愤的王欣，只得把客户给了琳娜。后来，大家听说王欣在背后说自己的是非，也都不愿意和她来往了，最后王欣不得不选择辞职离开。

所以，想做办公室的赢家，一定要守住自己的秘密，不可轻易地与人推心置腹，即使是你最好的同事，也不能口无遮拦，你的口无遮拦有可能就会是你最大的把柄，祸从口出的事情，可能就在此时种下祸根了。

小剑和小方是大学的同学，两个人上大学时关系很一般，后来进入了一家公司，又住进了一间宿舍，渐渐成为知己。因为读大学，小剑借了很多钱，为了能把钱早点还上，小剑悄悄找了一份兼职，帮一家小公司管理财务。小方发现小剑下班后总是忙得不可开交，就问小剑是怎么回事，小剑就把自己做兼职的事情告诉了小方。

每一年，公司都会派一名优秀的员工去一家著名的商学院进修，恰好，这次的进修，小方和小剑同时被列入了候选名单。小剑对小方说："如果我们能一起去该多好啊。"小方说："但愿是这样。"

结果小方被选为进修的员工，小剑很失落，他非常想得到这次进修的机会。

于是小剑找到经理想问清楚这件事情。

经理看着小剑说:"你太忙了,就免了吧。"

小剑说:"我手头的工作很快就能完成的。"

经理脸色一沉说:"你走了,那家小公司的财务谁管?"

小剑大吃一惊,经理怎么会知道自己做兼职的事情?于是他辩解道:"我兼职是有原因的,这并没有影响我的工作。"

经理说:"好了,我还有事,你也回去工作吧。"小剑听经理这么说只好离开,他没有想到小方会出卖自己。

在办公室中发展友谊,不得不让我们考虑到利益的关系,最好的方式,就是与同事说话时保持一定的距离。

古人云,君子之交淡如水。那么在今天,同事之间也应该做到"同事之交淡如水",在你和同事交谈的时候,一定不要牵扯个人的利益隐私,同事之间的是非,你不要掺和。在办公室里,在这单一枯燥的环境中,聊天就成了大家生活的调味剂。说出去的话就像泼出去的水,收不回来。一句话说错了,可能就会给你带来很多不必要的麻烦,与其这样,不如在同事面前说话的时候保持适当的距离感。同事之间最好不要走得太近,什么话该说,什么话不该说,你一定要清楚,否则吃亏的只有你自己。

面对家人,说话要体现你的爱心

一个家庭想要"家和万事兴",家庭里的成员必须要相互体谅、相互包容。在工作中,你是老板、上司、下属;在家庭中,你是父母、儿女、伴侣。我们最好不要把工作中的情绪带到家里来。很多人都有职业病,但如果把工作中的情绪带到家里来,会给家人带来很多困扰。

我们在家的时候说话要注意,在你面对家庭成员的时候,你的身份不一样,对于不同的家庭成员,你说话的语气方式都是要有所不同的。

父母亲对孩子总是很贴心,不管你说什么,他们的话总是能带给你无限的温暖。作为子女的我们在对父母说话的时候,一定要注意你说话时候的口气,不要让你的不耐烦伤了父母的心。

"天气冷,出门多穿点。"母亲看着衣着单薄的你说着。

"哎呀,我不冷,我赶时间,不和你说了。"你挥着手不耐烦地向母亲说着。

"路上小心,看好自己的行李,到了打电话。"离家前,父亲不断地叮嘱你。

"好了好了,我又不是小孩子,又不是第一次出门。"

很平常的话,蕴藏着父母的爱心。我们在对父母亲说话的时候,一定要耐着性子,心平气和地跟他们说话,这样才不会伤了他们的心。

父母并不奢求从我们这里得到什么,只是希望听到我们几句关心的话:"妈,天气冷了,您要多注意身体。""爸,您的身体不好,天气寒冷,出门多穿点儿衣服。"

有一个年轻人常和父亲吵嘴,当父亲带着一肚子气离开家上班后,他便开始后悔,于是他拿起电话给父亲道歉:"爸,刚才的事是我太冲动了,我向您道歉。""没关系,没关系,我怎么会生你的气呢?"电话那头,他可以听得出来父亲的声音是喜悦的。争吵是难免的,只要你能说出几句贴心的话,什么事都会烟消云散。

因为是一家人,家是我们最坚强的后盾,所以我们在与家人对话的时候,一定要和气。夫妻吵架是常有的事情,两个人互不相让,最后闹得不可开交,伤神又伤心。

一对夫妻因为一件小事吵得不可开交,女的生气极了,激动地收拾完东西说道:"天啊,这还是家吗,我再也待不下去了。"说完她就拎起自己的皮箱,冲出家门。她刚出门,看到男的也跟上来了,也怒气冲冲地说:"等等,咱们一起走,这样的家有谁能待下去呢?我也决定出走了。"男的也拎上自己的皮箱,追上女的,从她手里把箱子接下来。

妻子被丈夫的这一举动逗笑了,之前的不快全都忘记了。

丈夫的一句话让妻子破涕为笑,妻子也不好再继续生气了。

家庭里,我们每个成员都应该相亲相爱,说话应该和和气气,即使发生矛盾,也不可以说出让人伤心的话,互相谦让,家才能和和美美。

作为儿媳,应当善解人意,你要想想,你的母亲是母亲,那丈夫的母亲呢,难道就不是母亲了吗?作为儿媳不要凡事都站在自己的立场上,对婆婆说话的时候横眉怒目的,这样,想让家庭和谐是不可能的。

小萍的小姑拿回来一身新衣服,很漂亮,作为儿媳的小萍看到后心里很不舒服,心想这一定是婆婆给小姑买的,认为婆婆偏向自己的女儿。她越想越生气,这时婆婆说:"我出去一下,晚饭你自己做一下吧。"小萍恶狠狠地说:"不自己做难道还要你做?"这句话一说出口,婆婆心里难受极了。为了搞好团结,婆婆上街买回同样的衣服给儿媳,说:"我不能亏待儿媳,一人一身。"后来小萍才知道,那身衣服是小姑的男朋友买给她的,不是婆婆买的。小萍心里一阵自责,同时,她也感到了婆婆的宽容,以后她不再多疑,对婆婆说话也友善多了。此后,婆媳关系也密切多了。

让我们想想,如果这时婆婆没有给小萍买衣服,那么她们之间的误会也就越深,矛盾也就越大,将心比心,如果也有人对你的母亲说这样过分的话,你的心里会好受吗?

作为儿媳,对婆婆亲切地叫声"妈",儿媳的一声"妈"可暖遍婆婆全身。可有些儿媳偏偏觉得叫一声"妈"很难,怎么也叫不出口,也有一些儿媳,干脆学孩子的口气,称婆婆为"孩子他奶奶"。跟婆婆分居的儿媳妇,大多数是走婆家进门叫一声"妈",出门辞别时说一声"妈,我走了"。仅此两声,似彬彬有礼,但亲热不够,如能把拉家常和称呼交织在一起,气氛就会好得多。对婆婆也应该像对自己的爸爸妈妈一样,说话的时候亲切一点,多关心一点。可以这样对婆婆说:"这几天怪冷的,妈,您只穿这些太少了,可不要着凉啊!""这么细的针都能穿,妈眼神真好!"

和婆婆在一起的时候,可以多拉拉家常,一些街头趣事、社会新闻、电视情节、毛衣花样等都可以作为话题，这样可拉近你们之间的距离。大家其乐融融，这样不是更好吗？

作为父母，对孩子应该多说鼓励的话。教育孩子的方式一定要选择正确，否则就有可能会适得其反。

成绩单发下来了，童童因为惦记着动画片，考试考了倒数第一，回到家里，他忐忑不安地把成绩单交给父亲，父亲装作很吃惊的样子说："儿子，你能不能答应我，以后不要让我看了你的名次就知道你们班上有多少人好吗？"儿子很认真地点了点头。

另一位父亲也是如此，看到儿子的成绩，语文数学加起来才 95 分，父亲说："不错，这门课考得不错，达到优了，但是，以后你还要在数学、语文上多下功夫。"

这两位父亲并没有训斥自己的孩子，而是用恰当的方式教育孩子，这样的话效果会事半功倍，孩子也能听进去。父亲的话中字里行间都带着爱心，希望儿子成才，又害怕自己严厉的批评会伤到孩子的自尊心，这样的方法真是两全其美啊。

我们在家庭中充当着不同的角色，不管我们身处何位，我们对家人说话都要有爱心，家人给我们永远是最温暖的感觉，要记住"家和"才能"万事兴"。

换位思考，站在别人的立场上说话

在日常工作中，大家都想把工作做好，大到思想，小到对某人的看法，总会有所不同。在你看不惯别人的时候，就要静下心来仔细想想，这样做到底对不对。我们要学会使用换位思考，从别人的角度来思考问题，站在别人的立场来说话。

"替别人着想"，常常体现在日常生活的细微之处。马路上有一块石头，肯替别人着想，就会随手将它拿到一边，免得行人被绊倒。进出门的时候，你可以看看后面有无人跟进，若是有人，你可以稍等一下，以免门的反弹将别人碰伤。坐电梯时，挡住门，等等后上的人……这些都是举手之劳的事情，也正是从这些小事，能看出你是否肯替别人着想。站在别人的立场上说话，其实也是这样，有的时候可能一件事情使你很生气，可是你换位思考，你处在对方的位置上，你该怎么去说话呢？这样一想，你的怒气是不是就减少了呢？

汽车大王福特说过一句话：假如有什么成功秘诀的话，就是设身处地地替别人着想，了解别人的态度和观点。这样不仅能够与对方沟通和理解，而且还能够清楚地了解对方思想的重点，从而做到有的放矢，切中要害。

某家用电器公司的推销员挨家挨户推销洗衣机，当他到一户人家里，看见这户人家的太太正在用洗衣机洗衣服，就说："唉呀！您的这台洗衣机太旧了，用旧洗衣机是很费时间的，您该换新的啦……"

不出所料，这位推销员还没有把话说完，这位太太就马上反驳道："你在说什么呢。我的这台洗衣机很耐用的，到现在都没有出现过什么故障，新的也不见得好到哪儿去，我才不换新的呢！"

过了几天，又有一名推销员登门拜访。他对这位太太说："这真是台令人怀念的旧洗衣机，因为它很耐用，所以对您有很大的帮助。"

这位推销员先站在太太的立场上说出她心里想说的话，这位太太听了推销员的话非常高兴，她说："是啊！这倒是真的！我家这台洗衣机确实已经用了很久，是太旧了点儿，我倒想换台新的洗衣机！"

于是推销员马上拿出洗衣机的宣传小册子，提供给她作参考。最后成功地做成了一笔业务，双方都很满意。

两个推销员，成与败的差距就在于是否站在对方的角度上考虑，客户觉得你为他考虑，而不单单是为了你的效益，自然而然地就抓住了他的心，客户对你产生好感，自然你也就成功了。

我们每个人的需要都是不一样的，每个人都有自己的喜好。只要你能认真探索对方的真正意向，特别是与你的计划有关的，你就可以依照他的喜好去说服他。

在职场上，我们每天都会与同事、上司进行交流，说什么话、怎么说、什么话是能说的、什么话是不能说的，都应该有所讲究。职场上的说话艺术你若是掌握不好，那就要自讨苦吃了。

小初是单位的文员，她的性格很内向，不太喜欢说话，可是每当有人征求她的意见时，她说的话总是能让人很生气。

有一次，单位的李姐买了件新衣服，别人都夸她穿着好看，事实上，李姐有些胖，大家都知道李姐很忌讳别人说她这一点，可是小初却不这样想，每次问到她，她都直说，说出的话还很不好听。这一次小初又发言了："衣服很好看，可是穿在你的身上就不好看了，你太胖了，不太适合，而且这衣服的颜色太艳了，也不好。"

这话一说出口，李姐的脸色当时就变了，刚才还称赞李姐衣服好看的大伙显得很难堪。小初说的是实话，可是她根本没有考虑到对方的感受，没有站在对方的角度去考虑问题。后来还是年纪大的张姐站出来打了圆场，场面才不显得那么尴尬。有时候小初也为自己说出伤人的话感到苦恼，可是每次说的时候她总是会出口伤人，时间一长，大家都把她排除在外，很少再去找她征求意见了。

我们在说话的时候，一定要站在别人的立场上想一想，这样的话会造成什么影响，会不会伤害到别人的利益。当你站到别人的角度去考虑问题，那么你所犯的低级错误也就会大大地减少了。所以，我们一定要学会这一点，这样不仅是帮助别人，还是帮助你自己。

当对方遇到事情的时候，我们也可以站在他的立场上说话。这样你的话对方才听得进去，才能对你产生信任感。

不仅是在生活中，在工作中我们也应该站在别人的角度上为别人着想，为别人说话。站在老板的角度想，站在同事的角度想，站在下级的角度想，站在客户的角度想，你若是处在这样的位置上，你该怎么说话。这样，你成功的概率也就会增加不少。

收放自如，话不能说绝

人生最大的智慧莫过于给自己留点余地，话说得有弹性，事做得有分寸，凡事都有个灵活的安排，让进退的空间变得更大。如果能做到这点，你也就不会为自己沉重的负担压得喘不过气来，留点余地，你才能活得更轻松。

有的人性格比较豪爽，遇到事情总是喜欢大包大揽，"包在我身上"、"放心，等我的好消息吧"等是他们的口头禅。可是，计划不如变化快，世事的变化，常常会出乎我们的意料，即使你信心满满，很有把握的事情也会出一些小岔子。事情办不好，你的信誉就会大打折扣。

话说出口留三分，任何时候都不能把话说绝。说话留余地，就可以在情况发生时从容地面对，以免出现自己打自己脸的情况。所以很多人在面对询问的时候，他们都常会用"可能、尽量、或许、研究、考虑"等词语。他们之所以会这样，就是为了给自己留一点儿回旋的余地，否则一下子把话说死了，结果事情出了纰漏，那不是很难堪吗？

在工作场合说话不留余地，这是做人的一大忌。每个老板或上司，没有人不希望自己的手下办事情稳妥，可以值得信赖。如果有人时不时说大话，无疑会干扰他们的思路，影响他们对大事的把握。而在这时，说大话的人处境就不好了。

小成大学毕业后，应聘到一家不错的公司做销售，他对公司的环境、待遇等都很满意，他是新人，刚好赶上"五一"小长假做促销策划，于是他想借此机会表现一下。主管把其中一个项目交到他手上，问他："有什么问题吗？"小成拍着胸脯回答说："没问题，放心吧！"过了3天，没有任何动静。主管问他进度如何，他才老实说："这个做起来不如想象中那么简单！"虽然主管同意他继续努力，但对他的拍胸脯已有些反感，以后有什么需要独当一面的工作，再也不愿意交到他手上。

我们每个人应该是最了解自己的,对于自己是什么能力,能干多少事都很清楚,对于没有十分把握的工作,不如实事求是,只表示自己会全力以赴就可以了。不要打肿脸充胖子,为了表现自己积极能干,给上司一个好印象,就把什么事都揽在自己身上,事成则罢,要是不成,那么带来的负面影响会比你不做事还要大。上司除了怀疑你的能力之外,也会怀疑你是否有自知之明。

我们在工作中,一定要注意,对上级交办的事应该接受,但是一定要给自己留点儿回旋的余地,不要说"保证没问题",可以以"应该没问题,我会全力以赴"来回答,这是给自己万一做不到所留的后路。而这样说事实上也不会影响你的诚意,反而更显出你的谨慎,别人会因此更信赖你,即便事情没做好,也不会责怪你。

小马和小姜都是学计算机专业的,在大学是睡在上下铺的兄弟,毕业后,他们各自回到家乡所在的城市工作。

一别三五年,这天,小姜趁出差的机会来看小马。老同学见面,分外亲热,他们找了一个小酒馆喝酒叙旧。几杯酒下肚,小姜发起了牢骚,他说自己在单位干得很不开心,上挤下压不说,待遇也很差。早就想自己出来单干了,想注册一个小公司,凭技术吃饭,前景十分可观,只是资金成问题。去年父亲有病,做手术花了一大笔钱,家里的亲朋好友都资助过,现在不好再张口,真是没有办法啊!小马一听,顺口说道:"有兄弟呢,你怕啥?还能让这点儿小事难住了。"小姜一听非常高兴,两人又干了几杯。

第二天冷静下来,小马才发现借钱这事儿太困难,女友那边还等着买房子结婚,自己本来还为这事发愁,怎么头脑一热又给自己揽上了这档子事儿?无奈之下,只好打电话给小姜说明了自己的难处。那一边,小姜却很不满意,答应了的事情而不办,分明是在推脱,根本就没把自己当朋友。多年的交情,这时就出现了一道裂痕。

在我们的生活中,这种事情常常会发生,别人开口,自己从不去考虑这件事情到底能不能做到,凡事都往自己身上揽,到时候吃亏的永远都是自己。

帮助别人当然没错,可是你要多多考虑,量力而行。不看清自己的实力,什么都说"没问题"、"有我在呢,你怕什么"、"包在我身上",等等,这样的话说出口就是把你自己往绝路上逼。在说话之前要做好打算,不能把话说绝,把自己的后路断了,说话的时候圆滑一点,给自己留点儿后路,可进可退,不至于弄得自己进退两难。

单位领导就某项决策征求职员意见,聪明的人在发表意见的同时,要给自己留一条后路。事情若是办成了,当然是皆大欢喜。一旦出现了问题,每个人都会因为自保而推卸责任。这时,关键就看当时大家发表意见时每个人的说法了。在单位决策上发表自己看法的同时,别忘记加上一句话:"这仅是我个人的想法,方案能否通过,要看上级最终的决策。"就可以使一切留有余地了。

要知道,世事浮沉不定,难以预料。不要把话说满,要留有余地,才会有回旋余地。就像两车之间要保持安全距离,才可以随时调整自己。

说话不留余地,就是不给自己留后路,所以在我们说话的时候一定不要把话说绝,凡事留有余地,不把话说得太满,做到收放自如,在适度和完美之间找到平衡点,从而让自己立于不败之地。

不说过头话,掌握适当的分寸

不会说话的人,会常常用大话来充面子,可是有的时候别人可以听出来,只是没有揭穿你罢了。大话说得多了,会让人感觉到你很虚浮,不切实际,别人也不会愿意再与你交往下去。经常说大话,满嘴大话,即使你是在说真话,时间久了,别人也会觉得你是在说大话。

媛媛是个嘴巴很甜的女孩,见谁都能把他夸上一番。一开始同事们听到媛媛的称赞很高兴,被别人夸谁都会高兴。可是时间一长,大家都习惯了,也觉得没有什么新意了。大家的待遇都是一样的,媛媛无论遇到谁、什么情况,都是一个劲儿地说个不停，而且又喜欢吹嘘，说自己的朋友认识什么明星，自己的亲戚又是政府的高官。大家知道她是在吹嘘，于是就对她说："你不是认识那个明星吗，我挺喜欢他的，能不能帮我弄张他的签名照啊？"媛媛听到大家这么说，只好闭嘴。大话说得多了，就让人觉得媛媛是一个很浮躁的人，没有什么本事，只能靠说好话来接近别人，渐渐地大家都疏远了她。

说大话也是一种没有内涵的体现，说话要切合实际。说话，一定要掌握分寸，如果话说过了头，就会给人一种浮夸的感觉，说得不合适，又会给人一种讽刺的感觉，不仅得不到自己想得到的效果，还会给自己带来不必要的麻烦。说话的时候掌握好分寸，是一件十分重要的事情。掌握得好，人人都喜欢听你讲话，掌握得不好，人人都不想接近你，你也只能被大家所疏远了。

明溪是一个很老实的女孩子，文静的性格，致使她有些内向，平时在公司里也不怎么说话，所以一直默默无闻，容易被别人忽视。一位朋友建议她："不要太老实了，多说说话，而且要多说好话，好话谁都爱听！"明溪记住好友的话，一直想找个机会实际应用一下。

例会时间，经理看上去非常高兴，之前一直很难搞定的一个大客户终于被说服，签单了，经理是位女士，也是个女强人，再难说服的客户都能被她搞定，于是经理大谈这次成功的经验，骄傲的表情也凸显她的自信。今天的经理精心地打扮了一番，看上去自信漂亮。经理这样的人，平时少不了人夸她，而她也早就习惯了被别人夸赞。明溪觉得这是一次好机会，于是就开口说道："经理，你今天真的是特别自信和漂亮啊！"话音刚落，大家都齐刷刷地看向她，经理也似乎没有出现自己想象中的开心，笑意有点儿生硬地停留在脸上。

会议结束后，明溪百思不得其解，为什么自己说好话可是却没有达到想要的效果。正在明溪困惑的时候，同事笑着走过说："不会怕马屁就不要乱拍嘛，一直不说话不也挺好的吗？拍错地方了吧！""就是说啊，谁不知道经理是在炫耀自己的谈判技巧啊，莫名其妙地来了句话！""唉，经理说不定以为明溪是在嘲笑她呢，明溪可从不曾说过谁好话啊！""就是就是，拍马屁也不选对时候，开会呢，是拍马屁的时候吗?"大家说了很多,明溪也感到很委屈,可是这又能怎么样呢,只能怪自己不会说话,好话没说成,反而成了大家的笑话。

在语言表达的时候,你的措辞使用得有问题,那倒不如不说的好,不适当的措辞,会给别人一种驴唇不对马嘴的感觉,大家就会觉得你是在吹牛、嘲讽。掌握分寸,不说过头话,对我们每个人都很有用。

在某大型招聘会上,一家公司需要动手能力强、能解决技术难题的技师人才。一个面试者递交了简历,并当场夸下海口,说自己在校期间担任过什么职务,获得什么奖项了,等等,但是当负责招聘的经理问到他专业知识的时候,对方抓耳挠腮,什么都答不出来。经理笑着说:"你不是什么都会吗?那个小问题对于曾经获得过大奖的你不是小意思吗,这还能难得住你?"面试者不好意思地说句对不起。经理说:"年轻人,要知道知之为知之,不知为不知,如果我今天用了你,可是你什么都不会,这是我的责任,还是你的责任呢?不要说大话,刚才的那些介绍,我完全听得出来,不是你本人获得的奖,所以,这简历,我建议你还是回去改改吧。"其应聘结果自然可想而知了。

要把话说好不是一件容易的事情,不是谁都能说好话,不是什么话都可以说,适度的好话可以起到画龙点睛的作用,可是不恰当,那就是完美作品上留下的污点,叫人看着就头疼。我们在与人交流的时候一定要掌握好说话的分寸,话从嘴里说出来之前,你要考虑清楚,在这样的环境、这样的对象面前说这样的话会不会过分,会不会有些虚假浮夸。

不管在什么时候,我们都要掌握住分寸,实事求是,会就是会,不会就是不会。如果领导分派给你某项任务时,你说自己对这项工作最拿手,但却是临时抱佛脚,现学现卖,那样的结果是很糟的。你的领导和同事会觉得你缺乏涵养风度,最后只能是自毁形象。说大话或自我吹嘘,或许会哗众取宠于一时,但是最终的结果往往适得其反,导致失败的下场。

"坏消息"要兜个圈子再说

在生活和工作中,经常有一些"坏消息"需要你传达给别人。传达坏消息并不是一个仅仅告诉他内容就算完成任务的事儿。事实上,传达坏消息并没有想象的那么容易。当你告诉别人坏消息时,你必须预测一下这个消息会对他造成什么样的影响,想象一下他会做出什么样的反应,并做好应对的措施。

赵鹏是一家公司的职员,工作业绩突出,当他得知公司年底准备根据员工的业绩提升一些员工为中层领导时,工作劲头更足了。

时间过得很快,转眼到了年底。有一天,赵鹏问他的上司关毅:"您知道公司年底提拔中层领导的事吗?我有没有希望得到提升呢?"关毅想都没想,直截了当对他说:"赵鹏,很抱歉地告诉你,今年你的提升计划泡汤了,真不知道公司那些领导层是怎么想的。"赵鹏听到上司对他说了这个消息后,一下子沉默了下来,他本以为今年他是一定会被提升的,可现在的结果真的很出乎他的意料。

"别担心,没什么大不了的,一定是那帮老家伙犯糊涂啦,明年还有机会!"关毅继续说。他哪儿知道今年的提升对赵鹏来说是多么的重要。

在上述案例中,关毅听了赵鹏的问话,并没有作出明智的回答,他直截了当向赵鹏通报了坏消息,这样处理问题的方式叫赵鹏难以接受。其实关毅可以先同赵鹏聊一些别的轻松话题,然后再把话题引到他想要说的事情上来。并且在和赵鹏面谈的过程中,可以帮助他认真分析一下没有得到提升的具体原因,这些分析对关毅可能并不算什么,因为关毅知道的情况总比赵鹏多。但是对赵鹏来说这很重要,因为他可以从中汲取很多的经验,在以后的工作中就会注意弥补自己的不足,逐步提高自己。

有些时候,有些话虽然并不过分,也并没有什么不正当的意图,但是你还是很难说出口。比如,告诉下级被降职了、解雇了;伙伴辛辛苦苦拟好了计划书,却被你否决了;同事向你提出了一个很好的建议,而你却由于疏忽大意或工作过于繁忙忘记审阅了等。如果你作为一个管理者,必须向下级通报一个坏消息,那么兜个圈子再说是很有必要的。你可以借鉴一下下面的技巧:

1.变更计划

首先要说的问题是:要更改已经通过的计划,该如何向下级说明?

千万不能对下级说:"不关我的事,都是经理一人说了算,我也没办法!"这样把责任转嫁给上级,自己暂时没有问题了,但部下会对经理产生怨气。或者,一旦下级明白你是在推卸责任,肯定会对你产生极大的反感,你自己的威信也肯定会降低。

也不应该为了防止下级反对而用高压手段制止对方开口。这样做会使下级心里留下疙瘩,对上级不满,也会对工作不满,这是最不明智、最不可取的做法。正确的方法应情理兼顾,善意地说服他,才能使下级真正地心服口服,不会丧失工作的积极性。

2.提案被耽误

上级接受了下级的提案,并且满口答应"看一看",而过了一段时间后还没有看。下级希望得到一个圆满的答复而问上级:

"那个提案,您看过了吗?现在办得怎么样了?"

在这种情况下,应该直率地说:

"我现在很忙,实在没有时间细看。不过一周之内一定会给你一个满意的答复!"

同时,最好在约定时间之前,主动由上级答复下级。下级一定会被上级主动的热情所感动。尤其是如果答复是否定的,与其让下级追问理由,不如由上级主动加以说明,表示上级的确认真对待他的提案,是有诚意的,而不是草草应付了事。

如果提案需递交给更高一级的上级,而上级的上级态度不明确,以至于没有确定结论时,此时上级最好能说明立场,表示自己已经递交给了上级,却久久没有回音。不得已催促上级时,所得答复却是否定的。这时要详细说明,千万不能敷衍。

3.降级通知

有时候,公司人事调动,下级被降职或是调到分店,或是被打入"冷宫",委派他去干一些鸡毛蒜皮的事,总之不再受到上级的重视,上级这时有责任通知他,并且要耐心安抚,尽量使他能保持积极愉快的心情前往新岗位就职。

请千万记住不要用伤感情的字眼。下级被降职,心里本来就非常不痛快了,上级再用词不当,甚至恶意地嘲讽对方,无异于是给下级满腔怒火再浇上一盆油,顷刻就会爆发出来,造成难以想象的后果。也不要等事情成了定局再吞吞吐吐透露出要调他走的意思,使下级误会是你想把他赶走,造成心理上的不平衡。

第四章　什么形势说什么话

人生在世,什么样形形色色的事情都可能遇到,于是我们应该在不同的形势中说好不同的话。在你说话之前,要看清你所处的形势,不要在不适当的时候说出不恰当的话,让别人尴尬,也会弄得自己很没有面子。说话的时候,要适当地站在对方的角度上去思考问题,想想这句话说出口会产生什么样的影响,会不会给别人带来什么不便。突如其来的问题有很多,我们就需要更多的应对技巧,看清形势说话,才是最重要的。

批评时,顾及对方的颜面

每个人都爱面子,都喜欢听赞扬的话,可是我们难免会犯错,在犯错的时候,总是会被人批评,这时候,我们的心情一定很不好,所以将心比心,在我们批评别人的时候也要顾及对方的面子。对于批评的话,一定要说得有艺术,既能达到批评的效果,又顾及对方的颜面。

人们在做错事情的时候,总会有一种负罪感和挫败感,对于别人的批评,心里一定也是不好受的。可是,如果你的批评很委婉、很贴切,对方一定会听从你的批评加以改正,还会因为你委婉的批评而对你产生感激之情。

有些人面对别人的错误而提出批评时,往往难以控制自己,情绪激动时还常会说些过头的话,这种批评方式实不可取。批评在于讲理,在于从思想上帮助人纠正错误，而过激的言辞、过分的话语，不但不利于犯错误者接受，弄不好还会使犯错误者产生不接受批评的抵触情绪。如果是居高临下、大声呵斥式地批评，就更不应该。这样的批评只能制造隔阂、激化矛盾，把本来一两句话就能解决的问题复杂化。正确的批评方法是：批评时注意把握分寸，措辞严厉但不过头，要顾及对方的颜面，给人留有余地，给人自省的机会。

办公室的老张和小王特别能抽烟，而同一办公室的其他同事却受不了烟味。他们两个一抽起烟来满屋子烟雾缭绕，熏得其他人实在难受。后来一位同事陈小姐得了重感冒，更是不敢再闻烟味，于是她的好友李小姐借这个机会巧妙地指出了张、王两位同事在办公室内吸烟的错误做法。李小姐是这样说的：

"昨天我陪小陈去医院看病，大夫说最近流行重感冒，严重的还能引起其他病，甚至还会导致人死亡。尤其是那些吸烟者或吸二手烟者。医生特别强调了感冒患者应远离烟味，就是正常人经常吸烟或吸二手烟都不行，所以一般的公共场合都严禁吸烟。为了大家共同的健康，我建议咱们办公室内部也实行这种政策吧。不过，这就要委屈老张和小王了，你们俩以后可以到外边那间屋子抽烟，当然为了你们的身体，你们还是少抽为好。"

经过李小姐这样一番劝说，老张和小王当然意识到了自己抽烟对他人的影响，并且也觉得自己每天吸那么多烟确实对身体不好，于是他们两人毅然决定戒烟。以后这个办公室就少了许多烟雾，多了许多笑声。

卡耐基说得好："如果经过一两分钟的思考，说一句或两句体谅的话，对他人的态度作宽大的了解，就可以减少对别人的伤害，保住他人的面子。"因此，当你要批评他人时，请事先冷静地想一想，采用什么样的方法能既达到指出他人过失、使当事者受到教育的效果，又不会让别人丢了面子，伤了自尊。

凯特是个自尊心很强的男孩子，每次老师布置作文的时候他都很认真地去写。但有一次老师发现凯特的作文内容不好，没有写他真正理解了的东西。老师想要教导凯特，可是直截了当地说出他的不足，一定会使他很难堪。想了很久，老师终于想出了一个办法。

他把凯特找来，绝口不提作文的事，而是问他对什么最有兴趣。凯特说他最喜欢狗。老师说："很凑巧，我也非常喜欢狗。"接着，他们很开心地谈起了狗，竟然谈了一个半小时。到最后，凯特说："我想应该换个主题来写那篇作文，现在我差不多已经有了个新的想法，就是刚才我们谈的关于狗的问题，我想这次我一定能把作文写好。"果然，凯特把这篇作文写得很好。他是从养宠物的角度入手，分析了现代家庭问题。

我们在批评人的时候可以从侧面去引导对方，从其他的话题来引导对方了解自己的错误之处，然后加以改正。

我们在指出别人的错误时，一定要出于真诚的态度对他说教，给其忠告，不要只图自己的痛快而忽略了对方的感受，不要让这些不小心或者一时之快而让对方对你产生抵触的情绪，你的批评也达不到效果，更有甚者，对方不但不改正，还会变本加厉，明知故犯。批评人的话一定要说得很有分寸，不能太多，也不可不说，语言要委婉，还要有力度，既保护到别人的颜面，还要让他知道自己的不足与缺陷。

批评别人的时候一定要就事论事，不要伤害别人的自尊，还要给他一个台阶下，避免其难堪，激烈的措辞只能让事情越变越糟，背离了你原来的意图。

纠正对方的错误，一定要注意场合，最好是在没有第三者的情况下进行。否则，再温和的批评也有可能会刺激受批评人的自尊，因为他会觉得在同事面前丢了面子。他可能以为你是故意让他出丑，这样他就会认为你是一个不讲情面、不讲方法、没有涵养、没有风度的人，甚至还会觉得你的动机不纯。批评人的时候不注意场合，会带来很多副作用，受到批评的人会心生忌恨，还有可能作出一些傻事。

当对方的错误明确到某一个态度和意见，你又要给他纠正时，最好的办法就是帮他找一个合适的理由，这个理由不会使他丢面子，还可以使他改变对你的看法，觉得你是一个通情达理的人。

赞扬时,内容越具体越好

托尔斯泰说:"就是在最好的、最友善的、最单纯的人际关系中,称赞和赞许也是必要的,正如油滑对轮子是必要的,可以使轮子转得快。"要想获得良好的人际关系,就要学会不失时机地赞美他人。当然,说到赞美,应该发自内心,同时应该注意赞美对方的具体行为和变化,而不要很笼统地夸他优秀夸他好。

如果你只是含糊其辞地赞美他,说:"你真是一个优秀的人。""你看你,年纪轻轻就这么能干。"这些空虚的话可能会引起对方的猜忌,还有可能造成你们之间的矛盾和误解。你在赞扬对方的时候,应该提出具体的内容,假如只是奉承话,对方听了很可能不当回事,如果是具体的赞美,那么一定会给别人留下好印象。

法国有位将军,他曾经立下赫赫战功,每次都是战无不胜,当他打胜仗凯旋归来,总有无数的鲜花和掌声包围着他,许多人都奉承他说:"你真是位了不起的将军啊。"或者说:"将军,你是我们的骄傲,是所有法国公民的英雄。"

这些话他听得太多了,大家说出这些话,他始终无动于衷。将军认为,打胜仗是一位优秀的将军分内之事,不值得作如此夸耀。

后来有一个部下看出了将军的心理,于是,他对将军说:"将军,你的胡须真漂亮,就像一片茂密的森林。"将军听了之后哈哈大笑。

这位部下意外地赞美将军的胡须,令将军开心不已。自然,这位部下所受到的回报也会令他开怀大笑,这让其他人羡慕不已,这就是善用具体的赞美而得到收获的例子。

抽象的东西很难有确定的范围,也很难给人留下深刻的印象。赞美的话说出口,应该让人记忆犹新。赞美别人的时候,应该从看得见摸得到的东西入手,你还可以深入细致地赞别人,挖掘对方不太明显、处于萌芽状态的优点,这样才更能发掘对方的潜力,增加对方的价值感及被认同的感觉,这样你所赞美的作用才会大。

有一次,卡耐基在纽约的一个邮局里,排队等待发一封挂号信,他发现里面的邮递员对于自己的工作并不是很高兴,称信的重量、递邮票、找零钱、分发收据,等等,这样的工作,一天一天单调地重复着。

卡耐基对自己说:“我要试一试,让那个邮递员喜欢我,我得说一些关于他的有趣的事情。”于是卡耐基又问自己:“可是他有什么可以让我称赞的呢?”这不是一件容易的事情,况且对方还是一个不怎么熟识的人,可是这也很容易,卡耐基看了邮递员半天,终于在他身上找到值得称赞的地方了。当邮递员秤卡耐基的信时,卡耐基很热忱地说:“我真希望像你一样有这样一头好头发!”

邮递员听到这话把头抬了起来,他脸上先是露出惊讶的神情,然后露出了笑容,对卡耐基很客气地说:“没有以前那样好了!”卡耐基很确切地对他说:“或许没有过去的光泽,不过现在看来,依然很好看。”邮递员非常高兴,他们又愉快地谈了几句,最后他对卡耐基这样说:“许多人都称赞过我的头发。”

后来,卡耐基在课堂上说道:“我敢打赌,这位邮递员在中午吃饭的时候一定很高兴,会觉得饭菜比平时的好吃。”

一位举止优雅的女士对她的领导说:“您今天晚上的演讲真是太精彩了。我情不自禁地想,您当一位演说家会是多么出色!”这位领导听了下属这样的夸赞后,高兴得红了脸。正如安德烈·毛雷斯曾经说过的:“当我谈论一个将军的胜利时,他并没有感谢我。但当一位女士提到他眼睛里的光彩时,他表露出无限的感激。”

我们在赞扬对方的时候,往往称赞对方的细微之处更显真情,当对方感受到你对他优点的切实了解时,你也就获得了他的信任、真诚相待。

有一天,快要下班的时候,小锦接到女上司打来的电话:“下班后陪我逛一下商场。我想买点儿东西。”小锦当然听得出,在电话里女上司的语调虽然和气,但是平和里还是夹带了一丝命令。作为女上司的秘书,她不敢怠慢,立刻就答应了女上司的请求。

下班后，小锦和女上司一同进了电梯后，她才看到女上司今天穿了一件短款套装，典雅又时尚，不禁说道："您今天的这身衣服很素雅，非常符合您的气质。"女上司一听，马上露出了灿烂的笑容，嘴里一边说着："哪里哪里，都是以前买的，没怎么穿过，你看我这样穿行吗？"

小锦说："绝对可以，这么好看，怎么才穿出来呢，到现在才让我大饱眼福。"女上司听了小锦这么说，心花怒放。

到商场买完东西走出来时，小锦和女上司都有些沉默，可能是逛街都逛累了。但小锦不愿意让这种沉默保持太久，于是她又开始了对女上司的夸赞："瞧您这身段，小姑娘似的，哪像这岁数的人啊！"女上司一听，疲惫的脸立马变得容光焕发。

从此，女上司更加喜欢和信任小锦了。

赞美别人的方式多种多样，想要达到你的目的，就要从细微之处下手，不要忽略你所发现对方身上每一件值得赞美的事情，和人单独相处的时候，可以赞美的东西很多，大到身材外貌，小到衣服上的一个小饰品。如果你想具体地赞美对方，就必须具备必要的观察力，如果你没有洞悉对方优点的能力，你的赞美很快就会让人觉得乏味，所以要想拉近人与人的距离，细心的观察必不可少。

在赞美别人时，一定要将赞美具体化，语意模糊的抽象的赞美不会有正面的效果。例如，受到他人突如其来的赞美："你很了不起"、"漂亮"、"聪明"，你会感到喜悦吗？非但不觉得喜悦，一般人的本能反应是会问"你为什么称赞我？"脾气暴躁的人可能会动怒，认为自己被讥讽了。把握赞美的要点，如态度、语调等，出色之处在于真诚的赞美。

例如，用"你的字迹清秀工整，待人和气"来赞美对方，就不如说："你的字迹清秀，商业信件写得很工整，而且你待人和气，给人好的印象。"这种赞美方法是不是更好呢？遇到眼睛迷人、笑容可掬的女性，与其空泛地说"你很美"，不如说"你眼睛明亮，充满神采，笑起来很可爱"更会使她满心喜悦。

求人时,斟酌一下再开口

人心都是肉长的,仁慈心、同情心是我们每个人感情世界中最基本的组成部分。生活中,我们求人办事是在所难免的,遭到别人的拒绝也是意料之中的事情。可是一时的拒绝不代表事情就没有回转的余地,这时候事情能不能成功,就要看我们自己会不会说话了。聪明的人会斟酌一下,想好策略再开口,利用对方的同情心做好感情的铺垫,营造适合自己开口的气氛,也容易调动对方的感情,使对方答应我们的请求。

我们常说:"出门观天色,进门看脸色。"观天色,可推知阴晴雨雪,携带雨具,以不受日晒雨淋,看脸色,便可知其情绪。人的面部表情的色彩屏幕上显示的图像不同,人的情绪也不同。学会察言观色,实在是不可忽视的为人处世之道。知道情绪便能善相处;善相处,便能心相通;心相通,便能达到一致。

这里的脸色就是我们所谓的时机,也就是说,我们在对方心情好的时候去说出你的要求建议,对方接受的可能就更大,在对方愿意接受的时候谈起你的请求,即使他对这方面不感兴趣,也会很乐意地停下来听你讲一讲。

我们每个人都有求人办事的时候,不是每件事情都可以自己解决,总会有需要别人帮助的时候,但不是我们每一次的要求,别人都会答应,所以,在求人这方面,也是一门语言的艺术。会说话的人,求人成功的可能性就大一些,所以,在求人的时候,我们一定要想好怎么去说服对方能答应我们的条件。

求人办事情,要想达到我们的目标,就必须激起对方的欲望,暗示对方只要能成事,利益就在后面,要让他相信你说的话不是假话空话,接着你再不断地刺激他,挑起他的欲望,这样你的条件他就能答应了。

此外就是利用对方的同情心,求人的人一般都有苦衷,你要把自己的事情说得很困难,非他帮忙不可,自己是多么的无能为力,多么的无助,多么的艰苦,把自己说得越可怜,也就越能激起他的同情心,一旦同情心被激起,你成事的希望也就越大了。

求人办事还有一条规律,就是,央求别人答应你的条件,不如委婉地请求别人答应你的条件,这两者看似很接近,可是还是存在着本质的差别。前者有恳求的意思在里面,完全把自己的地位降得很低。而后者却只是委婉地请求,并没有降低身份的意思在里面。劝导不如诱导,很多人不愿意去听你解释那么多,劝说的难度要远远超过诱导。在运用这一策略的时候首先要引起别人的兴趣,才能一点一点地诱导别人做你想做的事情,帮你完成你的目标。

求人办事的时候一定要把事情的理由讲清楚,达到目的不是一件容易的事情,你大可不必有一种消极的想法,而应该利用问题本身的理由去吸引别人,用求人的理由打动他,这才是求人的高境界。也许你会说,我什么都没有,用什么去吸引他?其实,仅仅靠语言就可以了,没有资本的时候,语言就是我们最好的工具,想清楚你要说什么,想清楚你的目标,在求人的理由上做文章,只要你的理由得当,就不怕他会不答应你的请求。

美国斯坦福大学社会心理学家弗利特曼和弗利哲两位教授,曾以学校附近一位家庭主妇亨利太太做了个有趣的实验,他们打了个电话给她:"这里是加州消费者联谊会,为具体了解消费者的实况,我们想请教几个关于家庭用品的问题。""好吧,请问吧!"亨利太太很有礼貌地说,教授们提出了一两个关于她经常使用哪一种肥皂等简单问题。当然,这个电话,不仅仅只是打给了亨利太太,还打给了其他像亨利太太一样的家庭主妇。

过了几天,他们又打电话了:"对不起,又打扰您了,现在,为了扩大调查,这两天将有五六位调查员到您家当面请教,希望您多多支持这件事。"这实在是件不太礼貌的事,但也被同意,什么原因呢?只因为有了第一个电话的铺路。相反,他们在没有打过第一个电话,而直接有第二个电话要求时,却遭到了拒绝,他们最后以百分比作为结论。前一种答应他们的占 52.8%,后一种只有 22.2%。所以由此可知,向别人提出请求的时候,我们应由小到大,由浅入深,由轻加重才是。如果两位教授一开始就提出大的请求,一定会遭受到对方的断然拒绝。

所以,我们可以得到一条结论,在你向别人提出请求的时候,不妨先说一些简单的事情,慢慢地引入话题。总之,就是要引起对方对你提出的要求的兴趣和好奇心,然后再引发他的激情,让他能热心地参与你的计划,你必须诱导他来做一下尝试,然后再量体裁衣,选好时机和话题,逐步地引导他朝你的方向走来。

求人办事的时候,我们不能很贸然地提出条件,这样对方可能接受不了,会很干脆地拒绝,所以我们应该循序渐进,由浅入深,可以先说一些客套话,然后再绕到你想说的话题上,最后顺势把你的要求全部说出来,一步一步、一点一点地完成你的目标。

沉闷时,适时地抛出恰当的话题

我们在社交场合常常会遇到气氛沉闷的时候,那么怎么救场呢?其实很简单,在沉闷的时候适时地说出热点话题,让沉闷的冷场重新变得活跃起来。

在沉闷时,如果及时根据情境设置话题,找到一个恰当的话题,就可以引起对方的谈兴,使谈话顺利进行下去。

1.要学会拓展话题的领域

开始第一句话要注意的是使人人都能了解,人人都能发表看法,由此再探出对方的兴趣和爱好,拓展谈话的领域。如果指着一件雕刻说"真像某某的作品",或是听见鸟唱就说"很有门德尔松音乐的风味",除非对方是内行,否则不仅不能讨好,而且会在背后挨骂的。

如果不知道对方的职业,就不可胡乱问他,因为社会上免不了有人会失业,问他的职业无异于逼迫他自认失业,这对自尊心很强的人来说是不太好的。如果你想开拓谈话的领域而希望知道他的职业，只能用试探他的方法："先生常常去游泳吗？"如果他说"不"，你就可以问他是否很忙，"每天上哪儿消遣最多呢？"接下去探出他是否有固定工作。如果他回答"是"，你便可加上一句问他平时什么时候去游泳，从而判断他有无职业。如果他说是星期天或每天下午5点以后去，那无疑是有固定工作。

确定了对方有工作，才可问他的职业，这样就可以谈他的工作范围内的事情。如果不知对方有没有职业，或确知对方为失业者，那么还是谈别的话题为佳。

2.风趣地接、转话题

在谈话中善于抓住对方的话题，机智而巧妙地接答，可以使谈话变得风趣，从而使谈话活跃起来。当我们夸奖对方取得的成绩时，总能听到这样的回答："一般、一般。"倘若我们不接着话茬说下去，就有点儿赞同对方的"一般"说法的意思，达不到接话说的目的。可以这样回答："'一般'情况尚且如此，那'二般'情况就可想而知了。"言外之意是说："你一般的情况才如此的话，我'二般'的情况就更不值得一提了。"以这种方式接对方的话，一般是采用谐音、双关的手法，接住对方的话作风趣的转答。

巧妙地接答对方的话，可以把原来的话题引向另一个话题，使谈话转变一个角度继续进行下去。

刘某是公司负责某一地区的销售业务员。公司为了加强和客户之间的联系，特举办了一年一度的"联谊会"。公司安排刘某在会议期间陪同他的客户顾某。他们路过一家商场，谈起了商场的销售情况。末了，顾某深有感触地说："现在，市场竞争够激烈的。"刘某接过他的话说："就是。在你们单位工作的业务员也不少吧？"就这样，刘某既把话题延伸下去，同时又把话题转向有利于自己的方向。

3.穿插些趣闻逸事

如果是在公众场合讲话的过程中出现冷场，你可立即用变换话题的办法吸引听众的注意力，穿插趣闻逸事活跃现场气氛就是其中的一种办法。

趣闻逸事是人们在生活中津津乐道的闲谈资料，生活中的许多情趣即由此而来。谈话者如果能够抓住人们渴望趣味的视听倾向，恰当而又适时地讲述一些趣闻逸事，会使混乱或沉闷的谈话现场马上活跃起来，听众的注意力也会被迅速地集中到谈话内容上。这时谈话者仍要回到原有的话题，而效果就要理想得多了。如果是双向交流，话题的变换就是不定的，可根据现场情况随时调整。这里，仅以如何应对演讲过程中的冷场为例说明问题，希望能够给领导者带来有益的启示。

当年孙中山先生在广州广东大学(即中山大学)发表演讲，谈论三民主义。当时因为礼堂小，听讲的人多，通风不够，空气不好，所以有些人精神较差，显得比较疲倦。孙中山先生看到这种情况，为了提起听众的精神，改善一下场内的气氛，于是巧妙地讲了一个故事："我小时候在香港读书，见过有一个搬运工人买了一张马票，因为没有地方可藏，便藏在时刻不离手的竹竿(挑东西用的粗竹竿)里，牢记马票的号码。后来马票开奖了，中头奖的正是他，他便欣喜若狂地把竹竿抛到大海里去了，他以为从今以后就不再靠这支竹竿生活了。直到问及领奖手续，知道要凭票到指定银行取款，这才想起马票放在竹竿里，便拼命跑到海边去，可是连竹竿影子也没有了……"

讲完这个故事，听众当中议论纷纷，笑声、叹息声四起，结果会场的气氛活跃了，听众的精神振奋了。于是，孙中山先生抓住时机，紧接着说："对于我们大家，民族主义这根竹竿，千万不要丢啊！"很自然地又回到了原有话题的轨道上。

4.适时地提一些引导性的话题

提出引导性话题，可以给他人留下谈话时间和空间，特别是对于那些不善于当众讲话的人。这些话题可以根据对方的性格特点、兴趣爱好、职业性质等方面来设置。比如："近来工作顺利吧"、"听说你最近有件高兴的事，是什么呢"、"前一阵我见到你的孩子，学习怎么样？"先用这些听起来使对方温暖的话寒暄一下，便于开展谈话。对于那些在公司上班的人，可以探问对其公司的日常规则的看法，例如："你们公司每周都要举行升旗仪式，之后还要做早操、召开例会，你怎么看？"引导性话题应该注重可谈性和可公开性。对学文的人不宜谈深奥的理科问题,反之亦然。不宜在公开场合触及个人隐私,或者是背后议论他人等。如果引导性话题过于敏感,或者不是对方的兴趣爱好,或者过于深奥,超出了对方的知识结构等原因,对方也许不愿说,也许真的无话可说。提出这类话题,目的是让对方开口讲话,如果不能让对方讲,那还有什么意义呢?

在提一些引导性话题的时候,也要注意方法和策略,不要让对方感到难以回答或附和而已。比如:"你是不是也觉得你们现在的厂长很能干?"对方表示赞同,他自己的确也有保留意见;要说是不赞同,而你已经认可了,他总不至于在你的面前进行反对吧,何况是说别人的坏话呢?这样的话题,处理得不好会让自己失去谈话的亲和力,适得其反。再者,也不要问些大而空的问题,让人不知从何说起,最好具体点。

如果是由于自己太清高、架子大,使人敬而远之而造成双方的沉默,那你在交谈中应该主动、客气及随和一些。

如果是由于自己太自负、盛气凌人,使对方反感而造成了沉默,则要注意谦虚,多想想自己的短处,适当褒扬对方的长处。

如果是由于自己口若悬河,讲起话来漫无边际、无休无止而导致了对方的沉默,则要注意自己讲话适可而止,给对方说话的机会,不要让人觉得你是在做单方面的"传教"。

有时装作不懂事的样子,往往可以听取他人更多的意见。反之,你表现得太聪明,人家即使要讲也有顾虑,怕比不上你。如果我们用"请教"的语气说话,引起对方的优越感,就会引出滔滔话语。一般人的心理是总喜欢教人,而不喜欢受教于人。

沉闷、冷场的出现,往往与"话题"有关。"曲高和寡"会导致冷场,"淡而无味"同样会引起冷场。不希望出现冷场的交谈者,应当事先做些准备,使自己有一点儿"库存话题",以备不时之需。随机应变,努力地提升自己的说话能力,才能做一个大家都喜欢的人。

拒绝时，委婉地说出你的"不"

在平时的工作和生活中，面对别人提出一些不合时宜或者是违背原则的要求，我们需要拒绝对方。用生硬的方式去拒绝，难免会伤害到彼此间的和气，让人产生误会或者埋怨。为了避免这些负面影响，我们应该采用委婉的方式去拒绝。

冯桐办了一家服装厂，经过多年的打拼终于形成了一定的规模，不仅在国内市场上打开了一条销路，并且还有许多产品销往国外。服装厂的效益好了，自然就有不少人愿意到她的公司去参加工作。除了应聘者络绎不绝之外，还有不少的人找熟人托关系，希望能够到她的工厂里求得一个职位。

这一天，冯桐的一个老朋友给她打来电话，说想要给她推荐一个刚刚从服装学院设计系毕业的"人才"，问她是否愿意接受。正准备再次扩大规模的冯桐当时很需要一些专业的设计人员，而且这位朋友和她的关系又不一般，于是就爽快地答应让那个服装学院毕业的学生来面试。但是，面试的结果让冯桐感到非常的失望，对方根本不像朋友说的那样是一个"人才"，而是一个地地道道的门外汉，就连基本的设计知识都不懂。

冯桐这一下子就犯难了，接受这个人吧，他明显的不适合这份工作，不接受吧，又怕无法给朋友一个很好的交代。毕竟，这位朋友在冯桐创业初期给了她很大的帮助。经过再三的考虑，冯桐决定拒绝留用这位"人才"。但是，在作出这个决定的时候，她又在考虑用哪一种方式来跟朋友说这件事。

3天之后，冯桐高兴地给朋友打电话，说："非常感谢您给我推荐的这位人才，经过我们这里几个领导的商议，认为他非常有能力。只不过，他所学的专业和我们的要求有着很大的差别，在我们这里上班我们自然表示欢迎，但是这样做的话只能限制他才能的发挥。我想，还不如让他找一家对口的单位，找一个真正适合他的公司和岗位。我可以在我的朋友中问一下，看看有没有人需要这样的人才，您看好吗?"

朋友也是一个明白事理的人，听冯桐这么一说，心里便明白了，就很爽快地对她说:"既然是这样，你就不要为难了，再让他去别的公司试试吧。"

冯桐在拒绝朋友推荐的人才时，并没有直接说不能用，而是先对朋友表示了一番衷心的感谢，这样就会让朋友和被推荐者感到十分有面子，对不能聘用的结果也不至于有太大的反感。最后冯桐还说了一句"我在我的朋友中问一下，看看有没有人需要这样的人才"，这样就会让对方不会对没有被聘用他所推荐的人而耿耿于怀，还对她充满了感激。

拒绝别人的时候就意味着将对方阻挡在门外，会让人感觉到没有面子。为了给双方都能留下继续交往的余地，在拒绝的时候就应该采取适当的措施。婉转地拒绝别人是一种艺术、一门学问，它能表现出一个人的综合素养。下面有一些拒绝别人的技巧，可供参考。

1.暗示拒绝

当你想拒绝对方的意见时，不妨在话中透露出拒绝的意思，让对方了解你所要表达的内容，对方若是一个识趣的人，就不会在这一话题上继续纠缠下去。

有一位先生送给一位与他关系不是特别亲近的小姐一套衣服，借以表达他的爱慕之情。然而，这位小姐并不愿意和他进行交往，对他送的礼物也不感兴趣。于是，她就装作十分高兴的样子，仔细地去看了看这件衣服的样式和做工，然后说:"这件衣服实在是太漂亮了，是我最喜欢的类型，不过我的男朋友已经给我买了好几件了，这一件还是留着送给你的女朋友吧。"这样做，既暗示了自己已经"名花有主"，又提醒了对方不要再做非分之想，一举两得。假如这位小姐十分恼怒，用讽刺性的语言说:"这件衣服是给你妈买的吧?"恐怕不仅会刺伤那位先生的自尊，还会让自己成为一个"泼妇"。

2.推脱拒绝

缓兵之计，这是大家常拒绝别人的妙招，很多事情当面拒绝别人的时候，会觉得很不适合,这个时候对方就可以使用推脱式的拒绝来达到目的。和直接拒绝相比,用"拖时间"的方法也能明显表达你的拒绝之意。

小李想请对方走一下后门,帮他进一个单位,可能对于对方只是一句话的事情,如果对方不愿意帮助小李,他可能说:"这个事情我知道了,只是最近比较忙,过一段时间再说吧。""这个事情办起来不太容易,还是让我考虑一下。""这个事情不好说,我尽量吧。""这个事情,我要好好地考虑一下,晚一点再给你答复吧。"这些话都是运用了缓兵之计,用拖的方法来拒绝对方。模糊地表态,最近很忙,到底什么时候比较闲?这个事情我要考虑一下,到底考虑什么,考虑多久,什么时候能够成功,那就是杳无音信的事情了。对方这种话一说出口,也就表示着他并不想帮小李的忙。话语里蕴涵着浓浓的不想帮忙。所以对方若是说了这样的话,你还是早作打算的好,不要真的以为对方只是因为忙而没有时间来帮助自己。

3.转换话题

当别人提出一些要求的时候,你对他所说的事情并不感兴趣,就不妨有意识地回避一下,巧妙地将话题引领到其他的事情上去。这样的话,既不会让对方感到难堪,又能打消对方的纠缠和祈求心理,最终达到谢绝的目的。

有一位家庭主妇会经常遇到一些上门推销的业务员,当别人向她介绍一些业务或者产品的时候,她从来不会用冷冰冰的口气拒人于千里之外,而是用比较委婉的方式来表达她的不需要。比如,有一次推销保险的人前来敲门,她就会说:"哎呀,实在是对不起,我儿子也在保险公司工作……"把话说到这个地步,任何能言善辩的推销员也会选择知难而退的,在他们退出之后,也不会对这位中年妇女有任何的负面评价。

4.先肯定后否定

当对方向你提出要求的时候,如果你一开口就说"不行",必然会给对方带来不愉快,不如先肯定一下对方,对他的要求表示同情和理解,然后再根据事实来陈述你不能答应他的理由,这样就能让对方理解你的处境,从而不再强人所难,主动地放弃请求。

比如，当你的朋友想让你帮他完成一项工作的时候，而你却没有时间去帮他的忙，在这个时候你万万不能说："我哪里有时间去管你的事，你还是去找别人吧。"这样说虽然达到了你的目的，却会给朋友带来伤害。为了慎重起见，你不妨这样说："我非常愿意帮你的忙，毕竟这是一次让我得到学习和提升的好机会，但是我手头上还有很多的事情没有处理完，我想依你的工作能力和效率完全能在很短的时间之内完成这一任务的，要不你自己先干着，等我把手头上的事忙完再过来和你一块儿去完成这项工作，好吗？"

这种带有建议性质的拒绝，既能让朋友知道你是在设身处地地为他考虑事情，又达到了拒绝的目的，做到了合情合理，想必对方再也不会说出其他的话来。

抚慰时，以真情打动人心

有很多人在劝慰别人的时候，总是习惯于把自己放在一个旁观者的角度，对别人受到的伤害和挫折，只停留在表面的语言规劝之中。这种错误的劝慰方式，不会有任何意义。我们经常讲："心病还需心药医"，这个"心药"的"药引"就是劝说者的真挚感情，只有当我们向对方传达出个人真诚的情感的时候，对方的心里才能明白你和他有着同样的切肤之痛，也能感觉到你的真诚和热心，就会自然而然地听从你的劝慰，逐渐地从挫折和困难之中走出来。

一天，化妆品女皇玫琳·凯在海边看到了一位坐着的女孩子，她的脸上布满了忧虑和哀愁。热心的玫琳·凯微笑着走上前去，亲切地对她说："你好，我叫玫琳，能跟你说几句话吗？"对于她的热情，女孩子并没有理睬，别过头去，依然是满脸的冷寂与落寞。玫琳·凯并没有生气，而是继续温柔地说："虽然你心情非常糟糕，但你依然很美。你有什么伤心痛苦的事情，可以跟我说说吗？"

看到玫琳·凯真挚的表情，女孩对她有了好感，就向她倾诉了起来。而玫琳·

凯在认真地倾听着，用鼓励的眼光示意她说下去，并且不时地点头。最后，那个女孩说，今天走到海边，就是准备自杀，因为那个曾经和她相爱的人，在飞黄腾达之后就把她给抛弃了。

玫琳·凯听了之后，十分同情这个女孩的遭遇，气愤地指责那个男人的忘恩负义。最后真诚地对她说："你一定要振作起来，为了一个忘恩负义的男人去死实在不值得。你长得这么漂亮，连我都喜欢你，更何况是男人呢。我相信，你一定能够找到一个值得你依靠的男人。"

女孩终于想开了，感激地对她说："我感觉今天才算真正地发现了自己，从来没有人和我说过这么多话，在你的开导下，我才发现，活下去是多么美好。"

在痛苦、磨难、疾病、挫折面前悲观、失望、伤感的人，他们的情绪都是受到感情支配的，当我们能够用真诚的表情、诚挚的话语对他们进行劝慰的时候，那么就会让对方减少一些敏感和抵触心理，很自然地将内心的天平倾向于你，也会很自然地听从你的劝解和开导。

徐佳不久之前失恋了。不知道是什么原因，本来是卿卿我我的一对小情侣几乎是在一夜之间反目成仇。在感情上受到挫折的徐佳变得十分消沉，精神恍惚，经常一个人独自坐在那里暗自垂泪，几天下来，整个人都瘦了一圈。有很多热心的人前来安慰她、鼓励她，不过她们在安慰中总是不停地询问分手的原因，争论谁对谁错，告诫徐佳以后谈恋爱的时候要在哪些方面进行注意，结果徐佳却觉得自己委屈了，精神更加的低落起来。她的朋友小米听说之后，就把她接到家里，用了一个星期的时间来专门陪伴她，陪着她默默流泪，又在生活方面对她进行了无微不至的照顾。随着时间的推移，在小米细心的照料和劝说下，徐佳终于想开了。不再怨天尤人、长吁短叹，也不再去想那些曾经的甜蜜和悲伤，那些所有的不愉快好像从她的脸上被风刮走了一样。

在我们目睹别人伤痛的时候，可以让他们把痛苦发泄出来，在他发泄着对痛苦和挫折不满的时候，你也可以坐在一旁一边默默地陪着他流泪叹息，一边紧紧地抓紧他的手，向他传递着支持和理解。等到他的心情慢慢平静下来之后，你再用真诚的声音告诉他："尽管这些事情不是发生在我的身上，但是我有着和你一样的感受。无论如何，你都不要太过于伤心，要相信我们一定能够渡过难关，战胜这些挫折的。"当我们给对方传递了这样的信息时，既体现了我们对对方伤痛的尊重，又表明了自己和他永远站在一起的态度。这样，就能让他少一些孤独和悲伤，多一份自信和坚强。

以情动人地去开导他人、面对他人、安慰他人，就能够对他人的遭遇有一种感同身受，能够帮助他人一起分担痛苦，也能和他人一起去面对困难、战胜挫折。这种感同身受的真情实感，对于被安慰者来说，是一件最宝贵的礼物。

说服时，要靠"同理心"

无论是在交际场合还是在工作中，我们会经常为了说服他人、争取对方的理解和支持而煞费苦心。不过，有很多时候，苦口婆心的劝说并不能达到我们想要的效果，甚至还会出现南辕北辙、事与愿违的局面。在这个时候，我们就要考虑在说服的方法上是否出现了问题。

说服的本身就是做别人的思想工作。它是一个由情感交流到思想转化的过程。要想说服对方并非易事，毕竟每一个人都有自我意识，不可能无缘无故地在思想上受到别人的支配。为了能够有效地和别人在思想上达成共识，在行动中达成一致，那么我们不妨运用"同理心"的方式来进行有效的沟通和交流，从而顺利地达到我们所想要的结果。

有一个青年教师的舅妈犯病了，他想把舅妈接到城里进行治疗。

这天晚上，他早早地下班，回到家里做了一锅红枣饭。妻子回到家后，看到之后，高兴地吃了起来，并问他："这么甜的枣在市场上是买不到的，你是从哪里弄来的呀？"丈夫回答说是乡下的舅妈托人捎来的。

妻子听了，十分感动，说："舅妈对咱们实在是太好了，年年给咱们送枣来！"丈夫说："是啊，舅妈真是把我当成亲儿子来养了，我从小就失去了父母，是舅妈含辛茹苦把我拉扯大的，要是没有舅妈，我哪里会有今天啊。"妻子说："有这样的舅妈，真是咱们的福气，我们一定要好好地孝顺她老人家。"

在这个时候，丈夫停顿了一下，叹了口气说："我听捎枣的人说，舅妈的关节炎又犯了，我想……"

"那还等什么呀，赶紧接来吧，去医院好好看看，别再让她老人家受苦了。"丈夫的话还没有说完，妻子就把他想说的话给说出来了。

这位青年教师的原意是想把舅妈接到城里来看病，但是又怕妻子不同意。于是，就用"同理心"的方式来进行对妻子的说服。先通过吃红枣饭，忆旧情，让妻子的心里对舅妈产生和他一样的感激之情，在情感和思想上达成初步的共识："要好好孝敬舅妈"，之后说出舅妈的病情，从而让妻子说出接舅妈的话。这种说服形式，自然比那种直接性的表达要高明得多。

假如我们在说服别人的时候用比较生硬的方式，或者是自视高人一等，用指点迷津般的口气对别人进行指指点点，那么就永远不可能取得说服的效果，反而会加剧双方的矛盾，让对方对你产生厌恶和排斥的情绪。我们应该知道，尽管每个人的性格、爱好、习惯、修养等各方面是各不相同的，但是在一些大方向的认知上都存在着相同之处，特别是在常识性的东西面前更是如此：比如工作量太大会导致疲惫、喝酒太多会给身体带来疾病，等等。我们需要做的，就是以这些常识性的东西为媒介，进行个人表达，获得对方的认同，在达成共识的基础之上进行更进一步的说服，最终取得想要的结果。

有一次，某个机关接到了上级分配的植树任务。机关里的好几十名人员都主动地承担了一些工作。但是，有几位"老神仙"却有一种"八风吹不动，稳坐紫金莲"的架势，主任对他们进行了多番思想动员，可是，他们依然是不愿意领受这些任务，反而和主任打起了哈哈，说什么"年老无力，别给单位添麻烦啦"，"表现的机会还是让给年轻人吧"，等等，搞得主任十分难堪。

下班之后，主任把这几位"老神仙"叫到了办公室，客气地请他们坐下，说道："其实对这次的植树任务我也是不愿意接受的，但是上面有命令，又不能不听。如果和上面对着干的话，不仅咱们单位不能评奖评优，甚至连年底的奖金都要给我们打折扣。我现在是在请你们帮一下忙，如果没有你们几个的参与，这次的任务就完不成，咱们的年底奖金也就要泡汤了。"几位"老神仙"听说这件事和年底的奖金相挂钩的时候，就再也强硬不起来了，纷纷表示："主任，你放心吧，这次我们决不会托单位后腿的！""我们一定尽心尽力完成这项任务，决不能因为我们而影响单位的形象。"说完之后，就各自回去领取了属于自己的任务。

在说服别人的时候，每个人都会觉得自己是有"理"的，但是，如果这个"理"无法取得别人的认同，也就失去了任何作用。只有让双方都接受的道理才是真正的道理。有了"同理心"才能让你的说服达到应有的效果，使对方心甘情愿地听从你的意见，按照你的想法去做事。

在说服的过程中，如果你能用同理心为跳板，因势利导地解开对方思想的扭结，那么你离成功也就越来越近了。

道歉时，以诚恳的言语求得谅解

在生活和工作中，我们难免有做错事的时候，与人交往也难免会说错话。如果你的言行因不慎而给他人带来了精神上的痛苦和经济上的损失，你就应该及时地向对方承认错误，真心道歉，以求得对方的谅解和宽恕。

在向别人道歉时，可以使用自责的方式。这可以让对方明白自己向他道歉的意图，且能显示出自己豁达、率直、敢作敢当的风范。

纽约《太阳时报》主笔丹诺先生在读稿时，常常喜欢把自己认为重要的几段用红笔勾出，以提醒排校人员"切勿将它遗漏"。

但是有一天，一位年轻校对员偶然读到一段文字，也是被人用红笔勾出的，上面大致是说："本报读者雷维特先生送给我们一个很大的苹果，在那通红美丽的皮上露出一排白色的字，仔细一看，原来是我们主笔的名字。这真是一个人工栽培的奇迹！试想，一个完整无缺的苹果皮上，怎么会露出这样整齐光泽的字迹来呢？我们在惊奇之余多方猜测，始终不明白这些奇迹是怎样出现在苹果上的。"

那个年轻的校对员是一个常识丰富的人，他读了这段文字不禁好笑起来。因为他知道这些苹果皮上的字迹是怎样形成的，只要趁苹果还呈青色时，用纸剪成字形贴在上面，等苹果发育红时将纸揭去，这根本是个小朋友的恶作剧而已。

所以，这位年轻的校对员心想，这段文字如果登了出来，必将被人讥笑，说他们的主笔竟会愚笨至此，连这样一点小"魔术"也会"多方猜测，始终不明……"因此，他便大胆地将这段文字删掉了。

第二天一早，主笔丹诺先生看了报纸，立刻气呼呼地走来向他问道："昨天原稿中有一篇我用红笔勾出的关于'奇异苹果'的文章，为何不见登出？"

那位校对员诚恳惶恐地把他的理由说明后，丹诺先生立刻十分诚挚和蔼地说："原来如此！是我错了，我向你道歉，你做得十分正确，以后只要有确切可靠的理由，即使我已用红笔勾出，你仍不防自行取舍。"

丹诺坦然承认错误的经验值得借鉴。你要明白，很多时候，坦然承认错误不仅能产生惊人的效果，而且在任何情况下都比为自己争辩有用得多。

道歉的技巧各种各样，最常见的技巧主要有如下几种。

1.陈述自己失误的原因

当错误已经酿成的时候，当事人首先要坦率承认错误，真诚道歉，使对方的怒气渐渐平息下来，然后再从主客观方面出发，向对方分析自己失误的原因，述说自己的难处，在一般情况下，对方都会理解你的苦衷，谅解你的过失的。

2.道歉要抓住时机

道歉要善于把握适当的时机，应选在对方心平气和、有喜事临门等心情较好的时候。这时,他更容易接受我们的道歉,与我们握手言欢、重归于好。当然,时间宜早不宜迟。最好不要拖延时间,要马上道歉,越早越好。如果错过时机再道歉,不仅难以启齿,而且会让听者认为你没有诚意,失去应有的效果。

3.道歉要选准地点

道歉要善于选准适当的地点,最好是亲自上门道歉,或约对方到一个环境幽雅安静的地方,双方都能平心静气,自然也就容易推心置腹、开诚布公地谈一谈心,化干戈为玉帛。

4.道歉要有诚意

向对方表示歉意时要有诚意,当你道歉之后,对方的怒气或怨气肯定还没有完全消除,这时要耐心倾听对方的诉说,让对方重复发泄内心的不满。从不满到谅解需要一个过程,切不可操之过急。如果你耐不住性子说一句:"我都道歉了,他还没完没了,真是活该!"这样不仅会前功尽弃,还会重新激化矛盾。

著名文学家闻一多先生,因观点与鲁迅不同,与鲁迅有点过节。后来,当他发现自己错了时,鲁迅先生已经逝世了。在纪念鲁迅先生的大会上,他当众表示自己对鲁迅先生的深深歉意。他说:"反对鲁迅先生的还有一种自命清高的人,就像我自己这样的一批人。现在我向鲁迅先生忏悔:鲁迅对,我们错了。"对于闻一多这种坦诚直率的品德,与会者无不报以热烈的掌声。

5.要使用恰当的道具

当心与心相隔时,我们应巧妙地借助外物表达心意。如果直接至歉不适宜,也不妨在适当时间打个电话或写封言辞诚恳的信,向对方表示歉意。当然,也可以请一位彼此都信任的朋友或同事代为转达歉意。日后,时机适宜时再登门致歉赔礼。

雨不小心伤害了同学阳,他感到很内疚。于是,阳生日那天,雨到学校广播站为阳点歌一首,并说:"阳,对不起,我真的不是故意的,你能原谅上周末惹你生气的朋友吗?今天是你的生日,我祝你生日快乐,前程似锦!"阳听到广播后很感动,立刻登门致谢,两人和好如初。

道歉是一种艺术，它是为人处世的一个方面，掌握道歉技巧的人，会改善并增进与朋友的友谊，甚至可以化敌为友。道歉不但不会丢面子，还会给人以有修养、有胸怀的印象。

口误时，不动声色地补"圆"

世界上没有人是十全十美的，也没有人是不会犯错误的，口才再好的人也可能说错话，语失、口误这样的事情对我们每个人都是再正常不过的。碰到这种情况，只要我们耍点小技巧，把口误不动声色地圆过去并非难事。所谓的小花招、小技巧，则是要因人而异，分场合，随机应变地使用，运用你的聪明机智来替自己圆话，弥补自己的口误。

在人际交往中，任何人都有可能口误或说出不得体的话。在这种情况下，我们可以来个将错就错，借题发挥，这样就可以轻松地摆脱窘境，给自己解围。我们要在情急之中从容不迫地调整思维，巧妙地回答，不要就事论事，换个角度，把对方引到你的话题中，为自己打圆场。出现口误的时候，如果不及时补救，就有可能让对方抓住自己的把柄，可能造成尴尬的局面，从而影响到自己的声誉。所以，我们要学会随机应变，将自己的口误完美地圆过去。

在社交场合中，我们难免有说错话的时候，常言道，人有失足，马有失蹄，语误的现象其实很正常，但是要看在什么场合，我们在平时的生活中，你说错话可能不会带来什么大的影响。但如果是在公共场合，你说错一句话，可能带来的影响就不是一点点了。

我们在看电视节目的时候会经常看到主持人说错话，很多时候都是他们在无意中说出来的，可能我们听见了，他们自己却又不知道，还有些时候，主持人意识到自己说错话了，这时他们就会很巧妙地把错话挽回。语言其实很奇妙，同一句话,可对可错,关键是看你怎么圆这个话,才能使错话变成对的,变得更好听。

在一次婚宴上,司仪的情绪很高涨,满座的来宾也是神采飞扬,当司仪说到两个新人的恋爱史的时候有些激动,他说:"恋爱中的他们第一次牵手,品尝爱情的甜蜜,走过了恋爱的季节,又牵着手步入了婚姻的殿堂,将一起携手度过人生漫漫的旅途。现在的他们就好比一对旧的机车……"其实司仪想说的是一对新的机车,可是因为语误而说成了旧机车。一时的口误,满座哗然,大家都想看司仪怎么面对这个僵局,弥补这个语误。这对新人很不满,因为他们都是各自离异,历尽波折才成眷属的,自然以为刚才之语隐含讥讽。司仪发觉到自己的言语出了错误,连忙住口。他的本来意思是想将一对新人比作成新的机车,希望他们在以后的生活中能够少些摩擦,多一些谅解。但是话已经从嘴里说出来,如果硬要改过来,反倒会遭人误会,于是他马上镇静下来,不慌不忙地说道:"你们现在就好比一对旧的机车装上了新的马达。"这句话一说出口,满座的宾客无一不拍手称好。然后他又饱含深情地说道:"愿你们以甜美的爱情为润滑油,开足马力,朝着幸福美满的生活飞奔吧!"餐厅顿时掌声响起。

交际中的失言是在所难免的,谁都不想说错话,但是当错话说出口又收不回来的时候我们又该怎么办呢?又该如何才能防止我们在重要的场合中交谈的时候失言呢?

在这种时候,我们要强改过来自然不好,明显的错误若是刻意地改过来,就像写错的钢笔字,越涂越黑,越来越难看,越惹人注目。我们要学会曲解词义,讲错的地方拉回来变成正确的。歪理拉正,就需要我们具备随机应变的技巧。所以在谈话中要学会巧妙地转移话题,分散别人的注意力,将对方的注意力吸引到别的事物上,把紧张的话题变成轻松的玩笑。

在说错话的时候,我们常用的补救方法大致可以分为3种。

1.引申法

在我们说错话的时候,不要再继续做纠缠,要迅速地把言辞中的错误引开。可以接着刚才的那句话继续说:"这句话正确的说法应该是……"或者说:"我对刚才的话作以下补充……"这样就可以把之前的那句出错的话掩饰掉。

2.改义法

所谓的改义法就是巧改错误的意义，当你意识到自己讲出口的话出现错误的时候，干脆将错就错，重复肯定，然后巧妙地改变错误的含义，将错误的话变成正确的说法。

3.移植法

就是把说错的话移到别人的身上。可以说："这是别人的观点，我认为正确的说法是……"这样就可以把自己说出口的错话纠正过来了，对方即使听出你说错话了，但是你这样一说，也不好再说什么，不给面子，指出你的错误。

我们在生活中，发生这些事情，我们不要慌张，手足无措，越是在这个时候，就越是要镇定自若，处变不惊。随机应变，巧妙地找到合适的补救方法来弥补你的口误。

在失言后我们要随机应变，设法挽回因失言而造成的难堪、尴尬的局面。人非圣贤，孰能无过，无论是名人，还是普通人都免不了发生语言失误的情况。在这种情况下，如果不及时补救的话，那么就会授人以柄，让对方不快，也会造成尴尬局面，从而影响自己的形象和声誉。但是，当说错话以后如果我们能来个将错就错，借题发挥，把错话说"圆"，则可以轻松地摆脱窘境。只要你用妙语，有技巧，就可以弥补得天衣无缝。

尴尬时，要学会"送梯子"

在交际活动中，常常会有第三者说出一些让人感到惊讶或者气愤的话。他们怪异的言谈举止带来交际各方的误会，导致了交际场合的尴尬。在这个时候，我们应该开动脑筋，用打圆场的方式制造轻松的气氛，或者用擦边球的形式来强调言语唐突者的合理性，让各方都能有一个台阶下，达到"你好我好大家好"的目的。这样，就会得到别人的感激和敬佩，获得良好的人际关系。

人在生活中会遇到很多情况，很多时候都是突发性的，我们容易被弄得措手不及，当你的上司处于尴尬的局面时，自己的朋友和别人争吵的时候，夹在中间的滋味是比较尴尬的。作为争论的局外人，我们应该善于随机应变地打圆场，让彼此的矛盾得以化解，使他们不至于陷入尴尬的局面，把那些即将爆发出来的力量化作祥和之气。

在一次同学聚会上，久别重逢的人们十分高兴，亲热地聊起了天。或许是酒喝多了的缘故，一个男士对着一名女士信口开河地说："当初你追求我的时候，我拒绝了你，现在你是不是还耿耿于怀呀？"这本来是一句玩笑话，虽然有些过火，但在同学聚会的欢快气氛之中也是无伤大雅的。但是，这位女士可能是因为心情不好的原因，听到之后竟然勃然大怒，指着那个男士大骂："你神经病啊！你也不撒泡尿看看你那副德行，哪个人会瞎了眼追求你这种长相谦虚心理龌龊的人？"她的声音很大，压过了别人的谈话，顿时热闹亲切的场景一下子冷了下来，大家都感到异常的尴尬。这时候，另外一个女士站了起来，笑着说道："多年不见，我们的公主还是脾气没变呀，她喜欢谁，就说谁是神经病，说得越是刺耳，就说明喜欢得越厉害，我说得没错吧？"这番话说完，大家就很自然地想起了美丽的大学生活，不由得七嘴八舌地相互开起玩笑来，刚才的不快就像没有发生一样，一场风波就在短短的几句话中得以平息。

无论是在什么场合下，没有一个人愿意被别人刺伤面子，从而下不了台。但是，很多尴尬的事情出现，往往不是因为事先的难以预料，而是由于外在的因素而导致。在别人的面子受到伤害的时候，如果你能够采取正确的方法给他一个"梯子"，帮助他挽回面子，那么就会让他对你感激不尽，从内心里愿意和你进行交往。

无论是在和别人聊天的时候，还是在大型的聚会场合，抑或在工作的时候，需要用灵活变通的手法打圆场的事情有很多，有时候我们要为自己的口误打圆场,有时候也要为朋友同事打圆场,只要我们能够发挥聪明才智,就能够做到息事宁人,将十分复杂的事情简单化处理。

课堂上,一位实习老师正在黑板上板书,刚写完几个字之后,突然有学生大叫了起来:"实习老师写的字比我们李老师写的字好看多了!"

此言一出,语惊四座。有口无心的学生不会想到,坐在后排听课的李老师是多么的尴尬,心情是多么的不舒服。而这位实习老师刚刚从学校出来,就碰到了这样让人尴尬的场面,着实让人头痛,如果处理不好的话,很可能影响和李老师之间的关系,让两个人在实习期里都会因为心里的疙瘩而不好打交道。这个时候如果用谦虚的话来贬低自己并不能很好地解决问题。这位实习老师在情急之下灵机一动,装作什么也没有听见,继续板书,头也不回地说:"是谁不安安静静地看课文,在下边大声喧哗?"

此言一出,让后座的李老师长吁一口气,感觉自己的面子得以保全,顿时轻松多了,尴尬的局面也就随之得以消除。

这位实习老师虽然年龄不大,但是在说话上却十分成熟老练。当学生称赞他的字写得好的时候,他选择了避实就虚的方式,避开了学生的赞扬,从批评学生不遵守课堂纪律的角度入手,既维持了教学过程的正常进行,又体面地维护了李老师的面子。表面上他是在批评学生,而实际上却是在向后排的李老师传递"我根本不知道学生说了些什么"的信息,同时又防止了学生继续称赞的发生,从而避免了再次造成尴尬的局面。短短的一句话,取得了非同凡响的效果。

生活是千变万化的,许多尴尬的场景让我们防不胜防。既然尴尬无法避免,那么就不妨采用一些巧妙的手法来维护他人和自己的面子,让双方都能够有一个台阶下。在尴尬的时候能够打圆场,不仅能够反映一个人的聪明才智和应变能力,同时还体现了他善于设身处地为别人着想的良好道德修养。

如果在别人处在尴尬的时候,你能够不失时机地为他们采取行之有效的方法打圆场,那么,你就能够获得别人更多的赏识和信任,从而提升自己的个人魅力,获得丰厚的人脉关系。

僵住了，用巧妙的自嘲解围

自嘲，算是语言艺术中的一个较高的境界，自嘲是缺乏自信的人不敢使用的技巧，因为需要你自己嘲弄自己，把自己当做笑料来嘲弄。也就是拿自己的失误、不足甚至是生理缺陷来开玩笑，对于丑陋的地方不仅不掩饰，反而将它放大、夸张让人注意，然后引申发挥，自圆其说，来博得别人的一笑。说起自嘲，若是没有豁达乐观的胸襟是无法做到的。

在适当的时候，适度地自嘲，可谓是一种良好的修养、一种很乐观的态度，人际关系中，在别人面前蒙羞时、处境尴尬的时候不妨用自嘲来面对眼前的事情，不仅能找到一个台阶下，而且还会产生幽默的效果，让大家对你刮目相看。自我嘲解，让自己笑，同时也让大家笑一笑，可谓是一种很高明的脱身手段。人是很特别的，当他发现你自嘲的时候，自己承认错误便不好再对你多做责备，这就叫"巴掌不打自嘲人"。

一次，林肯遇见一位妇人，她仔细端详了林肯后说："先生，你是我见过的最丑的男人了，你为什么不会有一张好一点儿的脸呢？"林肯回答说："夫人，我实在没办法，请问你有什么好的建议吗？"那位妇人想了想后说："那你总可以待在家里吧？"

林肯笑着对那位妇人说："谢谢你，我的夫人，这倒是一个挺不错的建议。"

无独有偶，几天后，林肯与他的竞选对手进行一场公开的辩论赛。他的竞选对手指控他说一套做一套，完全是个有两张脸的人。

林肯哈哈一笑说："几天前，我遇到一位老妇人，她看到我的这张脸，建议我待在家里不要出来，但是为了美国人民的福祉，我不得不带着我的这张丑脸出来工作。他指责我有两张脸，大家说说看，如果我有两张脸的话，我会带着张丑脸来

135

见大家吗?"林肯的话逗得大家哄堂大笑,连他的对手也跟着笑了。

正是在自嘲与调侃的辩论中,林肯博得了大多数选民的同情与理解,一路顺利,最后成功当选美国总统。

不管怎么样,嘲笑自己的长相,或者嘲笑自己做得不好的事情,会让别人觉得我们很豁达,给人一种和蔼可亲的感觉,增加人情味。因此,在社交场合中,自嘲是我们不可多得的灵丹妙药,在我们无迹可循的时候,不妨拿自己当做笑料,至少嘲笑自己是安全的。聪明人的做法就是:不管你想怎样笑别人,首先应该笑你自己。

自嘲的人表面上看起来是消极极致,其实是积极地促使谈话往好的方面发展。醉翁之意不在酒,表面的嘲弄而非真正意义上的嘲弄,表面消极其实却另藏底蕴。所以自嘲在很多的场合具有很特殊的使用价值。运用自嘲的方法,在很多情况下还可以挽回语言伤人的损失。

一位老师的普通话不太标准,有一次上语文课,讲到某一问题要举例说明的时候,把"我有4个比方"说成了"我有4个屁放",顿时教室里像炸开了锅一样,学生们哈哈大笑。老师灵机一动,脱口而出一首打油诗:"4个屁放,大出洋相,各位同学,莫学我样,早日练好普通话,年轻潇洒又漂亮。"老师的机智幽默赢得了学生的热烈掌声,从此以后,同学们也越来越喜欢上这位老师的课了。

自嘲运用得好,不但可以为自己解围,还可以为交谈平添许多风采,增添一个人的个性,尤其是在初次见面的时候,即使你很不出众,但是你的自嘲一定会给人留下深刻的印像。可是,如果自嘲用得不好,就会使对方反感,造成你们沟通的障碍。自嘲必须要审时度势,可以妙用,却不可以滥用。有些场合是不适合自嘲的,你要是自嘲的话反倒会给自己抹黑。此外,自嘲还要避免采取玩世不恭的态度。具有积极意义的自嘲,也是一种自尊自爱的体现。

一个没有头发的人,当别人称他"理发不用花钱"时,他当场变了脸,使一个原本比较轻松的环境变得紧张起来。

一位演讲的教授是一个光头,他在自我介绍时说:"一位朋友称我聪明透顶,我含笑地回答：'你小看我了，我早就聪明绝顶了'。"然后他指了指自己的头说："我今天演讲的题目是外表美是心灵美的反映。"教授就这样开始了自己的演讲，整个会场充满了活跃的气氛。

自嘲不伤害别人，最为安全，你可用它来活跃谈话气氛，消除紧张，在尴尬中自找台阶，保住面子，当你处在难题前或者窘迫中，总的原则是明辨事理，言语得体。你若是怒气冲天，就会加剧矛盾，最后两败俱伤；你若是一味退缩，则会使对方觉得你软弱可欺，从而变本加厉地嘲弄你。这时候如果你能适时适度地自嘲，就能制造宽松和谐的交谈氛围，使人感到你的可爱和富有人情味，有时还能更有效地维护双方的面子，建立起新的心理平衡。

尴尬的场面、窘困的处境、不易处理的局面使人瞠目结舌、面红耳赤，使我们处于一种紧张的气氛，如果在这个时候你能镇定下来，调整好心态，急中生智，用自嘲来缓解紧张凝结的气氛，就会产生好的效果。

我们拿别人开玩笑的时候，还要顾及别人会不会不高兴，可是拿自己开玩笑，谁会反对呢？所以在我们嘲笑别人之前，不如先开自己的玩笑，这也是你豁达的表现，别人会觉得你这个人比较随和，都会愿意和你交往的。

拒绝前，先做些必要的铺垫

人都是有自尊心的，一个人在有求于别人的时候，往往都带着惴惴不安的心情，面对这种情况的时候，如果你一张口就说"不行"，势必会伤害对方的自尊心，从而会引起对方强烈的反感，认为你这个人不近人情。所以我们要学会在拒绝别人的要求时不让对方丢面子，使别人非常体面地接受拒绝，这样，结果必然会大不相同。我们在拒绝别人的时候最好先做一些铺垫，让人容易接受一些，做好心理准备。即使你说了出来他也不会觉得很失望。

当对方向你提出请求以后，你不必当场去拒绝，你可以说："让我再考虑一下，明天答复你。"这样既使你赢得了考虑如何答复的时间，也会使对方认为你是很认真对待这个请求的。

一家汽车公司的销售主管在跟一个大买主谈生意时，这位买主突然要求看该汽车公司的成本分析数据，但这些数据是公司的绝密资料，属于商业秘密，是不能给外人看的。可如果不给这位买主看，必定会影响两家和气，甚至会失掉这位大买主。这位销售主管很精明地说道："这个……好吧，下次有机会我给你带来吧。"买主听过后很知趣，没有再向他提这个要求。

简单地把面前的问题延迟到下次，有机会，等等，这样的话拒绝得很委婉，对方即使知道你在拒绝他，也不好意思说你什么，还会觉得是自己自讨没趣，这样的话你就可以顺利地脱身了。

一名职工找到车间主任请他帮忙调换一下工种，车间主任心里明白调不了，可是当面拒绝又不太好。于是，他没有马上回答说："不可能。"而是说："这个问题涉及好几个人，我个人决定不了。我把你的要求报上去，让厂部讨论一下，过两天答复你，好吗？"

这样回答让对方了解到，调工种不是件简单的事，成事的可能不太大，于是对方抱有的希望也就不会太大，提前打好预防针，也不会让对方太失落，缓兵之计也能让对方的面子上过得去。

在你拒绝别人的时候，多半会觉得不好意思，对方求你办事情，大多也是考虑再三才下的决定，所以，这个时候你再拒绝他，他的心理落差就会很强，所以你若是抱着歉意，先说出对不起，让对方有心理准备，先说对不起后再作陈述为什么帮不了对方，不能答应对方的要求，这时候你的态度一定要很和蔼，要很歉疚，反复地强调：不好意思帮不了你，这样的话，对方就会接受你的歉意，即使他对你不满，也会被你浓浓的歉意所化解。

要拒绝、制止或反对对方的某些要求、行为时，你可以利用那个人的原因作为借口，避免与对方直接对立。对方知趣的话，也就不会再次提出类似的请求。

在我们说拒绝话的时候一定要分清场合分、清对象，对症下药，对于喜欢纠缠的人，你说拒绝的话的时候就应该很干脆、很利落，对于脸皮薄的人、腼腆的人，你说拒绝的话的时候，一定要给对方留足面子，顾及对方的感受，让对方可以很明确地听出你的话外音，不要扭扭捏捏地让对方还抱有一定的幻想。

在很多时候，我们不可能当面拒绝对方，可是又没有你可以用缓兵之计的时间，但是你答应的话又会影响到你自身的利益，在这个时候，我们不妨借用一下第三者。

你的朋友向你借钱，可是你又知道他是有借无还的那种，虽然借得不多，但自己的血汗钱也不愿意就这么给了对方，所以，在这个时候你可以说："哎呀，真是不巧啊，昨天小李才向我借的钱，你说，你要是早一天过来，我就借给你了。现在我还真没多的钱借给你。"对方一听这样的话，也就不好说你什么了。

一个推销员上门推销时，一位女士态度礼貌而坚定地说："我的婆婆不让我在家门前买任何东西。你瞧，我不买你的商品，不是因为我不愿意掏钱，而是为了保持和婆婆良好的关系。"这样一来，推销员无话可说，也不会对她继续纠缠下去，这样她的目的也就达到了。

违心地答应对方的要求，我们的心里必然会结起一个疙瘩，让你很不畅快，可是不答应，就会使对方感到不痛快，所以拒绝的话是一定要说出口的，只是说出拒绝的话的时候一定要掌握好分寸。

妻子想买一件新款的漂亮风衣，于是就对丈夫说："你看，陈太太买了一件新款的风衣，淡绿色的，真好看。"

丈夫一听便知道了妻子的意图，于是巧妙地回答道："她怎么能和你比啊，你看，如果她像你这样年轻漂亮身材又好，就不用买漂亮风衣了，你看看你，不穿风衣也比她好看。"

聪明的丈夫通过夸赞自己妻子的美貌，巧妙地达到拒绝为她买新风衣的要求，很轻松地达到了自己的目的，还让妻子心情大好。这可谓是一举两得。

一般情况下，大家都不愿意拒绝别人，可是很多时候我们不得不去拒绝别人,也有很多事情我们不方便去做,或者不便去答应他的请求,我们不要觉得为难,该拒绝的时候还是要拒绝,死要面子活受罪的事情多做无益。这时候,对方对你还抱有一丝希望,可是你的一句不恰当的话就像是当头浇了对方一盆冷水,让他对你寒心,这样做当然是不好的。我们不如先做一些铺垫,如果不好意思用语言直接表达出来,你也可以借助表情、身体语言来辅助你的语言,帮你达到拒绝的目的。

"听"对于我们每个人来说都不是一件困难的事，可是真正会听话的人，却又不是那么多。精明的人会听话。要知道没有谁会喜欢总是喋喋不休的人，话说得太多，难免会有得罪人的地方，所以做好一个倾听者，要比一个只会喋喋不休的人强很多。在生活中，很多时候是需要我们去倾听的，在别人说话的时候，出于礼貌，出于尊重，也请你管好自己的嘴巴，在认真地倾听之中获得有用的信息，增进人与人之间的相互理解，创造融洽的人际关系。

第二篇

精明人懂得听

第一章　在倾听中释放善意

如果说，说话是一门艺术，那么听话就是一种水平，学会倾听，有时候更能打动人心。不是每一个人都会倾听，也不是每个人都愿意去倾听别人说话，可是我们要知道，会倾听的人会给人一种亲切感，对方也会对你产生一种信赖感。只要我们能通过认真的倾听抓住对方的心，那么你的付出一定会有回报的。在你倾听别人讲话的时候，流露出你真实的感情，释放出你的感情，晓之以情，动之以理，让对方能够感受到你传来的感觉，以此形成良好的互动。

谈话时注意眼神的交流

我们常说眼睛是心灵的窗口，其实我们与人进行沟通交流的时候，眼睛还是我们心灵语言传达的工具。通过眼神，我们还能看出一个人的心理活动和思想动态。借助眼神，我们也可以传送感情。在我们与人交谈的时候，要善于同别人进行目光的交流。

玲玲和心心是好朋友，可是不久前因工作上的一点儿小事，让两个人互不相让，吵得不可开交，双方闹得都很不愉快，自此两个人一见面都感觉不舒服，你瞪我一眼，我瞪你一眼，互不来往。

有一次，两个人在一家大商场的楼梯上相遇了，两边的人来来往往，可是一刹那两个人感觉所有的人正在注视着她们,似乎了解了两人之间的恩恩怨怨。为了表示风度,也避免在公共场合造成尴尬,两个人不约而同地相视一笑,点点头擦肩而过。谁也没有开口说一句话,但双方都已意识到,从此两个人的一切是是非非都在这一笑中烟消云散了,次日将是个大晴天。

正如古罗马诗人奥维特所说:"沉默的眼光中,常有声音和话语。"熟悉的朋友,常常可以通过彼此的一个眼神就代替语言。在与人谈话的时候,你的眼睛要注视着对方,让对方从你的眼神中看到你的真诚。恳切的眼神,在你求人办事的时候最能打动人心。

对于和你不熟的朋友或者是陌生人,不能长时间地凝视,否则这将被认为是一种无礼的表现,这也是全世界范围内通行的礼仪。在我们与陌生人交谈的时候,眼睛一般注视着对方的三角区,也就是对方的眼睛到嘴巴的区域,但是这个时间也不能过长。在我们与人交谈的时候,整个交谈时间的 60% 最好是用你的眼睛注视着对方。而对于亲密注视,是和你的亲人交谈的时候,可以注视着他的上身,这个被称为亲密注视。

其实,我们的眼睛时时刻刻都在说话,而各种眼神代表的意义又有所不同,在我们同对方交谈的时候,互相正视的时候,我们可以感受到对方的坦诚;互相瞪视,表示我们之间存在敌意;用眼角扫对方,表示鄙夷;正视,表示命令;不停地上下打量对方,表示挑衅;行注目礼,表示尊重、敬仰、关注;白眼,表示反感;睁大眼,表示吃惊;不停地眨眼表示有疑问;眯着眼,表示高兴或者轻视。

人们常说,最会说话的不是嘴巴,而是眼睛。眼睛能表达出许多最微妙的感情,而这些眼神在我们与人进行交谈的时候,也最能反映出对方心里的想法。

我们也常说,只可意会,不可言传,放在谈话技巧上都恰到好处地说明了眼神的作用。有时候在某些场合,我们仅靠语言是不能表达清楚的,这时候我们只要用恰到好处的眼神就能代表我们的心意,或者是我们的言语无法达到的境界,这时候再加上我们的眼神,借助眼神的交流来达到心灵之间的沟通。

肖云是一家公司的部门经理,一天,她要为公司办一些事情,需要到某公司和总经理进行面谈。她身着正装,微笑地走近总经理,先伸出手在用力地和总经理握手时,自信地直视着他的眼睛,且和总经理交谈的时候,她仍然很有自信地与对方进行眼神的交流,甚至大方地把眼神停留在对方的眼睛或脸上几秒再移开。肖云自信的眼神,无疑给她加了不少分,让事情办得也很顺利。可见在与人交谈的时候,眼神的交流能发挥重要的作用。

注视对方的眼睛,可以表达你听对方讲话时的全神贯注,也可以表示对对方说话的赞赏。当你向他人征求意见、强调重点的时候,表示诚意,和别人道歉等都要注视对方的眼睛。但是要注意,注视的时间不要太久,否则就会使对方觉得尴尬。

一个知名企业的面试官,在两个出色的候选人中间做出了最后的选择,他毫不犹豫地选择了那个看起来很平凡的女孩,而旁边的那个漂亮的女孩简直不敢相信这一切,她很不服气地问面试官,为什么会做出这样的选择。面试官看着她笑着回答:"小姐,首先我要对你说的是,你真的很漂亮,而且还很聪明机智,学历也很高,可是这些对我们公司需要的人才并不重要。我只能说你的表现并不能让我满意,在你面试的时候,你的话并不多,在你陈述工作经历的时候,虽然有一些肢体语言,但是这并没有给你加分。我们在座的任何人,你都没有进行眼神交流,我们无法判断你的诚恳的心意。而你身边的那个女孩,除去学历、能力和你差不多之外,她在与我们握手的时候还进行了眼神的交流,我在她的眼神中看出了她的诚恳,她的眼神告诉我,她想加入我们这个大家庭,想在这个岗位上做出一番成绩,所以我们选择了她。"

眼睛如同一扇窗户,我们可以通过这扇窗户来了解外面的世界,可以了解你不了解的人或其他东西,眼睛也是与外界交流的媒介。别人可以通过你的眼神知道你的需求和你真实的想法。有时候你的谎言就是被你的眼神所出卖的,不坚定的眼神,说明你说话的不真实,透露着你内心真实的想法,这就是眼神的奇妙之处。

重复他说话的重点，保持朋友的谈兴

人们在与人交流的时候总喜欢发表自己的看法，可是又不喜欢夸夸其谈、滔滔不绝地讲个没完，却对自己讲话的内容漠不关心的人。那些讲话不多、能安静地倾听别人讲话的人最容易受到别人的赞同，受到别人的欢迎。很多时候我们都缺少一个聆听者，在你心情不好的时候、在你失意的时候或者在你不开心的时候，你最需要有人能倾听你心中所想。

真正的谈话高手并不是有一张善于雄辩的嘴、一条三寸不烂之舌，而是具备倾听他人讲话的耐心，在与人交流的时候，认真倾听才能保证对方的说话兴趣，这也是对对方的一种尊重。而那些只顾着自己说得痛快的人，对别人毫不关心，无论你听还是不听，他只顾着自己快活，不去顾及别人的感受，这也是一种自私的表现。

每一个讲话的人都希望听者能对自己讲的话题做出积极的反应，聪明的人会使讲话的人感到自己被认可，他可以通过一个眼神、一些细微的动作，以及重复对方刚才说的话让对方继续保持谈兴。当你对对方说的话有建议或者意见的时候，你可以重复他说的话，然后再作评论，委婉地提出你的建议。比如："经理，刚才您说的这个广告策划案，色彩部分需要作一下修改，我觉得您说得很对，浅蓝色会让人觉得很淡雅清新，只是对于这期的主题，您觉得若是尝试着用浅黄色怎么样呢？"你这么说出口，对方不仅不会觉得你失礼，反而会觉得你是把他的话听进去了，重复他的话，再提出自己的意见，只要合理，相信对方都会很乐意地考虑的。

芊芊和李迪都是刚刚参加工作的职员，芊芊是性格活泼、不拘小节的人，李迪则是细心温和的人。刚进入新单位，开始大家都十分喜欢她们，热心地帮助她们俩。可是渐渐地,情况发生了变化,芊芊觉得大家都变得不大爱和自己说话了,有时自己没话找话地与人搭讪,可是别人的反应总是爱答不理。而李迪似乎没有这种烦恼,反而和大家的关系越走越近。这是为什么呢?其实原因很简单,就出在平常她与人交往的每一个细节里。

年轻的同事聚在一起闲谈,通常会聊起哪里有什么好吃的饭店,可是不等别人把话说完,芊芊就会迫不及待地打断别人的话:"那有什么好吃的啊,我上次……"或者"对对对,我就吃过……"而李迪则会等到同事把话说完,才会很真诚地说:"你说的是××饭店吗?我之前也听别人提起过,说那里真的挺不错的,这次又听你这么说,我的心里也痒痒的,要怎么坐车去那里呢?"同样是说话,而芊芊和李迪给大家的感觉却不一样。一个是表现欲太强了,总是想着打断对方的话,可是李迪在适当的时候重复对方的话,让对方觉得她是在认真地听自己讲话,对方的谈兴自然就会高涨了。

我们与人交谈的时候,应该积极地配合别人的话题,学会附和对方,学会在合适的时候重复对方的话。我们应该表现得很有兴致,保持关心和赞同的态度,让对方有一种被你认同的感觉,同时你也能让对方感觉到他的话题使你很感兴趣,刚说出口能被你原原本本地重复出来,也会觉得你在认真地听他讲话,他的话得到你的肯定,在之后的交谈中才会保持高涨的情绪继续讲下去。

要重复对方的话,也要掌握一定的技巧。重复对方的话,如果你只是像鹦鹉一样单纯地重复,对方会觉得你不尊重他。当对方非常兴奋地告诉你一件偶遇的事情,在对方停顿的时候,你可以重复他刚才说的话,还可以加一句:"这么巧,真是不可思议啊……"这样对方觉得你不仅是在听他讲话,还跟着他的思路,还能理解他的心情,那么对方一定会很高兴。

此外,记住对方说的话,事后拿出来做话题,也是表现关心的一种方法。尤其是对方对你说过自己的兴趣爱好、梦想,记忆最深刻、最开心,最重要的事情,一旦拿出来做话题,对方一定会觉得很愉快。

安静地倾听是赢得人心的一种好方法,能重复对方说过的话,就能让对方更加高兴，他会觉得你是在认真地听他讲话，并且还听明白了他讲话的真实意图，他会对你肃然起敬，也会对你万分青睐。每一个讲话的人都希望听者对自己的话题和内容做出积极的反应，聪明的聆听者会了解对方的这种心理，也就会在倾听对方说话的时候做出积极的反应，总是会使讲话的人感到被认可。他可以通过眼神、点头以及坐姿，把自己听到的内容以及感受和评价再传递给讲话的人。这时候不管你的意见是肯定还是否定，都能让讲话的人感到你是在认真地倾听他讲话。

重复对方的话，最重要的是你要能判断得出对方说的话中，哪些是关键的语句，然后你就把关键的语句重复一遍。这样你就能突出重点，简洁、通畅地重复对方的话了。能够重复对方的话是对你们谈话起关键作用的因素。如果对方听到自己的话被对方重复，即使他对你有抵触心理，这时候也会自然而然地消除了。

学富五车，不如关心别人的感受

表现欲，是我们每个人都有的心态，但是一个不分时间、不分场合，在任何时候、任何地点都吹嘘自己的人，有谁会喜欢呢？表现欲我们每个人都有，只是过于张扬，即使你学富五车，也会被别人瞧不起。所以在你极力地想表现自己的时候，不如放下你的表现欲，去关心关心别人的感受，这样更容易被别人接受。上帝创造了我们，给了我们一张嘴、两只耳朵，就是希望我们能多听少说。如果我们太过于以自我为中心，时时刻刻想表现自己，那么就有可能适得其反，让别人觉得你是在炫耀自己的才华，对你产生不好的印象。

那么我们该如何控制自己的表现欲来关心别人的感受呢？

1.学会多听少说

爱表现自己的人，总是喜欢让别人听自己说话，滔滔不绝地说话总是让人感到很头疼，可是他自己却没有这样的感觉，还觉得自己很厉害就应该多讲一些，他从来没有想过听他讲话的人的感受，有些人可能并不喜欢听他讲话，可是出于礼貌，还是忍受了他的讲话。和这样的人交往起来起初会觉得他很活跃，可是时间一长，就会觉得这种人除了说话之外没有什么本事。如果你不想成为这样的人，最好记住这一点，多听少说。

2.放弃以自我为中心

很多人喜欢以自我为中心，尤其是现在很多家庭都是独生子女，这种现象也就更严重了，人人都以自我为中心，那么这个世界就要混乱了，社会上的人际交往也会变得混乱不堪。人与人相处，就是要顾及对方的感受，才能保证这个社会的和谐。

喜欢以自我为中心的人，这种人的典型表现，就是在什么场合都不会顾及别人的感受，过多地陈述自己的事情与看法。这种人要控制他的表现欲就是应该放弃以自我为中心，和这种人交往久了，就会觉得什么事情都要依着他、顺着他，只要不顺着他，就会出现麻烦的事情。所以，我们一定不要去做以自我为中心的人。

3.放低说话的姿态

低姿态说话是一种艺术，它能满足听话的人自尊心的需求，这样的讲话方式自然很受大家的喜欢，作为一个长辈、一个领导人、一个有影响力的人，就应该放下你的姿态，深入群众，赢得大家的尊重与喜欢。

4.不要过度地自我陶醉

自我陶醉是很多自认为是成功人士常有的举动，在他们的言语之中常会存在着自己获得成功的喜悦，对别人遇到的困难只字不提。

小涛毕业一年多就被升职为业务经理，同事小雨称赞他："真了不起，前途无量。""就是，年轻有为啊。"小飞也夸奖说。

"其实也没什么了，主要是这里的人好、水土好，还要多谢谢大家的抬举。"小涛见说话的是同时来公司的大学同学，还有前辈，于是压着心中的喜悦，谦虚地说道。小雨很忌妒小涛被提拔，可是见到他这么谦虚，没有自我陶醉的感觉，也就笑着和他打了招呼，道了喜。

会说话的人总是很受人欢迎，大家也愿意和这样的人相处，谦虚不自傲的人，也深得人心。小涛是个聪明的人，如果他顺着大家的话也为自己的成绩自大一番，那么事情还会顺利吗？可能同事会借机生事端，让小涛以后的日子也不会过得安稳，所以关心别人的感受，也是从侧面保全自己。这样同事们也就不会对自己疏远了。所以面对自己的成功，少一分陶醉，多一些理性，为身边的人想一想，关心一下别人的感受，面对别人的赞扬，应该谦虚恭敬，这样才能显示出你的风度，淡化别人对你忌妒的心理。

小谢是名牌大学毕业的新人，刚进公司，能力很强，口才好，又善于交际，可是他的身边却没有什么朋友。就是偶尔交几个新朋友，也不会持续太长的时间。这个问题就有人会感觉到好奇，那么原因是什么呢？

原来小谢是一个表现欲特别强的人，无论什么时候，和别人谈论话题，他还没有搞清楚是什么状况就很快打断别人，然后自己滔滔不绝地讲起来，不会放过任何机会展现自己的才华。在很多场合，小谢都会吹嘘自己多么有本事，无论遇到什么问题总是能迎刃而解，可真当同事朋友们找到他的时候，他却找各种各样的理由推脱，时间一长，大家都知道小谢的个性，也就不愿再和他亲近，开始拒绝和他交往了，所以小谢身边的朋友越来越少了，人际交往也越来越差。

问题就出在小谢从来不顾及别人的感受，只是觉得自己说得痛快就好了。一个过于喜欢表现自己的人，是不会受人欢迎的。不分场合地吹嘘，让人看了就觉得这个人做人太过于虚假，不真实，还会影响你的信誉度，说到的话却办不到，这使你的人气大跌，也是身边的朋友离开你的原因。

关心别人的感受，最好的方法就是站在对方的立场去考虑问题，换位思考，顾及别人的感受。我们不要做自私的人，自私的人身边是没有朋友的，没有人喜欢和这样的人待在一起。不要因为你的优越感、你的优势而忽略了别人的感受。你要是总是不顾及别人的感受，祝贺的话也可能变成诋毁你的话，这样的结局我们都不想看到。所以，将你的光芒收起一些，适当地考虑一下别人的感受吧。

别人说话时,不要轻易打断

在交谈中,交谈者犯的最多的错误就是轻易地打断别人说话。人都有自我表现意识,即使你的说法正确,或者你不认同对方的观点,你都不要轻易地去打断别人的谈话。要知道倾听是沟通的第一步,不轻易打断别人的话是倾听的基本法则。你要懂得安静地倾听才能提高你的交际魅力,做一个好的倾听者也是对别人的一种尊重。

在听话的时候,只用耳朵和心就好了,插嘴是一件失礼的事情。多听少说,在任何地方都会获取别人的信任,还会让别人感觉我们不是一个爱说是非的人。

当别人说到一些事情的时候,可能会出现一些错误,你也不要轻易打断别人的话题,要知道我们自己在侃侃而谈的时候,如果被别人打断了,我们的心情也一定很不好,所以你打断别人的话,他也会有这样的感觉。

小璐是个性格开朗的女孩,闲暇之余她总喜欢找人聊天,可是小璐身边的朋友却很少。刚到了一个新的工作岗位,谦虚热情的小璐很快得到了大家的喜欢,可是渐渐地大家都发现了小璐的问题,开始对她疏远。原来,在工作之余,小璐总是喜欢找同事聊天,本来聊聊天、谈谈心是一件好事情,但小璐的一个坏毛病却害了她自己。在和陈姐聊起明星八卦的时候,本来只是闲聊,陈姐无意中提起,某某某和某某某最近传绯闻了,陈姐才说了两句,小璐立刻就打断了陈姐的话:"哪里,我看的杂志不是这样讲的,明明就是某某某和某某某在一起的……"陈姐见状转了话题,说到自己对人生的看法,可是没说两句又被小璐给打断了。直到最后一直都是小璐在滔滔不绝地讲话,完全不把陈姐放在眼里,可是小璐却没有感觉到陈姐的不快。

小璐的这种说话方式已经成为了一种习惯、一种无意识。下一次,小璐又找陈姐聊天，可是陈姐却推辞了。然后小璐又找其他的同事聊天，可是和她聊过一两次以后，大家都不愿意再和小璐聊天了。小璐很郁闷，想要改这个毛病，却总是改不了。这天，公司所有成员开会，领导说到一个问题的时候，出现了一点儿小的错误，大家都听出了错误，可是领导自己还没有意识到说错的时候，小璐立刻就打断了领导的发言，纠正了领导的错误，领导很欣然地接受了，还说小璐做得好，领导有错就应该指出来。小璐听到领导的表扬还很得意，不久后，小璐就被通知调到别的部门去了。小璐这时候才意识到自己打断别人讲话是不好的，而这个苦果也只有自己吃了。

我们总是要在吃亏了以后才能意识到自己的错误，那么我们为什么不在这之前改掉插话的毛病呢？学会倾听对于我们任何一个人都很重要，出于对别人的尊重，出于我们的礼貌素质，就不要打断别人的话。

最有魅力的倾听者不是口若悬河、滔滔不绝，而是用心地倾听别人的诉说，倾听不仅是对别人的尊重，也是一种有素养的体现。在我们与人交谈的时候，不要急着替别人讲话，人家只说了一个开头，而你就立刻打断，头头是道地说着自己的见解，每个人都有自己的想法，你怎么知道对方接下来会说什么话呢？你也不要急着帮别人讲完故事。故事他听过，你也可能听过，如果他才开始说，你就立刻打断他，帮他说完接下来的故事，那么他会觉得很尴尬，心里会很不好受。在讲述事情的时候，你也不要去打断别人的话，即使这些事情你听过无数遍，你也应该耐着性子，听他把话说完，不到万不得已就不要打断。

我们可以想想自己是不是也有不少说话被人打断的经历呢？如果有，那么这可能不是一件好事情，证明你并不是一个很好的沟通者，尽管你一直认为自己是一个很好的沟通者。

1.打断别人容易自以为是

打断别人会给人一种"听不进别人的意见"的印象，时间一长，很自然就会产生高傲自大、自以为是的个性，过高地估计自己的能力，不能客观地看待周围的人和事，时间久了，你这种以自我为中心的个性，很自然就把你带到交际圈之外了。你会发现你身边的朋友越来越少,想做好事情也越来越难。

2.打断别人容易显摆

对于很多人来说,打断别人讲话是为了表现自我,这种心理很不容易被人接受。爱表现没有错,可是却很容易让人误解你是在"显摆"。这样的话,你的人际关系也就会因此而变得恶化。

3.打断别人容易产生忌妒心理

很多人看不惯别人比自己强,看到别人超过自己就很生气,情绪失去控制,对人不尊重,更不会去理别人。这些人不知道自己这样的毛病都是打断别人造成的,这是心理不平衡造成的,要想消除这种妒忌心理,静下心来耐心地倾听就是一个很好的方法。

4.打断别人容易使人善恶难辨

打断别人的讲话,有很大的一个缺点,就是听不到整个事情的真相,容易真假不分,好坏不分,这将给自己的人际交往造成极大的伤害。所以听别人讲话的时候一定要等到对方把话说完,你再下结论。只要做到这一点,你就是一个合格的倾听者。

别人郁闷时,接纳他的倾诉

每个人都有郁闷的时候,对于自己不喜欢的事情、不高兴的事情、看不惯的事情、不公平的事情等等,我们都会为这些事情郁闷,都想找人倾诉,寻求别人的理解。因此,耐心地倾听别人的抱怨,有时也是一个良好交际的开端,做一个好的听众,同样也会受人欢迎。

倾听抱怨,也是倾听别人心中最隐秘的声音,在倾听别人心中的声音的时候,也最能引起对方的尊重。作为一个倾听者,我们都应该知道,其实你并不需要讲太多的话,只需要顺着他听他诉说,他只是在郁闷的时候想找一个人倾诉,说说心里话,这时候说什么都是多余的,只要我们安静地听他讲,与他的情绪同步就好了。

有一个大报社的记者,常常深入百姓的生活,用自己的笔写出感人肺腑的文章,他的文章因为贴近生活而受到了广大读者的喜欢。常常有人打电话或者写信甚至找上门,请这位记者给他们讲或喜或悲的故事。一次,一个西北男人7次上门找他,第7次才在他的办公室门口堵住他,他推掉手上所有的工作,将男人请到客厅,泡了杯茶请男人坐下。一坐下,男人就迫不及待地讲述自己的感情婚姻史。讲到悲伤的地方,男人哽咽得说不下去,记者什么都没有说,只是静静地听着,皱着眉,表情哀婉,陪着他一起叹息。最后男人拿出两岁儿子的照片说,这是他唯一的希望,可是连孩子也被妻子带走了,他知道现在儿子就在这个城市的某个角落,可是自己却无能为力,他只好来求助记者。

记者认真地听完他的倾诉,答应尽量帮忙。

大年三十的晚上,记者正和家人热热闹闹地待在一起,有人敲门,记者打开门,发现是上次那个男人,肩上扛着一大袋子苹果,记者忙请他进屋,男人放下苹果转身就走,记者忙说:"我写了这么多文章还没收过人家什么东西,这次也不例外。更何况那篇稿子还没有见报。"男人很感激地说:"你就不能破一次例吗?我给许多人讲我的故事,可是只有你一个人安安静静地听完了我的故事,还答应帮我。"

记者一听,很久都没有说话。记者说:"其实生活在底层的人,没有什么很高的要求,仅仅是安静地听完了故事,就获得如此的感激,真是受之有愧啊。"

从表面上来看,这个社会缺乏对人的关爱,也就是缺少倾听者。善于倾听,是每一个倾听者应具备的基本素质,在我们接受别人诉说的时候,同时也是接纳别人的心,我们需要耐心地倾听着诉说的声音。

在我们郁闷的时候总想找个人来倒自己一肚子的苦水,宣泄自己负面的情绪。我们也都遇到过这样的情况,我们的内心产生某种情绪以后,就想发泄一下,但是我们常常感觉找不到发泄的对象,而这种情绪积压久了就容易产生心病。

　　我们要想做好一个倾听者，就应该让讲话的人把自己心里压抑的东西全部释放出来，然后再进行针对性的交谈。作为一个倾听者，即使对方是在说一些鸡毛蒜皮的小事情，你都不要表现出不耐烦、不屑的表情，即使是小事你也要学会同对方感同身受，配合对方的情绪。

　　如果你是一名销售人员，对你抱怨的是你的客户，处理客户的抱怨，其目的就是让顾客对你产生信任、理解，防止客户因你在处理抱怨时的态度不满意而大肆宣扬你的服务不到位，影响公司的形象。

　　不要顾客一开口，你就一味地辩解，这样会让客户很反感，其实我们只要做到安静地倾听他诉说，让客户把憋了很久的怨气全部发泄出来。无论他讲的话多么不中听，时间多么长，你都不要表现出反感，流露出不耐烦的情绪。我们在倾听客户抱怨的时候要保持冷静，等到客户讲完之后再根据原因来解决他的问题。

　　在客户对你抱怨的时候，无论对方的态度有多差，口气有多么不好，你都一定要保持微笑，让客户感受到你的诚意。我们可以采取换位思考的方法，来站在客户的角度思考他所面临的问题，来替他们找到解决的方法。我们在客户说完的时候，用诚恳的态度说出你的想法，尽量多说一些客户喜欢听的话，让他的抱怨得到缓解。

　　在一家电话公司，有一天，公司员工遇到了一个态度很恶劣的用户，用户因为一件小事，就对公司口吐恶言，并拒绝交纳费用，还写信给报社，向公司的服务人员申诉。电话公司为此也头疼了一阵，最后他们派一位最干练的调解员去见这个用户。这位调解员很安静地听着。那个态度恶劣的用户，一直在讲着自己心中的不满，发泄着自己的怒火，调解员真诚地倾听着对方的诉说，并且对他表示同情，足足3个小时，用户一口气道出自己的不满，而中间又没有被打断，他感到自己的心情好了很多。后来这位调解员说："我听这个用户的一次述说，几乎要3个小时，而我每次去都是这样。我就安静地听着，我总共去过4次，我对于他的每一个观点都抱着同情的态度，终于他从开始的满口粗话，态度慢慢地好转，变得友善起来，最终，他撤销了申诉，并且分文不少地缴了费。"

其实，很多人心里郁闷的时候，就是想找个人来诉说，把心里积压的事情说出来，一切就好了，其实也没有什么大不了的事情，只要找到一个真心的听众就可以了。我们可以去做那个听众，这样他也会感激你的。

不附和别人的牢骚和抱怨，但要表示同情

在生活中、在工作中，我们总会遇到不顺心的事情，对于这类事情很让我们烦心，我们需要发泄，所以就有了牢骚这一说。我们要尽可能少地向别人抱怨，当别人对我们抱怨的时候，我们最好不要随声附和，最好是保持沉默、表示同情，然后听他抱怨。

作为一个倾听者，不管你是领导还是朋友，对于别人的牢骚，我们一定要表示同情，用适当的方式去开导他，才能把这个心结给解开。要想做一个好的倾听者就应该让讲话的人把自己内心的郁闷都一股脑儿地宣泄出来，把脑子里的垃圾统统倒干净。

张太太和李太太家是邻居，两家人也很谈得来，于是张太太会经常到李太太家聊天。一天，张太太来到李太太家，见到李太太正坐在藤椅上生闷气。原来，李先生忘了昨天是她的生日，没有给她买礼物，而早上又没有因为这件事情向她道歉。李太太平常是很小心眼的，难怪她会这么生气。这时张太太觉得有些尴尬，可是她决定坐下来好好地陪李太太聊聊天。女人一在气头上什么话都想往外倒。李太太说："这个家要是没有我就完了，我每天洗衣服、做饭、照顾孩子，还要帮忙照顾老人。要知道结婚前他对我很好的，什么纪念日他比我记得清楚多了，以前我不会做饭，都是他回家来做饭，现在可好，他把我教会了，就再也不做饭了。每天下班回家只知道玩游戏，一点儿忙都不帮我，那些破游戏比我和孩子还重要吗？现在孩子也上学了，成绩好不好，他从来不关心，你说他怎么能这样啊……"

在整个倾诉的过程中，张太太一直没有打断李太太的抱怨，她始终微笑着听着李太太诉说。李太太说："你看看你家的老张，人还真的好，你看看他多疼爱你，工作又上进，你看看你的儿子也那么争气，唉，摊上我家老李这样的人，我真是倒霉到家了。"张太太笑而不答，家家有本难念的经，只是很多事情又怎么好对别人说呢？张太太对李太太说："李太太，其实我们应该理解丈夫，他们每天在外面工作多辛苦，要挤公交车去上班，自己开车吧，路上又总是堵车，从公司到家每天要一个多小时，这还不算，整天有忙不完的工作，受不完的气，还要承受上级和客户给的压力，他们也是人，如果连我们都不能分担的话，那么让丈夫怎么办呢？你想想，其实他们的优点也很多啊，不抽烟、喝酒也不多、不赌博……"张太太扳着手指数着丈夫的优点。李太太一听，好像是这么回事，于是心中的怨气也就消了。

对于李太太的抱怨，张太太并没有附和说自己的丈夫怎么怎么样，她对李太太表示同情，在听完她的一大串抱怨之后，再悉心地劝说，把李太太的怒火全部都赶走了。如果张太太也附和着李太太，一起抱怨丈夫的不好，这样两个人对丈夫的误解会越来越深，丈夫回家不大吵一架就怪了。其实张太太的这种做法就很好，不但没有附和李太太的抱怨，还能耐着性子听李太太抱怨那么长时间，然后对症下药，让李太太的怒火全部消除了。

做一个好的倾听者，我们应该知道什么话该说、什么话不该说，对方发牢骚，其实只想找一个倾诉的对象，这时候你说什么话都是多余的，所以不说最好，只要附和着他的情绪就可以了。作为一个听话者，在耐心听别人诉说的时候，你不能表示丝毫不满意的情绪，即便对方说的是一些鸡毛蒜皮的小事，你也要学会感同身受，站在对方的角度去考虑问题，对他表示同情。

总是抱怨的人，他看不到生活中的美好，一味地抱怨只能让他蒙蔽双眼，生活逐渐变得暗淡无光，身边的朋友也将离他而去。你在遇到这样的人时，一定要耐心倾听，不要附和对方的抱怨，否则不仅会影响别人还会影响自己。如果我们以一种积极的心态去看待生活，少发一些牢骚，少附和别人的牢骚，你的生活会变得更加美好。

老王是公司的老员工，因为待在公司的时间长，说起话来也就没有那么客气。比自己晚进公司的同事，比自己年轻的员工现在都已经是自己的顶头上司，可是他只是个最低级别的领导，回到家，妻子又常说他不争气，为此，老王心里一直很不痛快。这天老王约了好友出来喝酒，几杯酒下肚，老王的牢骚又来了："你说说，我在公司待了这么久，也算是元老级的人物了，没有功劳也有苦劳，那些年轻的小伙子，凭什么要站到我头上，对我呼来喝去的？我真是窝了一肚子火，你说说他们哪里做得好了，就拿人事经理来说吧，要不是因为他是老板媳妇的表弟，要不是沾着这层关系，你说说就他那样的配坐那个位子吗？你说说我做得不好吗？兢兢业业，公司让加班，我从来没有怨言，可是现在想想，我凭什么这么做啊，公司又没有给我多发钱，我做那么多谁又能看到呢？你说我在公司受气这也就算了，回到家我老婆也和我闹别扭，说我不争气，和我一起进公司的人至少也比我高两三级……"好友一直耐心地听老王抱怨了一个多小时，什么芝麻大小的事情他都要抱怨一下。听完这些话，好友安慰他说："我理解你现在的心情，我相信有合适的机会领导一定会给你升职的，相信你做的每一件事情，领导都看在眼里的，你要有自信，什么事都不是问题……"朋友对老王进行一番劝解，离开时老王的心情已经好很多了。

在别人对你发牢骚的时候，最好的方法就是耐心地倾听，听他把内心想发泄的东西全部发泄完，他的心情自然就好多了，就像是一个装满水的杯子，适当的时候往外倒一倒，才能再装进新的东西，如果你在对方抱怨的时候不停地附和，就等于是火上浇油，推波助澜，对他一点儿好处也没有。所以，作为倾听者的我们，只要抱着一颗同情的心，耐心地听发牢骚者诉说就好。

第二章 在倾听中洞察别人的内心

在我们的生活中,有一部分人能在交际圈子里顺风顺水,可以和不同类型的人交朋友。我们总是会觉得他们有张厉害的嘴,正是因为这张嘴,才使他们拥有好人缘。可是,我们都错了,大家都知道中国有句老话"会说的不如会听的",这些人不是因为会说话而讨人喜欢,而是因为他们有一颗慧心,能在倾听中洞察别人的内心,做出恰当的回应,这样会给人一种懂礼、懂事、懂人情的良好印象。

怕就怕觉得自己都听懂了

在你听别人说话的时候,一定要弄清楚对方到底想要表达什么意思。我们作为听话的人,应该认真地倾听,考虑对方说话的意思,不仅要用到耳朵,还要用到心,不单单是对声音的吸收,更是对说话人表达意义的理解。

一个年轻人骑着马,想要找投宿的地方,远远地看到一个老头在田里耕种,就大声地喊道:"老头,附近有投宿的地方吗?"老头没有正眼看他,说了句:"无礼。"年轻人以为老头说的是 5 里地,于是骑着马向前飞奔了 5 里地,可是除了荒山,什么都没有看见。后来年轻人仔细地想了想自己之前遇到老头时的情景,想过之后,才意识到老头说的是"无礼",是指自己直呼老头,对其不敬,"无礼"而不是"5 里"。恍然大悟以后,年轻人又回到原来的位置,看见老头,连忙下马鞠了一躬，很诚恳地问道："老人家，附近有投宿的地方吗？"老头很热情地说道："附近没有住宿的地方，要是不嫌弃，就在我家留宿好了。"

其实老人家想要说的很简单，只是一句简单的话，年轻人就以为自己听懂了，把"无礼"错当成"5里地"，结果自己白跑了一趟，还没有听完别人的话，就当成自己已经听明白了。妄下论断，结果吃亏的终归还是自己。

《伊索寓言》里有这样一个故事：

爷爷和孙子两个人带着一头毛驴去赶集，最开始，孙子骑着驴，爷爷在前面牵着驴。没走多远，路边的人对他们指指点点，议论纷纷："看看这个孩子，也太不像话了，哪能自己骑着驴，让爷爷走路呢？"

爷爷和孙子听了以后，觉得很有道理，于是就改成爷爷骑着驴，孙子在前面牵着驴。可是没走多远，路边的人又开始议论："看看这爷爷，怎么自己骑着驴，让孩子走路呢？"

两个人听了，也觉得很不像话，于是爷爷就下了驴，两个人一起牵着驴走。可是没走多远，又听到路边的人议论："看看这两个人也太傻了，有驴不骑着，还走路，真傻。"

祖孙二人听到了以后，也觉得自己很傻，于是两个人就一起骑到驴上，可是没走多远，路边的人又开始议论："看看这两个人，也太残忍了吧，两个人骑一头驴，还不把驴给累坏了。"

两个人听了以后，觉得自己确实有点儿残忍，于是两个人下了驴，但是又不知道自己该怎么走，想了很久，两个人终于决定一起抬着驴走，但是没有走多远，两个人在经过桥的时候，驴用力挣扎，爷爷和孙子一起掉进了河里。

在我们做一件事情的时候，最好不要被对方的语言所影响，弄不懂对方在说什么，最后只能搞得自己手足无措，不知道怎么是好。到底是谁应该骑着驴，是骑着驴还是应该牵着驴，对这样的事情每个人都有一种看法，所以不要轻易地相信别人说的话，也不要轻易觉得你自己听懂了对方说的话的意思。可能对方想要表达的并不是这个意思，可是被你错误地以为自己听懂了，误解了对方原来想要表达的意思。

假如有一天,你的上级突然问起你:"这个决定怎么样?"或者是:"你觉得这个人怎么样?"你千万不要很天真地以为上司真的想听你的意见,于是便就事论事地发表你的建议,无论你和你的领导私下里多么要好,你在公司的业绩能力有多么好,你都不要在领导面前直抒胸臆,那样做的话只会给自己制造压力,好事情也可能会变成坏事情。所以我们在和领导打交道的时候,首先要做的就是少说话,多听领导是怎么说的。当你的领导向你征询意见的时候,你一定要从他的话里听出他真正的意思,然后顺着他的意思说话,那你就不会有错。要弄明白领导是真的想要听你的意见,还是顺口一说。

李东和老板一起到国外出差,一路上拜访了公司的老客户。在一次招待宴上,老板对一位客户提到的商品明显表现出很感兴趣的样子,但是在价格上,总觉得有一些高,于是他侧过脸,小声地问李东:"你觉得怎么样?"李东想了一下,笑着对老板说:"我看挺不错的,值得购买。"老板听后立刻变得激动起来,随后与这家公司签订了合同。

老板是真的想要询问李东的意见吗?其实,他心里早就做好了打算,李东就算是说价钱贵他也会签的,但是如果李东真的那样讲了,老板的兴致就会大减,还会觉得李东不开窍。看来李东还是聪明的,老板在兴头上,只有随声附和才是最好的回答。

遇到这样的事情,应该怎么说呢? 怎样才能让自己和上司的思想走到一处呢?如果你是职场新人,首先要做的就是了解上司的想法和工作特点,以及遇到事情时的做事风格。每个人的想法和做事的方法都是不一样的,有的喜欢口头汇报,有的又喜欢书面材料,有的办事情干脆利落,有的喜欢稳中求细。你作为下属,应该将上司的这些习惯摸清楚,才不会在上司和你讲话的时候出现"听不懂"的情况。因此,作为下属应准确把握和理解上司的工作特征,与之配合、适应。这也是正确理解领导意图的基本方法之一。

作为下属,必须掌握上司对你的期待,并且有所行动,否则的话,辜负了上司的期待，就谈不上得到上级的好感并获得他们由衷的赞美之词了。即使你想要迎合上司，也要找准出发点，不要上司明说东，暗指西，可是你非要觉得自己很厉害，顺着上司的话往东说。这样的人就真的很不聪明，也不会得到上司的青睐。总之，我们应该练就好的听力，好的理解能力，弄清楚别人到底想要说什么。

听话要听得完完整整

当我们和别人交谈的时候，要想了解到对方的思想感情和所要表达的信息，并对此做出正确的判断和反应，就需要通过倾听来实现。不过，有很多人由于性格过于急躁，往往会在别人没有完整地把话说完的情况下就做出定论，这样难免会造成对真相的误解，还会给工作和生活带来极大的不便，甚至还会造成人际关系上的失败。因此，在倾听的时候，我们一定要多一份耐心，等到对方把话说完之后再去表达自己的意见。

在你和别人交谈的时候，为了获得一份友谊，取得对方的认同和欣赏，难免要在一些话题和看法上去迎合一下对方。不过，千万不能为了寻找所谓的"共同点"而急匆匆地去表达，因为，你听到的话是残缺的，所了解的信息也是不全面的，在这种情况下做出的判断也很有可能是错误的。

有一个叫小常的小伙子和他的异性朋友小翟聊天。说话的时候，小翟提起了张先生，她说："当初我对张先生感到十分讨厌，我觉得他说话太专横，一点儿也不懂得考虑别人的感受……"小常没等小翟把话说完，马上就插嘴道："你说得实在是太对了，张先生这个人太霸道了，仗着自己是单位的领导就经常对别人吆五喝六的，太让人讨厌了，我见了他就绕道走。"然而，令他万万没有想到的是，小翟接着却说："本来我也不怎么喜欢他，但是后来发现，他说话专横是他有主见、有责任的表现，他在做事的时候还是非常细心的，经过一段时间的交往，我发现他是一个值得依靠的人,现在我们两个已经确立了恋爱关系,准备在"十一"的时候就结婚。"小常听了之后,顿时感到十分尴尬,恨不得找个地洞钻进去。

小常在说张先生坏话的时候,并不是因为自己对他多么讨厌,而是为了迎合一下小翟,但是最终却搬起石头砸自己的脚,造成的尴尬无法收场。这个故事给我们带来深深的启示:倾听是一门艺术,每个人在听别人讲话的时候,一定要等对方把话说完再开口。这不仅是礼貌的表现,更是自我保护的有力措施。

很多情况下,谈话是一个漫长的过程。陈述者在讲话的时候往往会用一些铺垫、衬托之类的修辞,也会把一些比较重要的话、总结性的话放到最后去说。假如我们仅仅在对方刚刚说出几句话的时候,就想当然地断定对方的观点的话,就会出现南辕北辙的结果,不仅不能给自己一个台阶下,还会招致对方的反感。

在倾听的过程中,千万不要自以为是,更不能在对方还没有表达完信息的前提下,就去武断地做出结论,那样做是愚蠢和幼稚的表现。当我们从别人的三言两语中做出结论的时候,不仅会曲解别人的意思,甚至还会对别人的人品产生怀疑,最终造成一些无法弥补的损失。

林克莱特是美国著名的主持人。他在主持一个节目的时候采访一位小朋友。林克莱特问道:"小朋友,你长大之后准备做什么呀?"

小朋友用响亮的声音回答说:"我长大了要当一名飞行员,载着旅客游遍世界各大洲。"

林克莱特接下来又问他说:"假如有一天,你驾驶着飞机来到了太平洋的上空,不凑巧的是,所有的引擎都失火了,飞机也没有了油,那么你该怎么办呢?"

这个小朋友挠了挠后脑勺,想了好大一会儿,最后说:"遇到了这种情况,我就告诉坐在飞机上的人们都系好安全带,然后我再找一个降落伞自己先跳下去。"

林克莱特和在场的观众们听了这个小孩子的回答之后,都感觉到非常搞笑,一个个都笑得东倒西歪,甚至还有人岔过气去。林克莱特看着这个只有5岁多一点的孩子,心里想,这个小家伙怎么能如此自私呢?但是,他没有去指责这个孩子,而是继续问道:"你带着降落伞跳下去之后又该怎么办呢?"这个小孩脆生生地说："我先回去拿燃料，等拿到燃料之后我一定还会回来的，我不会让游客们等的时间太长。"

在场的每一个人都没有想到这个小孩子竟然作出了这样的回答，在震惊之余，他们都羞愧地低下了头去。在孩子说完第一句话的时候，绝大多数人都认为这个小孩是一个自私自利、缺乏责任感的家伙，现在他们才发现，原来最卑鄙的不是这个孩子，而是他们自己。林克莱特感动得热泪盈眶，一把抱住了这个孩子，久久说不出话来。他终于认识到了这个小孩的勇敢、负责任的优秀品质。

在听别人说话时务必要耐着性子听完，千万不能因为对方刚刚开始的几句话就轻易地对他采取否定的态度，更不能去横加指责和武断责备。毕竟，你听到的并不是他所要表达的全部，你凭只言片语做出的判断很有可能是错误的。当你在残缺的信息面前去做出回应的时候，必然会闹出一些笑话，也必然要为自己错误的行为付出代价。

倾听是一门艺术，我们每个人都要去掌握它真正的内涵。倾听不是左耳进右耳出，倾听也不是一言不发，倾听更不是听到一半就去下结论。在我们和别人交谈的时候，我们一定要反思一下，看看自己是不是真正地听完了对方所要说的话，是不是真正理解了对方所要表达的信息。只有这样，才不会让交流的渠道出现堵塞，也不会让交谈双方的心理产生芥蒂。

听懂对方是真心还是客套

在日常生活中，客套话是少不了的，但如果你听不懂客套话而假装听懂了，或者是误会了对方的意思，那么将会产生一些不必要的麻烦。

曾经有一个人去澳大利亚旅行，到达目的地的时候，在宾馆和别人聊天。那位白人对这个人说："因为这里是边境之地……"还没等白人说完，这个人就认定白人是英国人，才会这么说，于是马上就迎合对方说道："的确是这样的，这个国家的人虽然也说英语，但地方口音太重了，完全听不懂。"

他原本以为这个人是英国人，他听了这些话一定会很高兴，可是等他说完，对方就露出不愉快的表情，这个人感到很惊讶。后来他才知道，那个白人原来根本不是什么英国人，而是很正宗的澳大利亚人，他是出于谦虚说客套话，才会说出自己的国家是"边境之地"。其实就是一句简单的客套话，可是那个人却没有听出其中的客套来，误入歧途，顺着对方的话讲了下去，闹了个大笑话，还让人觉得不快。

陈执中是宋仁宗时期的宰相。有一次，他任命一个叫曾鲁的人为侍制，曾鲁是个进士，而且还是陈执中弟媳的舅舅。他的弟媳听到舅舅任命侍制以后，知道自己的舅舅屈才了，想在陈执中面前讲出来，可是又不好意思直说，于是当陈执中来弟弟家时，弟媳就和他说："丞相给我舅舅安排的职位他很满意，但是外婆却一直在埋怨他，说在科举考试之后就荒废了学业，又加上丞相对他不了解，所以没有被丞相委以重任，只担当了一个小职位。这样的安排是为了让他好好学习，增长见识。"

弟媳的这番客套话虽然没有明确表达自己的意思，但是陈执中却听出了其中的含义，他知道自己没有了解清楚就安排给曾鲁一个小职位，是自己失察了。于是重新安排曾鲁在一个重要的职位，让他的才华得以施展。

在特定的情况之下，说话的人不能够将自己的意思直接表达出来，只能借用委婉客套的语言来把自己内心想要说的话说出来。这时候，你一定要听得出来对方说的是不是客套话，不要把对方的客套话当成了真心话。

听不出对方的客套话，会引发很多笑话。这也就是听不懂客套话的结果，把对方的谦虚当成了事实，那么你交际的效果也就会大打折扣。

为了不闹出笑话，我们在与人交往的时候，一定要能听出对方所说的话语中带的客套，不要把客套当成了真心话。

太过实在的人有时候也会让人受不了，别人的客套话他听不明白，到时候却会让说话的人心里不好受。2006 年春节晚会，郭冬临出演的小品《实诚人》就讲到这样的事情。新春音乐会马上就要开始了,小宝子和小于夫妻俩准备去参加音乐会,原本计算的时间,吃完饺子,赶到剧场绝对没问题,可是这时候,小宝子单位的同事小石来家里,最初的计划被打乱,端上桌的饺子,小石看见后一直念念不忘。其实小石来家里只是给小宝子送体检的化验单,磨蹭了好一会儿,小石终于移开步子准备回家,这时,小宝子说了一句:"要不一起吃点?"小石立刻就收回了迈出房门的脚:"好,我就说嘛,我大哥是不会让我走的。哎呀,嫂子,你咋不知道让我呢。"然后大口大口地吃着桌上的饺子。

夫妻俩很着急,可是顾及到对方是同事,有什么话也不好意思说出口,小石倒真的很实在,不把自己当外人,这边要醋,那边又要蒜,吃着饺子。小于看着一分一秒过去的时间,急得不行,可是小石还在不慌不忙地吃着饺子。夫妻俩抱怨着,小石又说道:"非得整几个菜啊,不用,吃点饺子就挺好,饺子就酒,越喝越有嘛,哎,拿酒啊。"小于一边抱怨小石的实在,一边抱怨着小宝子的死要面子活受罪。

看着小石不慌不忙的样子,为了不浪费那 1000 元钱的门票钱,夫妻俩决定让小于先走,小宝子把小石打发出去就跟着来。可是夫妻俩都饿着肚子,看到小石吃得那么香,肚子也越来越饿,可是他们说的客套话,小石就听不出来那并不是真心话。小于拿着衣服准备出门,小石以为是夫妻俩客气准备去买点菜,还客气地说道:"哎哎,嫂子拿衣服干啥,不许出去买菜,你看,谁出去买菜,我跟谁急。"小于为了让小石快点走,客气地说道:"小石,你少喝点酒,天太晚了,还得骑自行车,得几点到家啊?"小宝子说:"哎呀,没关系,待会儿我陪小石喝两杯,要是晚了就住这儿。"

一大堆客套的话说出口,可是小石就是没有听明白,夫妻俩很着急,小于先出了门,小宝子顾及到小石在这里,于是就先留了下来,说这不是走不开吗。这话被小石听了去:"你走不开我去呗,你看,这门票也挺贵的,别浪费了。"然后问小宝子要了票就出门了,小宝子很后悔为什么没有明说,这客套话说了小石也听不明白,准备把门票追回来,还没有出门,这时小石又回来了:"音乐会马上就开始了,可是骑自行车根本来不及,又没钱打车。"小宝子说:"我这有啊。"然后把钱给了小石,随后才意识到自己又错了,死要面子活受罪。

要是遇到一个明白事理的人还可以,可是偏偏遇到了一个听不懂真心话和客套话的人,吃亏的只能是自己了。

无论在什么场合,在你说话前一定要分清场合,明白对方说话的身份,否则你就不能明白对方说的哪句话是真心的,哪句话是和你客套,千万不要把客套话当成别人的真心话。客套话不能避免,你要理解客套话,如果你听不懂别人的客套话,你就有可能误入歧途,产生一些不必要的麻烦,引起不必要的误会。

听出对方话中的弦外音

俗话说"听话听音,锣鼓听声",如果你想了解一个人在想什么,就做一个老实的听众,从他的语言中读出他的弦外之音,从他的话中读出对方的真正想法。

在我们与人交谈的时候,你可能不方便直接说出你的本意,也不可能直言不讳,那会影响你和对方的关系,也有可能这些话说出来会让对方尴尬,我们在听话的时候,不要只想着对方话语的表面意思,而忽略了他想要表达的真实意思。

一座山上住着这么一户人家,平时很辛勤地种地,可是日子过得还是很贫穷。这天,主人的一位故友前来拜访,主人特别嘱咐妻子要做一桌好菜,要与老朋友畅谈到天亮。可是没想到,客人一来,就连续住了很长时间,而且仍然没有要回家的意思。可是主人家的菜已经快要吃完了,如果逐客,主人又不好意思,毕竟对方是多年的好朋友,可是如果不说,对方一定还会住着不走。

第二天,吃完饭以后,主人和客人聊着天,这时候主人看见屋外的一棵树上站着一只小鸟,主人的脑子里突然就有了好主意,于是他对客人说:"看你远道而来,也没什么好招待你,真是不好意思啊。"

客人忙说:"怎么会呢,这些天你们对我一直很好、很热情。我吃得好,睡得好，真是感激不尽啊。"

主人也客气地说："哪里哪里，都是您不嫌弃啊。"

客人又说："有你们的照顾，我真是不胜荣幸啊。"

主人说："您看到窗外树上的那只鸟了吗？"

客人说："看到了，怎么了？"

主人说："一会儿我就拿斧子把树砍了，把那只鸟抓来，晚上我们喝酒的时候做下酒菜吧，您觉得怎么样呢？"

客人想了一会儿说："你砍树的时候，鸟可能就飞走了，你怎么抓它呢？"

主人很郁闷地看着客人，见话中的弦外之音客人完全没有听明白，于是很失落地说道："不会的，在这个世界上，还有很多不知人事的笨鸟，大树都已经倒了，它还不知道飞呢。"

本来好友相聚是一件很高兴的事情，可是常住的客人却听不出来主人的弦外之音，结果变得很糟糕，两个要好的朋友中间就出现了裂缝。在实际生活中，我们要是摸不透别人话中的含义，则有可能招来麻烦。

辰辰学习非常刻苦，在高考中考出了优异的成绩，被国内一家著名的学校录取了。一家人非常高兴。但是很快全家又陷入了悲伤的情绪中，原来辰辰的父亲去世得早，全凭母亲辛辛苦苦地操持家务来支持辰辰读书，家里穷得快揭不开锅了，哪里还有钱供他读大学啊。

眼看着开学的日子一天天到了，全家人乱得一团糟。为了不让辰辰辍学，母亲带着他向亲戚朋友借钱。听了不少风凉话和受了不少白眼，可是依然还差着500块呢。第二天就是开学的日子了，辰辰硬着头皮来找他的舅舅。

进了舅舅的家门，还没等辰辰说明来意，舅舅就开始哭穷："最近家里总是不顺，你舅妈住了一次医院，花去了我两万多，再加上你那不争气的弟弟又和别人打架，被逮到了派出所，交了5000多元的罚款。现在又要开学了，昂贵的学费又是我的心头病啊。"说完后，舅舅问："家里都还好着吧，没什么事吧？"

辰辰听出了舅舅的弦外音，说这么多就是想表达现在手头没钱。他说："没事，我就是来看望一下舅舅，有一段时间没有见到舅舅了，挺想你们的。"说完后，辰辰没再说什么，找了个借口，连饭也没吃，就匆匆地离开了舅舅家。

纪伯伦曾经说过："如果你想了解一个人，不是去听他说出的话，而要去听他没有说出的话。"很多时候，一个人不会把自己真实的想法和意图表现出来，可是他的感情或者想法，总会在他的语言里表现出来。如果你想真正地了解一个人，就不要去刨根问底，要想办法让对方说出自己心中的想法，从他的潜台词中了解他真实的想法，而你只需要做一个聪明的听众就可以了。那么，什么时候需要注意对方的弦外之音、言外之意呢？

1.对方欲言又止的时候。这个时候，一定是对方有什么难言之隐，迟疑自己要不要说下去，这时，你就可以适时地追问对方接下来想要说的话。

2.对方在说话时，对个别的音进行加重的时候。这时你就要揣摩对方加重这个读音的意图。没有谁会在自己流畅的语言里故意加重某一个读音，除非他是有别的意思想要表达。

3.在你们谈话时，对方突然停止了谈话。这时你就应该注意一下对方有什么用意，是不是想表达别的什么意思。

4.当对方的语气语调突然改变时。一般来说，我们在陈述一件事情的时候，通常会用一个语调来说话，可是当说话的语调有变化的时候，就是藏着玄机的地方，我们就应该多加注意。

5.当对方故意做出暗示的肢体语言的时候。这时他可能是想通过动作来告诉你他有别的意思，这时候对方流露出来的表情不同于别的时候的表情，你一定要注意里面暗含的内容。

6.对方很认真地重复一句话的时候。这时他的话里一定藏着弦外之音，说过的话再说一遍、两遍，或者更多遍，对方一定有什么想法想要告诉你。

7.对方离开的时候。对方说的最后的话一定要多加留意，一般来说最后的话就是要交代你做的事情，重要的话他还会多重复几遍，叫你牢记。

听出重点才能把握住机会

正如说话一样，听话也有一定的技巧，把握住重点，我们才能在第一时间掌握对方的真实想法。如果对方在说话的时候，你不能准确地把握住对方所想要表达的意思，那么你往往会和机会擦肩而过。

很多时候，人都是心口不一的，嘴里这样说，心里可能不是这么想，嘴上答应要帮你办事情，可是心里却又不想做。这时候，你一定要听出对方说话的重点。人们内心的思想，有时会不知不觉地从口头上流露出来，所以在与别人交谈的时候，你只要留心，就可以从谈话中得知他的真实想法，知道对方到底在想什么。

听话抓住重点是非常重要的，通过短短的几句话，就能知道对方想要做什么，他的真正意图是什么，从而达到听话的目的。只有听出重点，你才能与对方建立良好的人际关系。而且听出重点也是对别人的一种尊重，同时也能顺利地达到你的目的。那种一点就通、一说就透的人，别人也乐于和这样的人交谈。

宋朝知益州的张咏，听说寇准当上了宰相，就对其部下说："寇准是个难得一遇的人才啊，只是很可惜，他的学问还不够。"这句话对寇准的评价是非常正确的，因寇准虽然有治国之才能，但却不愿学习。

张咏与寇准是相交很深的朋友，他一直想找个机会劝劝寇准多读些书。因为身为宰相，关系到天下的兴衰，理应学问更多些。

恰巧时隔不久，寇准因事来到陕西，刚刚卸任的张咏也从成都来到这里。老友相会，格外高兴。临分手时，寇准问张咏："你还有什么要教导我的吗？"

张咏对此早有所考虑，正想趁机劝寇准多读书。可是又一琢磨，寇准已是堂堂的宰相，居一人之下，万人之上，怎么好直截了当地说他没学问呢？张咏略微沉吟了一下，慢条斯理地说了一句："《霍光传》不可不读。"

当时，寇准弄不明白张咏说这话是什么意思，可是老友不愿就此多说一句，说完后就走了。

回到相府，寇准赶紧找出《汉书·霍光传》，从头仔细阅读，当他读到"光不学无术，谋于大理"时，恍然大悟，自言自语地说："这大概就是张咏要对我说的话啊！"

原来，当年霍光任大司马、大将军要职，地位相当于宋朝的宰相，他辅佐汉朝立有大功，但是居功自傲，不好学习，不明事理。

寇准是北宋著名的政治家，为人刚毅正直、思维敏捷，张咏赞许他为当世"奇才"。所谓"学术不足"，是指寇准不大注重学习，知识面不宽，这就会极大地限制寇准才能的发挥，因此，张咏劝寇准多读书加深学问，既客观又中肯。然而，说得太直，对于刚刚当上宰相的寇准来说，面子上不好看，而且传出去还影响其形象。张咏知道寇准是个聪明人，以一句"《霍光传》不可不读"的赠言让其自悟，寇准最终听出了老友话中的重点，欣然接受了。

听出对方的真实想法，也不是一件容易的事情，有些人，你始终不知道他想表达什么，他总是在问题的周围绕来绕去，尽量避免实质性的问题，让人摸不着头脑。你要是没有细心地观察，就很难把握他说话的重点。

对于这种人，可以通过一个话题来探索对方的心中所想，人们常常将情绪从话题中呈现出来，其过程可能连说话的人都没有感觉。话题的种类有很多，如果你想明白对方的性格、想法，最容易着手的就是先观察话题和对方本身的情况，从这里获得更多的信息。根据谈话可以了解对方的性格特征，从而采取相应的措施来达到你的目的。

老秦是公司销售部的经理，一次，他接待一个客户，这个客户年纪有些大了，但是他精神很好，说起话来很有力度。在与客户的谈话中，老秦得知客户很喜欢健身，于是他当时就决定请这个客户健身，老秦在接下来的谈话中，很快就判断出客户喜欢高尔夫球。因为客户多次提起和别人打高尔夫球时发生的事情，老秦就断定他喜欢高尔夫球。

于是老秦带着客户去了一家不错的高尔夫球场，客户对于这个安排很满意，在运动结束后，客户夸奖老秦是一个很优秀的销售经理，很快双方就建立了合作关系。

在与客户的谈话中，老秦很快地抓住了客户的喜好，并且投其所好，很顺利地达成了自己的目标，所以能在别人的话语中迅速地听出重点，这对你是非常有用的。

很多时候，说话的人，所说的重点内容不是很明确，很难听得出其中的本意，这个时候，就要靠我们自己将对方所说的话进行分析。在分析之后，明白对方想要表达的真正含义。善于听，能听出别人说话的重点，是一个很重要的交流方法。一个善于倾听别人说话的人总是能很快速地找到解决问题的方法，也能很迅速地与对方建立良好的人际关系。

善于倾听别人的忠告

忠告对于我们每个人来说，都起着至关重要的作用，善于倾听别人忠告的人，是聪明的人。一般情况下，当你遇到问题的时候，善于倾听别人的忠告，仔细地考虑事情的重要性，是很有必要的。

刘备是三国时期有名的政治风云人物。他的一生以兴复汉室为目的，经历了几十年的艰难险阻，他才从当初的一无所有变成了拥有东西两川和荆州之地的军事政治势力范围。后来，由于关羽的骄傲自大，荆州被夺去，关羽父子也惨遭吕蒙的杀害。

消息传到成都，刘备肝肠寸断，悲愤交加，决定起兵伐吴，为自己的兄弟报仇雪恨。当时的蜀国大臣，对东吴的背信弃义、擅自破坏联盟的规定也是痛恨不已，但并没有像刘备那样被愤怒冲昏了头脑。毕竟，胜败对于他们来说实在是太正常了，正是因为有了当初丢徐州、失豫州、四处逃亡的经历，才有了这得之不易的半壁江山，谁也不想再重蹈覆辙。

跟随刘备多年的赵云劝说道："现在的国贼是曹操，而不是孙权。曹操死后，他的儿子曹丕篡汉自立，埋葬了汉朝400多年的基业，是人神共愤的，面对曹丕的丧尽天良，陛下您选择了忍耐，这是很理智的。和东吴的仇恨只能算是私怨，出兵讨伐的话师出无名，恐遭天下人耻笑。倘若一旦与东吴开战，战争在很短的时间内是停止不下来的，益州刚刚平静的局面恐怕又要动乱起来，我们的实力就会受到削弱。陛下想报仇的心我们也都是有的，但是现在毕竟不是兴兵作战的时候，希望您能够冷静下来，不要做这种亲者痛仇者快的事。"

可惜，怒火中烧的刘备已经不再是当初从谏如流的圣明之君了，满心想的就是复仇，并狂妄地认为身经百战的蜀军消灭东吴指日可待。当诸葛亮也在劝说他不要急于一时，要以兴复汉室为重时，刘备却回答说："如果不能为云长报仇的话，魏国和东吴势必会瞧不起我们。假如忍让的话，我又有什么面目活在世上？何况，东吴已经没有了周瑜，孙权是个不知用兵的黄口小儿，有什么可害怕的？这场仗打下来，我们一定能够获得胜利的！"丧失理智的刘备在急于报仇的心态中，没有经过充足的准备和精细的军事力量对比计算，就匆匆忙忙地出兵了。可惜，孙权不像刘备那样软弱，东吴的大将除了死了的周瑜之外还大有人在，陆逊火烧连营700里，蜀军大败而归。刘备也落得个白帝城托孤的凄惨下场，从此之后，蜀汉的元气再也没有恢复过来。

从古到今，许多朝代的更迭，都是君王不听大臣的忠告，从而葬送了一个国家。古往今来，许多历史是因为当政者不听取别人的忠言，从而改写。商汤因为敢于面对直言忠臣而长生起来，夏桀因为阿谀奉承而失掉了天下；商纣王不听比干的劝告沉迷于酒色，导致国家灭亡；项羽不听劝告，没有在鸿门宴上杀掉刘邦，最终导致自己四面楚歌，自刎乌江；夫差不听伍子胥的劝诫，最终导致国家的灭亡。所以说作为一个聪明的人，一定要学会听取别人的忠告，不听取别人的忠告，代价是极其惨重的。如果你的身边没有了对你说出忠言的人，那么你也就不会获得长足的进步。

对于跳槽,大家只看重眼前的利益,利益蒙心的时候你是很难听进去别人的忠言的。

小赵是某公司的职员,他的业绩相当出色,在一次销售时,合作公司的主管看上了小赵的能力,于是就告诉小赵:"你来我们公司吧,我会给你高出一倍的工资。"这一句话可是扰乱了小赵的心,小赵对朋友说了这件事情,朋友说:"只要你有能力,还怕你待不久吗?而且要知道,到一个新环境,一切都要从头开始,你要熟悉新的环境,和新同事磨合,这些都是要花很长时间的,要知道很多时候,钱是没有用的,你要考虑长远的利益,再说,公司的领导不是很看好你吗?在现在的公司,你还有很大的发展空间,我建议你不要跳槽。"小赵听了朋友的一番话,又琢磨了很久,下一次再见到合作公司的主管,主管提起这件事情,小赵断然地拒绝了对方的请求。不久,小赵也因工作出色升为部门的副经理。小赵对朋友感激地说:"要不是你当初给我的忠言,恐怕我还在和新同事磨合呢。"

在生活中,我们就像是遨游在水底觅食的鱼,我们会受到鱼钩上鱼饵的诱惑,美食固然吸引人,但是你要考虑清楚,这美食是不是可以吃得。很多时候在你想要吃这些美食的时候,不妨倾听一下别人给你的忠告,要记住这些忠告对于我们是至关重要的。

在职场与生活中,我们都被各式各样的饵来惑着,会不会上当,就要看我们是不是真的能抵得住这些饵的诱惑。不要怀着只是吃鱼饵,只要小心就不会被钩到这样的侥幸心理,这是使我们上当受骗的罪魁祸首,这样的话,危险就只与我们一步之遥了。在别人给你忠告的时候,你就应该仔细地考虑好,这些事情做了的后果会是怎样的,会带来什么不良的后果,甚至会让我们一败涂地,失去所有。

人都有贪念,也很难拒绝利益,不要想着去占一点小便宜,天下没有白吃的午餐,不要只看到眼前的利益,面对这些诱惑的时候要权衡利弊,要考虑怎样抵制眼前的这些诱惑。此时,你应该听一下别人对你的忠告。面对金钱与权力的诱惑,人人都难以抵挡。在这些诱惑面前,很多人都会丧失原有的理智,一切向钱看。面对诱惑,你只有能听得进去别人的忠告,悬崖勒马,才能尽可能地减少你的损失。

聪明人会说 智慧人会听 高明人会问

　　人们常说："忠言逆耳利于行,良药苦口利于病。"我们一定要听得进去别人给予我们的忠言,在必要的时候,别人的忠告可能会变成我们的"救命符"。善于倾听别人的忠告,时刻给自己敲响警钟,不要因一时头脑发热而做出让自己得不偿失的事情来。

第三章　在倾听中了解真相

听话不是每个人都能听得好,在我们与人交往的时候,要学会听出别人语言中隐藏的东西。不是每件事情都适合直言,更多的时候,对方在给我们传达信息时,不方便直接使用语言来表达,这时候,你就应该仔细弄明白对方语言中到底想表达什么意思。另外,不是每句话都是真实的,在你听别人说话的时候,还应该考虑这句话的真实性,一边倾听一边在脑子里筛选信息,寻找你需要知道的答案。

简单地否定或肯定他人不可取

简单地否定或者肯定他人都是不可取的,任何事情都有它的优势和弊端,任何人也有他的长处和短处,太片面地看问题只会让人觉得很肤浅,因此我们在听取别人观点的时候也要避免犯"一刀切"的错误。那么,在听取别人观点的时候,怎样才能避免犯错呢?

1.注重自身的情况

因为每个人在说话时都是站在自己的立场和观察点上的,而所在的立场和所观察的点和别人的角度并不一样,所以别人说的话并不一定适合你,如果你一味地听取别人的观点而没有了自我,说不定就会闹出笑话来。

办公室里的办事员小吴,一天到晚都想着如何巴结上司,好混个办公室副主任当当。功夫不负有心人，小吴终于逮到了一个千载难逢的机会。这天，上司点名让小吴陪他到外地出差。小吴不禁受宠若惊，感觉这是上司对自己的信任，私下里就有了想法，同时又暗暗下了决心，一定要好好表现一下，把握住这次巴结上司的机会。

傍晚时分，小吴和上司到了外地，住进了一家宾馆。小吴早早地为上司准备了全功能瑞士军刀、电动剃须刀、名牌摩丝等外出生活用品。对于小吴的考虑周全、精心照顾，上司非常满意。上司拍着小吴的肩膀说："小吴，心挺细的嘛，好好干，有前途。"小吴听到上司的赞赏不禁得意起来，他觉得办公室副主任的位置已经在向他招手了。小吴在回宾馆的时候看到上司住的房间屋门是虚掩的，于是走上前，准备敲门进去汇报一下自己的思想，却在这个时候听到房间里传出上司的声音，原来上司正在打电话。小吴隐约中听到了上司最关键的一句话："想去海南旅游。"小吴心想一定要满足上司的这个愿望，给他一个意外的惊喜。为此，小吴暗中让宾馆帮他预订了两张去海南的飞机票，并擅自更改了返回单位的日期。

等到会议结束，到了预定返回的日子时，小吴喜滋滋地掏出两张飞往海南的机票递到上司面前。"这是什么?"上司一脸诧异，然后脸色立刻就阴沉了，质问道："为什么要改变行程?谁让你这么干的?"小吴尴尬不已，他后来才知道，上司那个电话是打给他上学的儿子的，许诺如果儿子能考取好成绩，就带他去海南旅游。

在生活中，这种错听的例子很多，我们难保自己不会带着主观色彩去听话，从自己听到的只言片语中就开始分析、揣摩别人话中的意思，这是非常不明智的行为，而且如果自知听到的信息是不全面、不正确的，还要依照自己的判断去行动，那么结果很可能是无法收拾的。

2.要有自己的观点与想法

要有自己的观点和想法，说到底就是要有主见。当面对各式各样的说法和想法时，要结合自己的自身情况。如果没有自己的主见，听到一种说法就认为那种说法正确，听到一种意见就觉得那个意见可行，只会让自己越迷茫。

曹操刺杀董卓未果，仓皇逃出了京城，半道上结识了陈宫。两人结伴来到了叫成皋的地方,天色将晚,曹操手拿鞭子指着林子深处对陈宫说:"这里有户人家叫吕伯奢,是我父亲的结义兄弟,咱们到他家借住一宿。"两人来到了吕伯奢家中,吕伯奢倒是很热情,安顿他俩歇息,自己进了里院很久才出来,他对曹操和陈宫说:"家里没有好酒了,我到西村去买些酒回来。"说完就匆匆骑驴出去了。曹操和陈宫歇息了一会儿,突然听到院子里传来磨刀的声音。曹操生性多疑,对陈宫说:"吕伯奢不是我的亲戚,走得可疑,我俩出去打听打听。"却在这个时候,他们听到院子里有人说话:"捆牢杀掉,如何?"听到这里,曹操更加确信吕伯奢一家想落井下石,谋害他的性命借此邀功。于是,曹操二话没说,拔剑直入院中,顷刻间就杀了吕伯奢一家8口。等他搜查到厨房时却看到里面捆绑着一只待杀的猪,曹操顿时傻了眼。

曹操因为多疑而错听了话,误杀了好人,于是急忙和陈宫上马准备离开。而此时恰巧碰到了买酒回来的吕伯奢,曹操怕吕伯奢痛恨他,带人追杀他们,索性连吕伯奢也一并杀了。曹操凶残的本性使陈宫趁夜离开了他。人生在世很难做到不被自己的感情所左右,倾听的时候也是如此。

曹操的本性就在听话的时候也表现得淋漓尽致,他总会在听到的只言片语中分析个人的得失,把听到的话附上主观色彩,因此才导致他误杀了好人。造成这种后果的最直接原因就是错听。

3.提高自己的鉴别能力

所谓鉴别能力就是指分辨别人意见或建议对与错的能力,择善而从,错的意见可以不采用,留下好的、正确的意见为自己所利用。在这个纷乱复杂的社会中,拥有这种能力很重要。否则,我们就很容易在别人的说三道四中迷失方向,陷入一个人云亦云的恶性循环当中。在听取别人观点的时候,应该用自己的脑子仔细想一想,到底是正确还是错误的,到底是不是适合自己,该不该采用,这样才能给我们的倾听带来更大的意义与用处,这种辩证的倾听目的就是为了让自己活得更加明确一点、更加自在一点。

不过要想活得明确自在,不仅要懂得辩证地倾听,而且还应该懂得有分量地说话。在说话的时候，你心里应该清楚一个事实：你是不是有资格说这些话，你的身份是不是够格。在这些说话人当中，你是不是属于人微言轻的那一类人，如果是，最好不要开口，只管倾听即可。如果不是，那么选择自己有发言权的一些话题进行阐述，但也不能过于激动，抢了别人的风头。

无论对待什么事情都不能简单地肯定或者否定他人，必须客观地考虑问题，必须全面地看待问题，就事论事，仔细分析。

不要相信轻易获取的信息

我们常说眼见为实，耳听为虚，这话说得不是没有道理，只是有时候我们不光是被耳朵欺骗，就连亲眼见到的东西也不一定就是真的。谎言无处不在，只要你一不小心，就容易被这些谎言给蒙骗了。

不要轻易相信别人说的话，你要结合他的行为动作来判断他这么说到底是不是真实的信息，他的一个简单的表情动作，都有可能暴露他消息的不真实性。三国中，就常常会出现类似的例子。

曹操打败刘备之后，刘备弃城携全城百姓一起逃难，可是百姓多为老弱妇孺，行进的速度本来就很慢，大家都劝刘备先走，可是刘备却拒绝了。张飞负责善后工作，这时曹操的追兵已到近处，张飞看到不远处的百姓们，急中生智，叫手下的骑兵砍些树枝捆在马后，然后马奔跑扬起灰尘，再加上还有军旗随风飘扬，这样的话，生性多疑的曹操一定会求稳，而不会贸然地冲过去捉刘备。曹操大军来到跟前，张飞单骑立于长坂桥上，瞪大眼睛大喝一声："燕人张翼德在此，谁敢来决一死战？"声音大得像是打雷，曹操的手下当场就被吓得破了胆，倒地而亡，瞬间曹军军心动荡，大家也早有耳闻，张飞十分勇猛，不是一般人能比得了的。曹操看见就张飞一个人在这里，而且身后尘土飞扬军旗飘飘，心想一定是诸葛亮的计谋,于是就下令退军。就这样,聪明机智的曹操被一个莽夫张飞给骗过去了。

现代社会是一个功利性很强的社会,一点点的利益就会导致谎言的诞生。对于这些轻易获取的信息,不要轻易地相信,这些信息可能是子虚乌有,可能是别人误传的谣言,也可能是故意放出来的假消息,让竞争对手上当。不要听到别人说某某某去世了,你就真的相信了,这些是需要证实的,不可以轻易地相信,如果你相信了,还帮助大肆宣传,当那个人之后出现的时候,你该怎么办呢?生活中爱传八卦的人数不胜数,在事情没有得到证实的时候,就不要轻易地相信。

从前,马棚里住着一匹老马和一匹小马。这一天,老马对小马说:"你已经长大了,能帮妈妈做点事吗?"小马连蹦带跳地说:"怎么不能?我很愿意帮您做事。"老马高兴地说:"那好啊,你把这半袋麦子驮到磨坊去吧。"

小马驮起半袋麦子,飞快地往磨坊跑去。跑着跑着,一条小河挡住了去路,河水哗哗地流着。小马为难了,心想:我能不能过去呢?如果妈妈在身边,问问她该怎么办,那多好啊!可是离家很远了。它向四周望望,看见一头老牛在河边吃草,小马嗒嗒嗒嗒跑过去,问道:"牛伯伯,请您告诉我,这条河,我能过去吗?"老牛说:"水很浅,刚没过小腿,能过去。"

小马听了老牛的话,立刻跑到河边,准备过去。突然从树上跳下一只松鼠,拦住它大叫:"小马!别过河,河水很深,会淹死你的!"小马吃惊地问:"水很深吗?"松鼠认真地说:"当然啦!昨天,我的一个伙伴就掉在这条河里淹死了!"小马连忙收住脚步,不知道怎么办好。它叹了口气说:"唉!还是回家问问妈妈吧!"

小马甩甩尾巴,跑回家去。妈妈问:"怎么回来啦?"小马难为情地说:"有一条河挡住了去路,过不去。"妈妈说:"那条河不是很浅吗?"小马说:"是呀!牛伯伯也这么说。可是松鼠说河水很深,还淹死过它的伙伴呢。"妈妈说:"那么到底是深还是浅呢?你仔细想过它们的话了吗?"小马低下了头,说:"没有想过。"妈妈亲切地对小马说:"孩子,光听别人说,自己不动脑筋,不去试试,是不行的,你去试一试,不就会明白了。"

小马跑到河边,试着往前蹚,原来河水既不像老牛说的那样浅,也不像松鼠说的那样深。于是,它顺利地过了河,把麦子送到了磨坊。

我们不应该像小马一样,只是听别人怎么说,不自己尝试一下,很多事情就不能得到证实,听到的信息,不一定就是真实的。

一只狐狸为了躲避猎人的追赶逃到了樵夫的家里,它向樵夫诉说了自己的处境,苦苦哀求樵夫救自己一命,它向樵夫保证,如果能躲过这一劫,一定把自己美丽的尾巴献给樵夫。于是,樵夫答应了,把狐狸藏进了自己的小屋。

不久,一个猎人跑过来,问樵夫有没有见到一只狐狸,答应樵夫用一只兔子作为酬劳。樵夫对猎人说狐狸向后山跑了,可是却伸出手指着小屋。但是,一心追赶狐狸的猎人并没有注意到樵夫的手势,急匆匆地向后山跑去。

狐狸看到这些事情以后,从小屋中出来就走了。樵夫追过去说狐狸背信弃义,不遵守他们之前的承诺。狐狸冷冷地笑了一声,说:"你以为我会像猎人一样傻吗?如果你的手没有指向小屋,我一定会留下尾巴的,很可惜,你的手出卖了你……

看着狐狸远去的背影,樵夫十分后悔:"如果狐狸也像猎人那样,只信我说的话,而没有看我手势的话,我就可以戴着狐狸围脖吃着好吃的烤兔子了……"

在社会中,像樵夫一样的人很多,我们要学会像狐狸那样聪明,不轻易相信获取的信息,这样我们才能应对像樵夫那样的人,否则我们就只好乖乖地把尾巴留给樵夫了。赔了夫人又折兵的事情,我们谁都不想做,得不偿失,只会让我们后悔不已,因此,我们不能相信轻易获取的信息,要用事实来说话,听到的信息一定要证实它是真或是假。

听出对方是真心还是谄媚

在你听别人讲话的时候,一定要弄清楚谁对你好,谁是真心,谁是在做样子。我们不要被包了糖衣的炮弹给轰炸中,否则后悔都来不及了。

同样的话用不同的语调，表现出来的意思就有所不同，有时候，一句话听起来大同小异，只是多了一两个字，可是话语中的意思就完全改变了。很多人在和你说话的时候，面带笑容，一味地奉承你、追捧你，这样的人和你不一定是亲密的关系，而对于给你忠告、说出逆耳的话的人，不是你的敌人，而恰恰是你的朋友。

在听话时，你一定要分清楚哪一类人才是你真正的朋友，而哪一类人只是有目的地奉承你、讨好你，以便从你身上得到一些便利。在你遇到困难的时候，如果你身边都是酒肉朋友，那么在看见你不同往日的时候，一定会想办法躲着你，就像你中了彩票，平时不怎么联系的亲朋好友纷纷前来道贺，目的就是想在你这里得到一点好处。而真的朋友，就会在你难过的时候抚慰你，在你犯错的时候原谅你、包容你，在你将要犯错的时候，他会给你忠告，这些话可能不好听，可是这些话的作用却是很有益的。

如果你是一位领导，由于你处在领导的位置上，对你溜须拍马的人一定很多，这时候你就更要小心谨慎地听出谁才是真的对你好。

古时的帝王也是这样，不能只听大臣们的夸赞而蒙蔽双眼，就看不见百姓的疾苦，这样的君主，他的江山是坐不长久的。

有一次，魏征在上朝的时候，和太宗皇帝争得面红耳赤，唐太宗实在听不下去，想要发作，可是又害怕在众大臣面前丢了自己接受意见的好名声，只好勉强忍住怒火。退朝了以后，他憋了一肚子的火回到后宫，看见妻子长孙皇后，就气冲冲地对她说："总有一天我要杀了这个乡巴佬。"长孙皇后很少见太宗皇帝发这么大的火，问他说："不知道圣上是想杀哪一个大臣呢？"唐太宗说："还不是那个魏征，他总是当着大家的面羞辱我，叫我怎么还能忍下去！"长孙皇后听了太宗皇帝这么说以后，没有说话，回到内室换了朝见的礼服，向太宗皇帝行大礼跪拜。太宗皇帝一看很惊讶地问道："你这是干什么？"长孙皇后说："我听说英明的天子才有正直的大臣，现在魏征这样正直，正说明陛下英明，我怎么能不向陛下祝贺呢！"这些话就像是一盆冷水，瞬间就浇熄了唐太宗的怒火。

公元 643 年，敢直言进谏的魏征病死了，太宗皇帝很难过，他流着眼泪说：

"一个人用铜做镜子,可以照见衣帽是不是穿戴得端正;用历史做镜子,可以看到国家兴亡的原因;用人做镜子,可以发现自己做得对不对。魏征一死,我就少了一面好镜子了。"

这就是历史上有名的句子:"以铜为镜,可以正衣冠;以古为镜,可以知兴替;以人为镜,可以知得失。魏征没了,朕亡一镜矣!"正像这段给魏征的评价一般,好的朋友就像是一面镜子,他能时刻提醒你、鞭答你,不要因为这些逆耳的忠言不好听就听不进去,要知道这些话才是真心话,这些人才是真正关心你的人。

公元前207年,刘邦率大军到咸阳后,进入秦宫之后,看见华丽的宫殿不计其数,都是他从未见到过的。每到一处,许多美丽的宫人向他跪拜,他越看越感到新奇,兴味也越来越浓。于是,就打算住在宫内好好地享受一番。刘邦的部将樊哙得知刘邦想要住在宫中,于是就问他:"沛公是想拥有天下呢,还是只想当一个富家翁呢?"刘邦回答说:"我当然想拥有天下。"

樊哙很真诚地说:"进入秦宫里,见到里面的珍奇财宝不可胜数,后宫中的美人更是数不胜数,可是这些都是导致秦灭亡的原因啊,还希望沛公迅速返回霸上,千万不要留在秦宫之中。"

开始,刘邦对樊哙的劝谏不以为然,还是准备住在宫中。谋士张良知道这件事后,对刘邦说:"秦王无道,百姓造反,打败了秦军,沛公才能来到这里。您为天下百姓除掉暴君,理所应当是应该勤俭,可是现在您一进入秦地就想享乐。俗语说:'忠诚正直的劝告往往不顺耳,但有利于行为;有效的药吃的时候很苦,但有利于疾病。'希望沛公听从樊哙的忠告。"刘邦听了,终于醒悟过来,马上下令将府库封起来,关掉宫门,随即率军返回霸上。

耳中常常听到一些不中听的忠言,心里常常想到一些不顺心的事情,这才是修炼道德品行的磨刀石。如果听到的全是令人高兴的话,遇到的全是得意扬扬的事情,这样就等于把自己的一生浸泡在毒酒里一样。

作为森林王国的统治者,老虎几乎饱尝了管理工作中所能遇到的全部艰辛和痛苦。它终于承认,能在犯错误时得到朋友的提醒和忠告,是一件很好的事情。

于是它问猴子："你是我的朋友吗？"猴子满脸堆笑地回答："当然，我永远是您最忠实的朋友。""既然如此，"老虎说，"为什么我每次犯错误时，都得不到你的忠告呢？"猴子想了想，小心翼翼地说："作为您的属下，我可能对您有一种盲目崇拜，所以看不到您的错误。也许您应该去问一问狐狸。"老虎又去问狐狸。狐狸眼珠转了一转，讨好地说："猴子说得对，您那么伟大，有谁能够看出您的错误呢？"

对你说好话的人很少是你的朋友，是朋友的话就应该在你犯错误的时候给你指出来，而不是一味地崇拜、夸赞你。因为溜须拍马的人太多了，才导致我们分不清别人感情的亲疏。让我们擦亮双眼，竖起耳朵仔细地辨认，谁才是我们真正的朋友。

对于别人的奉承，要保持清醒

喜欢奉承他人的人，总是能用一般的赞美词语将事实夸大，小事大夸，大事特夸，即使没有的事情他也要夸一夸你。当你取得一定成就的时候，他们就会默默地贴近你。当你有了一定身份、一定地位的时候，你身边肯定会出现一些无事献殷勤、对你大肆阿谀奉承的人。这些人想方设法接近你，只想从你的身上得到好处。对于这类人，你要认清楚，千万不要让对方的奉承之词把你蒙蔽，也不要为了自己的虚荣心，就甘心让这类人占便宜。对于这种人，我们一定要礼貌地与他们保持距离。

你应当保持清醒的头脑，在这些阿谀奉承之中，分辨出哪些是实事求是的评价之辞，哪些又是阿谀奉承之辞；哪些人是出于真心而稍稍过分地赞美几句，哪些人又是企图通过奉承你而达到自己的某种企图；哪些奉承之辞中含有可汲取的内容，哪些奉承话都是凭空捏造、子虚乌有等等。

这些人表面想要讨好你，通常也不难将他们的来意看穿。但是也有一些手段很高明的人具有很专业的技巧,拍起马屁来滴水不漏,让你在不知不觉中上了他的当。但是要知道最终受害的还是你自己。

某部门领导在给员工开会时说:"部门以往的事情都是我说了以后你们才去做,这次我希望你们不要被动,要主动、自觉地去做工作。"

领导刚说完话,立刻就有员工站起来回应。第一位员工说:"我觉得经理说得对极了,确实点到了问题的实质,我们听了都很感动,决定以后就按照领导的话去做,决定要积极主动地面对以后的工作。"

第二位员工说:"听了经理的话,真是觉得很惭愧,之前我还总觉得自己已经很主动地在工作了,现在想起来还是不够啊,经理的话能使我们变得更加积极,谢谢经理的提醒,以后还请多多指教。"

第三位员工说:"我觉得经理说得很好,事情就是这样的。"

聪明的人一眼就能看出来第一位员工是很狡猾的,善于奉承,而第三位员工就有点应付的感觉,可是第二位员工的话很含蓄、很谦虚,说得委婉又动听,如果经理缺乏自知之明,那么恐怕他就真的要飘起来了。

有不少人被奉承得昏了头,谁对他毕恭毕敬、阿谀奉承,就等于佩服他,他就对之恩宠有加,大加赞赏和关爱。

如果你被奉承迷住了双眼,就很可能打击大部分下属。这大部分下属会想:原来老板喜欢那些与他亲近的人,而不看谁的贡献大。如此,做起工作来自然就会没有积极性,甚至他们都会把精力放到如何讨好你这位老板上来,工作自然就不可能做好。

除此之外,还有可能发生可怕的事情,你喜欢的那些爱拍马屁的人,都是一些图谋不轨的小人,你要是对他们推心置腹、无话不谈,也许有朝一日,他会反咬你一口,把你拉下马,到时候,你再后悔起来可就真的欲哭无泪了。

当你取得一点成就的时候,一定会有人对你大说赞美之辞,你千万不要因为这些"甜言蜜语"而丧失了自我。对于这些人,你的态度一定要认真,一旦看出他们是想要和你拉关系,你就要很敏感地和他们拉开距离,保持你原有的姿态。好话谁都喜欢听,关键是有些好话听起来要付出代价。如果你是一位领导者,更要时刻保持清醒的头脑,少让这些阿谀奉承的话进入你的脑子,侵蚀你的思想。

如果你是领导,又该怎样对待这些喜欢拉关系的下属呢?

对于一些确实比较有能力却也比较善于溜须拍马的人,你一定要小心地对待。这些人可以看作是一颗炸弹,和他的关系处不好的话可能造成大的麻烦。对待这种人,你要根据他的实际能力给予他相应的职务,最起码在他们的眼中看到你不是一个不识人才的人,不然的话会影响他们的工作热情,而且也带动着另一批人。

对待那种专门溜须拍马的人,而这种人又毫无价值,没有什么工作能力,对待这种人很简单,只要让他们走人就可以了。当然不光是拍马屁,对于无能者也确实应该让他离开,更何况他还是溜须拍马之人。如果你的周围有一个这样的活火山,那就会给你带来很多麻烦,所以让他离开才是你最好的选择。

对于能力一般而又很喜欢拍马屁的人,你可以先给他找个位置让他闲待着。这种人不容易简单地就辞退他,因为他还有一定的能力。在你的管辖范围中,一定要人尽其才,把合适的人放在合适的位置上去,不仅仅是有效地利用人才,还要将这些有不好的毛病的人放在合适的地方,让他改掉这些毛病,这些人也是为数不少的一部分。

对于这类人,你批评教育的时候一定要注意使用不同的方法,要有耐心,不能急于求成。养成这种毛病,并不是一朝一夕,所以要改起来,也不能急于求成。在这个时候你要注意你的态度,争取从根本上扭转处世的态度,将他们拉回到正道上来。

"随便说说"的话,可能寓意深刻

当我们听别人说话的时候,会不会听话,就要看你听话的水平是高是低。会听话的人,连对方最不经意的话都可以听出名堂来,这些不经意说出的话,可能就蕴涵着重要的信息。有的人觉得自己很会保守秘密，其实在他不经意间，遇到高明的问话人，他就会在和对方交流的时候，将重要的信息透露给对方，可能他自己都没有察觉到。所以在和人交谈的时候，你一定要注意他不经意的时候说出的话。

当你和一位家长交谈的时候，他会在不经意中说到自己的孩子怎么怎么样，你可以通过这些话来判断出对方的孩子是什么样。在不经意中说出的话往往最容易让人相信。如一个女人家庭很和睦，生活得很幸福，当她在说起自己家庭的时候，说起自己的孩子与丈夫的时候，语气、语调、表情等都会变得温和，眉宇之间都会流露出幸福的感觉。这时候你就可以和她多聊聊家庭的事情，她一定不会拒绝和你继续交谈下去。

有的时候对方想要告诉你一些事情，可是直说可能会影响到他的声誉、他做人的原则，可是这件事情又要表达出来，于是，他就很可能装作是在不经意之间说出来的。只是看你明不明白他说话的意思，可能这些信息很含蓄，但是，你还是要很用心地知道这事情的寓意，不要像木头一样，要对方很明确地说出事情，你才能听得懂。

美国著名公司柯达的创始人伊斯曼，捐出了一大笔钱在罗彻斯特建造一座音乐堂、一座戏院、一座纪念馆，为了成为这批建筑物内座椅的供应商，很多家制造商纷纷展开竞争。

找伊斯曼前来谈生意的人络绎不绝，大家都满怀信心地来到伊斯曼的面前，可是回去的时候都是垂头丧气，败兴而归，一无所获。在这样的情况下，一个被称为"最美座位公司"的经理布鲁斯前来会见伊斯曼，希望能够谈成这笔生意，承包所有的座椅。于是布鲁斯在伊斯曼秘书引荐之前，秘书对布鲁斯说："我知道您急于想知道能不能接下这笔生意，但是我想告诉您，如果您占用伊斯曼先生5分钟以上的时间，您就完了。他是个很严厉的人，平时的工作也很忙，所以您进去以后一定要快点结束你们的对话。"

布鲁斯听到秘书这么讲，微笑着点头表示明白了。

当布鲁斯被秘书引到伊斯曼办公室的时候，伊斯曼正在埋头处理桌上的一堆文件，于是布鲁斯静静地站在那里仔细地观察这间办公室。过了好一会，伊斯曼抬起头，发现了布鲁斯，问道："先生，你有什么事情吗？"秘书把布鲁斯作了简单的介绍后退了出去，这时候，布鲁斯并没有立刻进入话题谈生意，而是说："伊斯曼先生，在我等您接待的时候，我仔细地观察了一下您的这间办公室。我长期从事室内装修的工作，但是从来没有见到过装修得如此细致的办公室。"

伊斯曼回答说："哎呀，你不提这件事情，我倒是忘了，这间办公室是我亲自设计的，当初大楼刚建好的时候我喜欢得不得了，可是，后来一忙，一连几个星期都没有时间好好欣赏这间办公室。"布鲁斯走到墙边，用手在木板上一擦，说："我想这是英国的橡木，是不是？因为意大利的橡木不是这样的质地，只有英国有这样的橡木。""你说对了，那是我从英国进口的橡木，是我的一位专门研究室内橡木的朋友专程从英国给我订的货。"伊斯曼的心情变得好起来，于是就带着布鲁斯参观起自己的办公室。他把办公室里所有的装饰一件一件地向布鲁斯作介绍，从木头的质地比例，又谈到木材的色泽、手艺、价格，然后又详细地介绍他设计整个办公室的经过。这时的布鲁斯饶有兴致地微笑着，倾听伊斯曼的讲解。

布鲁斯看到伊斯曼谈兴正浓，于是就好奇地询问起他的经历。于是，伊斯曼就开始讲述他自己苦难的少年时代的生活，母子俩是怎样在贫困中挣扎的情景以及自己研发柯达相机的经过，还说了自己打算为社会做出巨额捐赠的计划。布鲁斯更是发自内心地赞扬了伊斯曼。本来秘书在布鲁斯进入办公室的时候说过，和伊斯曼的谈话不要超过 5 分钟，结果，布鲁斯和伊斯曼谈了一个又一个小时，直到中午。最后伊斯曼对布鲁斯说："我上次在日本买了几把椅子，我打算亲自把它们重新刷好，你有兴趣看看我上油漆的表演吗？到家里和我一起吃午饭，然后再看我上油漆的表演吧。"

午饭后，伊斯曼开始动手把椅子一一上好油漆，并且感到很自豪。直到布鲁斯离开，两个人都没有谈起生意。最后，布鲁斯不但拿到了这笔订单，还和伊斯曼结下了深厚的友谊。

聪明人会说 智慧人会听 高明人会问

187

无疑，布鲁斯是聪明的，如果他一进办公室就和伊斯曼大谈生意，那就会和其他的人一样，十有八九被赶出来，可是，布鲁斯成功了，秘诀就是在于他了解对方喜欢什么，仅从秘书几句简单的叮嘱中就了解了对方的喜好。用几句人情话就巧妙地赞扬了伊斯曼的成就，伊斯曼的自尊心得到了极大的满足，也就将他当做了朋友，这笔生意也就非他莫属了。

抓住对方不经意说出的话，你可能就能掌握住别人都没有掌握的事情。善于倾听的人，一定不会放过这些听出端倪的话语。一句话能让对方喜笑颜开，并不是一件容易的事情，这一点要做好，还要掌握一些要点。第一，在你说话之前，一定要保证能做到投其所好，挑对方感兴趣的话题来说，不会导致冷场。第二，精心准备的话一定要以不经意的方式随口说出来，不会让对方产生不快、不舒服的感觉，也不会对你的印像产生不好的感觉。抓住他随便说说的话，就可能是你打开成功大门的钥匙，

适时地沉默，体现你的威严和城府

语言是我们与人沟通的重要方式，可是如果总是有人在你耳边喋喋不休的话，无论是谁都会觉得厌烦。我们在掌握表达技巧的同时，还要学会在适当的时候保持沉默，沉默地倾听有时比滔滔不绝地讲话更有效果。

很多时候，一个人的沉默比金玉良言更能表达自己的思想。沉默，还具有摄人心魄的力量。喜欢沉默的人，并非是不善言谈而整日喋喋不休的人，也不一定就真的会说话。

从某种意义上来说，沉默也是对人的尊敬，在别人说话的时候，你的沉默代表你在倾听，你在思考对方说话的用意，你可以先听听对方说什么以后再作出判断，明白他到底想要说什么。

在生活中的很多领域,说得越少,越显得神秘,也越能体现你的威严和城府,越沉默的人,也就越能掩藏自己的真实意图,越能控制别人。当一个人想要获得成功,就请适时地闭上你的嘴巴,这样离成功才能更近一步。

有些人认为,想要彰显魅力时,语言是最好的工具,然而,沉默在有的时候比语言更有说服力。在现实生活中,沉默才能给人意想不到的力量。

我们也常说"沉默是金",确实,适时地沉默远远要比说个没完要好得多。语言可以暴露一个人的性格,针对你的性格,对方要想说服你,是一件很容易的事情。可是,你若是沉默不说话,对方就有一种看不明白的感觉,不敢对你妄下断言,更不要提说服你了。你沉默,也就越能显示出你的神秘、你的城府,还可以彰显你的个性。你的沉默还能带给对方一种心理压力,尤其是在谈判的时候,你的沉默就是你最大的底牌,你的沉默也能为你换回更多的利益。

一次,一位不速之客突然闯入美国大富豪洛克菲勒的办公室,一进门,他就直奔他的写字台,并用拳头猛烈地敲打着桌子,怒火中烧地吼道:"洛克菲勒,我恨你!我有绝对的理由恨你!"接着那人用很不客气的话骂了他达10分钟之久。办公室所有的职员都感到无比愤怒,大家都认为洛克菲勒一定会拿起墨水瓶向他扔过去,或者是吩咐保安员将他赶出去。可是,出乎所有人的意料,洛克菲勒并没有这样做。他停下手中的工作,用和善的表情注视着这位攻击者,仔细地倾听他的阐述,对方越是暴躁,他便显得越和善。

那个人被弄得莫名其妙,然后他渐渐地平息下来。当一个人发火的时候,遭不到对方的反击,他是坚持不了多久的,感觉就像是一个跳梁的小丑。于是,他咽了一口气,本来,他是做好了来此与洛克菲勒作斗争的,并且想好了洛克菲勒将要怎样回击他,他再用事先想好的话语去反驳。可是让他没有想到的是,洛克菲勒并没有开口,只是安静地倾听自己的讲话。所以他不知如何是好了。

最后,他又在洛克菲勒的桌子上敲了几下,可是洛克菲勒仍然没有回应,他只能索然无味地离去。而洛克菲勒呢?他就像根本没发生过任何事一样,重新拿起笔,继续他的工作。

不要理睬他人对自己的无礼攻击,就是给他最严厉的痛击!成功者必胜的原因,就是当对手急不可耐时,他们依然故我,显得相当冷静与沉着。保持着原有的姿态,只能让对方束手无策。你也可以在你沉默的时候去倾听他到底想要表达什么意思,如果是对你攻击,你也能从这段时间里找出他语言的漏洞,然后进行反击。

一般来说,人都有逆反心理,面对自己不愿意去做的事情,而别人又逼着你做,这时候,你保持沉默,就能坚持自己的立场不动摇,让对方束手无策,最终做出让步。不管对方如何暴跳如雷,你只要保持沉默,放松你的姿态,这样对方就拿你没办法,你的目的也就达到了。

沉默是一种艺术,沉默也要懂得分寸,适当地沉默,才能体现出来你的威严和城府,用心倾听,仔细揣摩,你才能占上风。和说话一样,沉默也要掌握一个度,既不能不用,也不能滥用。那么如何把握住沉默这个"度"呢?

我们要明白沉默必须是有目的的,沉默看起来是一种比较消极的处世行为,事实上,沉默才是以退为进的方法。沉默不是为了逃避、忍让,而是一种策略,它的目的也就在于更有效地控制局面。

沉默是用来听话的,而不是让你真正地沉默、什么都不做,沉默是让你蓄势待发,等待时机的到来,然后将你想说的话说出来。沉默要把握好时机,什么时候该沉默、什么时候不该沉默,你一定要弄清楚,只有准确地把握,你才能达到预期的效果。否则,还会惹出很多不必要的麻烦。

多说无益,不如选择沉默

古希腊有一句民谚说:"聪明的人,借助经验说话;而更聪明的人,根据经验不说话。"其实,不管在我们的工作还是生活中,所有人都不喜欢口无遮拦的人,这样的人最让人厌烦。得体的语言,就是学会在该沉默的时候沉默。说话时机未到,沉默无疑是一种好的选择,你也会收到一种"此时无声胜有声"的效果。

当我们与人打交道,最少不了的就是沟通,而语言就是最直接的沟通方法。我们都知道祸从口出,口不择言害了不少人。所以我们一定要记住,在我们说话时一定要十分在意,凡事应该三思而后行,还要记住有时候"沉默是金"。在你害怕说错话的时候,最好就保持沉默,用沉默来代替你的多话。有时候,事情不是我们可以随口说的,不说的话就一定不会错,可是说了,就有可能说了不该说的话。

一个人总是滔滔不绝地讲话,说得多了,他的缺点自然就暴露无遗了,话说多了,别人会感到不高兴,话说错了,还会让别人觉得很受伤。话说得太多,还会让别人觉得你很俗、很平庸,说错话的概率也就越大。适时地保持沉默,远比啰唆个没完要好得多。

沉默可以掩饰你心中的恐惧,也可以掩饰你心中的其他想法,喜怒哀乐,全部都可以化为无形,有时候适时地沉默远比雄辩更具有说服力,也更有威慑力。

当你站在一个很嘈杂的教室里,你想让大家安静下来听你讲话是很难的,你要喊破嗓子,用大过于众人的声音来说话,一个人的声音想要大过所有人,的确有些困难,而且收到的效果可能还不好。这时候有人想出来一个办法,就是站在讲台上,什么也不用说,什么也不用做,不出 5 分钟,绝对可以收到效果。大家对于沉默的人都有一种恐惧的心理和一种好奇心,想让大家停下激烈的讨论其实不容易,那么你为什么不选择沉默,用无声胜过有声呢?这样的话还可以节省下来你的力气。沉默可以引起对方注意,使对方产生迫切想了解你的念头。所以你预期的效果也就达到了。

说话并不是韩信点兵,多多益善,在很多情况下不说比说更适合,沉默才是最佳的选择。与得体的语言一样,恰到好处地沉默,也是一种语言的艺术。

只要有人的地方,免不了会有争斗,这不是什么新鲜事。聪明人的做法就是"装聋作哑"。要"作哑"不难,关键是"装聋"。当别人说出对你不利的语言时,你如果能做到"入耳而不入心"才是最好的。否则你之前的沉默将会功亏一篑。

装聋作哑除了能不战而胜之外,还可以避免你成为别人攻击的目标,习惯适

聪明人会说 智慧人会听 高明人会闭

时地沉默,也胜于多说而造成不必要的麻烦来得强。有时候,还可以将不利变为有利。

其实,沉默不是叫你不说话,而是以一种胸有成竹、沉着冷静的姿态来面对大家,在你的沉默中有一种胜券在握的感觉,让对方先亮出底牌。

有一天,宋政被上司叫到办公室,上司指着一份文件问他:"这是你做的策划案吗?"宋政拿过来看了看,想,这个策划案我可是下了不少功夫的,不可能会有问题的呀?于是,他很肯定地说:"是我做的,我花了整整3个工作日完成的!"上司看了他一眼,不屑地反问道:"是吗?3个工作日呀?不短呀。可是,你怎么还有遗漏呢?多么重要的信息,都没有记录?"连续几个问题把宋政差点给问晕了!他突然想起刚来公司的时候,一位同事对他说:"上司是一个爱发脾气的人,做事情要小心,千万别叫他抓住小辫子。如果被批评了,就保持沉默,沉默是最好的法宝。"于是,宋政就沉默不语。

上司看到宋政这样,以为他是认识到自己错误了,就语重心长地说:"做事情一定要稳重,一定要下功夫,所有的资料都要弄清楚……"最后,上司看宋政一直低头不语,态度不错,就放过了宋政,只是让他找齐资料,重新做一份策划案。

在面对上司批评的时候,沉默要比狡辩好得多,你保持沉默,不与上司争辩,上司以为你知道错了,看到你的态度诚恳也就不再追究什么了,可是一旦你和上司争辩,上司本来就一肚子火,再加上你狡辩,火上浇油,受苦的还是你自己,不要为了逞一时之快,断送了自己的前程。当对方正在气头上时,唯一能使他平静的办法是:静静地听他把话说完。此时的沉默会给对方留下宽厚、大度和尊重别人的印象,这样,你很快就能与他建立起感情,问题也就好解决了。

适时地沉默体现着一个人的修养,显示着一个人的容人之量。话说得太多会让人觉得你浮躁和轻狂,也让别人觉得你的人品好像还差那么一点点。有句谚语是这么说的:"雄辩如银,沉默是金。"在我们的生活与工作中,有些时候确实是沉默胜于雄辩。与得体的语言一样,恰到好处地沉默也是一种语言艺术。在说话时机未到的时候保持沉默,有时候是一种最好的选择。

听到的信息要谨慎地核实

在我们听到一个消息的时候，不要别人说什么就是什么，还要多去考虑一下这件事情发生的真实性。在我们听别人说话的时候，一定要动脑，想一想事情的可信度。现今，网络冲击着我们的生活，网络上经常会传一些很奇怪的信息，亦真亦假，我们最好的做法就是保持平和的心态，一笑了之，不要在听到别人说这些话的时候都当成真实发生的，从来不去考虑有没有传谣言的可能。

有一天，一只兔子在森林里大叫着："不好了，羊把狼给吃了。"这一叫没关系，所有的动物都跑了出来，很好奇地问："你刚才说什么？"兔子很确定地说道："羊把狼给吃了。"动物们开始欢呼，兔子自己倒是觉得莫名其妙，不解大家为什么欢呼。一只羊说："我们终于翻身了，以后再不用怕狼了。"于是所有的羊一起出动去找狼，结果羊还是被狼吃了。

这是个小的寓言故事，兔子的口误导致羊的窃喜，可是大家都没有去想过事情的真实性。羊是食草动物，怎么可能吃狼呢？可是它们谁也没有核实，就贸然行动，结果造成了悲剧。

流言的伤害是很大的，可是流言止于智者，对于那些愚蠢的人，他还是愿意相信他的耳朵，而不去相信事情的本质，信息的真伪，他们常常会忽视。

历史上这样的事情也是屡见不鲜，对于误听，不动脑子的人是会吃大亏的。不动脑子的人就常常会被利用，三国中著名的反间计就是利用误听来成就大事的。

赤壁之战前夕，曹操率领百万大军驻扎在长江的北岸，想横渡长江攻取东吴，而在江东，东吴的大都督周瑜也驻守在江边与其对峙，双方枕戈待旦，准备大战一场。

此时曹操手下的一个谋士蒋干主动出来献策了，他自幼与周瑜是同窗读书，因此也就自认为有把握说服周瑜，蒋干毛遂自荐去了东吴，准备说服周瑜，曹操很高兴，亲自为蒋干送行。

这时，东吴的周瑜正在帐中议事，听到蒋干前来，就已经猜出他的来意，于是心中便有了计策，他设宴款待蒋干，请文官作陪，并且还装模作样地对身边的侍从说："蒋干是我的同窗好友，虽然是从江北过来的，但却不是曹操的说客，在座的人不用对他疑心，今天的宴会上我们只准叙旧，对于两家的战事不要提起，谁要是提起，立刻斩首。"蒋干听后面如土色，不敢再多说话，宴会结束，蒋干扶着周瑜进入大帐。周瑜趁机拉着蒋干，与他同榻而眠。二更时分，蒋干从桌前书桌上的一叠文书里找到一封书信，细看却是曹操的水军都督蔡瑁、张允写给周瑜的降书，慌忙之中又听到周瑜讲梦话："子翼，我数日之内，定叫你看曹操首级。"

一大早，有人进帐叫醒周瑜："江北有人来……"他的话还没有说完就被周瑜急忙止住，看了看正在装睡的蒋干，周瑜拉着那人走出帐外。蒋干听到那个人低声地说："蔡瑁对张允说，现在还不能下手……"蒋干偷听了周瑜的话，赶紧回到卧榻上装睡。随后，他找机会匆忙赶回江北见了曹操，把蔡瑁、张允是内应的事告诉了曹操，而曹操也真的上了当，中了反间计，立即斩杀了蔡瑁、张允，等曹操醒悟过来为时已晚，结果赤壁之战，曹操被打败，伤亡惨重。

蒋干只是偷听了周瑜和别人的对话就信以为真，也没有想过事情的真实性，而蔡瑁、张允，正是东吴水师的劲敌，除了他们两人，周瑜的水师也就没什么好担心的了。反间计的成功，固然是因为周瑜聪明过人，但要是蒋干稍微动一下脑子，考虑事情的真实性，纵使周瑜的计谋再厉害，也不能生效。但蒋干听到错误的信息，信以为真，不加考虑、没有核实就急着告诉了曹操，而曹操生性多疑，相信了蒋干，上了周瑜的当。

春秋时期，宋国地处中原的腹地，缺少江河湖泊，并且干旱少雨，农民种植的农作物主要是靠井水灌溉。当时有一家姓丁的百姓开垦了一块荒地，因为他家没有水井，所以每次取水都要从很远的河里取水，所以这家农户经常要留一个人在地头搭建窝棚，每天提水灌溉作物。时间一长，凡是在丁家灌溉过的人都感到劳累厌倦。

丁家的人商量了一下，决定打一口井来解决困扰他们多年的问题，虽然只是挖一口几米深的水井，但是这并不是一件容易的事，丁家上上下下辛苦了半个多月才把水井打成。

第一天取水的时候，丁家上上下下都像是过节一样，从此他们再也不用派人取水了，就像是又得到了一个劳动力。村里的人听了丁家的话，一传十、十传百，最后传的话变得很荒唐，传成了丁家在挖井的时候挖出来一个人，结果小小的宋国被谣言闹得沸沸扬扬，连宋王也被惊动了。宋王想，如果井里挖出一个人，那岂不就成妖精了？一定要打听清楚，最后找到丁家的时候，丁家说："我家打的那口井给浇地带来了很大方便。过去总要派一个人常年在外搞农田灌溉，现在不用了，从此家里多了一个干活的人手，但这个人并不是从井里挖出来的。"终于查明了事情的真相，谣言也终于得到了平息。

听到的信息一定要及时地核实，才能确保这个信息的准确性，在现实生活中以讹传讹、三人为虎的事情真是太多了，如果大家听到这些信息以后能核实一下，那这样的事情也就不会过多地发生了。

兼听则明，不轻信一面之词

在生活中，有的人喜欢无事生非，喜欢在别人背后说闲话，对于这些，你要是不仔细考虑清楚，轻易地相信他的一面之词，就很可能受到伤害。

在日常工作中，常常会遇到两个下属闹矛盾，你要调解两人之间的矛盾，就一定要弄清楚事情的始末，你一定要站在中间人的立场上，对两个人的矛盾进行深入分析，对矛盾深入了解。如果你偏听偏信，只听一个人的一面之词，那就是对另一个人的不公平，不但解决不了矛盾，还可能将矛盾加剧。聪明人在一开始的时候不会表态，而是仔细地聆听、分析，最后再调解二者之间的矛盾。

　　一家公司的供货部门因为延误了交货的期限,受到顾客的指责。于是供货部门的负责人埋怨生产部门的工作效率低,而生产部门又抱怨供货部门的合同签订的时间太短了,两个部门谁也不让谁,都觉得自己没有错。

　　在这种情况下,公司总经理没有只听一个部门的一面之词。他听取两个部门的意见、了解了事情的原委后,明白这个事情双方都有责任。于是跟生产部门的人说:"交货期很短是因为市场竞争太激烈,如果不能在短期之内交货,就无法接这笔生意,客户也就没有了。如果不能按时交货,企业将丧失信誉,在以后的竞争中将会使我们处于不利地位。"然后又对供货部门的人说:"生产部门没有按时完成任务,是因为原料供应不上,再加上经常停电的原因才导致他们没能按时完成任务。"

　　在了解对方的情况以后,双方才知道,单纯地指责是没有用的,只有相互配合,密切地联系才能解决问题,供货部门在强调准时交货的同时,也努力保证原料的供应。而生产部门也会体谅销售部门的难处,保证完成任务。事实上,双方都以集体的利益为主的时候,这些矛盾也就自然而然地化解了。

　　这个总经理没有听信一面之词,而是在调查实际情况的基础上,公平公正地解决了两个部门之间的矛盾。

　　兼听则明,偏信则暗,你在处理矛盾的时候一定不要从自己的主观方面出发,轻易地相信别人,听取他们的一面之词,武断地仲裁,这种做法很容易导致冤枉好人。即使你只听一面之词做出的判断是正确的,没有被听取意见的一方一定会很不满意,容易造成感情的冲突,在这种情绪的影响下,即便你做出了合理的解决,对方也不会觉得心服。所以作为一个高明的领导,在处理下属的冲突时,不要急于表态,充分听取双方的意见以后,再做出相应的对策。

　　一个推销员去公司的会计那里结算,看见会计的速度慢吞吞的,于是就出口恶语伤人,会计一听就生气,拒绝给推销员结算,于是两个人大吵起来,最后闹到领导那里。这件事情表面看起来是推销员有错在先,如果不是他恶语伤人,会计也就不会不给他结算,但是,仔细一想,会计也有错,要不是推销员心里着急,看到会计不慌不忙的样子，也就不会出口伤人了。事情弄明白后，领导沉默了一会儿对推销员说："如果你是会计，别人用这种态度对你说话，你不会生气吗？"然后领导又对会计说："如果你是推销员，你急着结算，看到会计慢吞吞地做事，你不会生气吗？"这样一问，两个人瞬间就脸红起来，双方听了领导的这一番话，认识到自己的错误，于是互相谅解了。

唐太宗问魏征："什么样的君主叫明？什么样的叫暗？"魏征说："兼听则明，偏信则暗。尧舜之所以英明，就是因为他知道眼观六路，耳听八方。像秦二世、梁武帝、隋炀帝那样的昏君，偏听偏信，只听那些奸臣的话，才会导致失败。"从历史上的诸多例子中我们不难看出，偏听偏信的影响是多么的大。

所谓兼听，就是从不同方面、不同性质、不同的态度与意见进行分析，择善而从之，然后做出尽可能对的论断，处理好事情，得到好的结果。喜欢听取一面之词的人，就会主观臆断，听着一方振振有词，就相信他人的一面之词而去忽视真实的情况，这样对另一方就不公平，还会惹来很多麻烦，所以我们在遇到事情的时候，就应该听取双方的意思然后做出正确的判断，避免一刀切、一点论。

古代的君王为了兼听，广泛收集百姓的民歌民谣，微服出巡，了解民情，这都是兼听的表现形式。在我们现代社会中，兼听仍然是必不可少的。不管你是作为领导还是作为普通人，都不应该轻易地相信别人的一面之词。

那么，怎样才能做到兼听则明呢？

1.综合利弊作决定

别人给予了你建议和意见，究竟该怎么抉择还是要你亲自拿主意。没有人的意见是十全十美的。有些人的意见可能是利大于弊，而有些人的意见可能是弊大于利。甚至有时候，站的角度不相同，利弊会相互转化。所以这就需要你综合利弊作决定。比如上大学到底是去大城市好呢，还是在小城市好呢？大城市消费高，但是将来找工作的机遇大，小城市消费低，但难以实现自己的宏图大业。如果你想要实现宏图大业，那么去大城市利大于弊，在小地方弊大于利，如果你更加趋向于过安稳的生活，那么大城市弊大于利，小城市利大于弊。所以，要明确自己的真实需求,然后综合利弊考虑。

2.多听听不同的意见

人有趋众的心理,当某一个意见支持的人稍微一多,为了避免自己被孤立,就会放弃自己的观点,附和别人。所以,在倾听别人意见的时候,要多留意那些发表不同意见的人。多听听他们的声音,多考虑一下他们的建议。他们之所以有不同的想法,是因为他们站在独特的角度上看问题,或许这些角度正是大多数人所忽略的。尽管他们的见解可能不是最好的决定,但是却能帮助你在抉择的时候考虑得更全面。

第四章　在倾听中决定方案

在社会上生存,本来就是一件不容易的事情,我们一定要学会抓住时机,看清了事情的始末,做出正确的判断再发表言论。有的时候,对方在和我们交流的时候,可能不是抱着善意的态度来和我们交流,可能会语出伤人,也可能不怀好意,这时候我们应该以敏锐的感觉倾听,察觉对方的语言漏洞,在倾听中做出正确的判断,制订解决的方案,帮助自己解围。

用好太极推手,回避难答的问题

我们在很多场合,都会遇到一些人提出让自己很尴尬、很难回答的问题,尤其是公司的领导和公众人物,遇到这样的问题就会更多。在这样的情况下,我们既要保持自己的形象和风度,给对方一个答复,还要注意保护不适宜公之于众的隐私。这时,我们可以把话说得圆滑一些、模糊一些,既给了对方一个答复,又不会泄露自己的隐私。把对方抛过来的话无声无息地推回去,既能保证自己不受到骚扰和伤害,又给对方留足了面子。

在交谈中遇到难以回答的问题,你可以巧妙地回答,歪解、曲意,装作没有听懂,这些都是解决问题的好办法。

听得出别人的试探,也是一种听话的技巧,也是一种避免泄露隐秘的技巧。别人试探性的问题、不好回答的问题、两难的问题等等,你不方便作出回答,那么该怎么办呢?就像某个小品里说的那样:"过年了我家里什么年货都没有买,就剩一头猪和一头驴,问:是先杀猪好呢,还是先杀驴?"这样的问题,你怎么回答都是错误的,两头都是挖好的陷阱。面对一些不好回答的问题,你如果不说一句的话,就会让对方难堪,破坏气氛,还会显得自己没有风度,这时候你就可以用一些无效的回答。

所谓无效的回答,就是用一些没有实际意义的话去作出回答,答了等于没有回答,别人又不好说什么。

小张是一家公司的主管,手下有几十号员工,都是女士,可是,女士多的地方,是非也就会多。一个员工问道:"主管,年底老板会给你多少年终奖呀?"

小张笑着对她说:"你觉得我该拿多少呢?"

"有人说老板打算年后要裁员,消息确切吗?"

"你是不是觉得咱们这儿应该裁员了?"

"听说老板这次出差要签一份大单回来,是吗?"

"你希望是这样吗?"

"……"

作为女性领导,对于下属问的各种奇怪的问题,小张回答得就很不错,她没有直接地回答下属这是上层决定的事情,因为这种问题不能说,也没有回答下属想要打听出来的事情,而是把问题巧妙地推还给对方,叫对方自己来作出回答。

著名影星、孙悟空的扮演者六小龄童,在一次记者招待会上,有一位记者问他:"当初谈恋爱,你和于虹谁追的谁?"

六小龄童回答:"到底谁追谁,有什么重要?我们都没有想过要'追'对方,因为不是在赛跑,一个在前一个在后,我们是夜色中的两颗星星,彼此对望了几个世纪,向对方眨着眼睛,传递着情意。终于有一天,天旋地转,我们就像磁石的两极碰到一起,吸在一起了。"

六小龄童根本就没有回答对方的问题,而是一开始就否定了对方问题的前提,即认为两人谈恋爱不一定是一方主动追另一方,随后便对两人的爱情作了一个浪漫、精彩的比喻。这样既回答了记者的提问，又没有透露自己的隐私。生活中，遇到有人打听隐私的时候，这不失为一个好办法，从一开始就否定对方的问题，自然也就不用按照他的提问来回答了。

如果对方提出的是我们不能回答或不想回答的问题时，我们可以巧妙地利用其他因素转移话题，让对方无法得到想知道的答案。

世界著名男高音歌唱家帕瓦罗蒂不愿把自己的体重公开，于是，当有人问他现在体重多少时，他说："比过去轻。"再追问他过去多重时，他说："比现在重。"他用的是和对方绕圈子的技巧，绕来绕去，最后对方还是什么信息也得不到。

在千变万化的生活中，什么样的怪问题都可能碰到，而对付这些怪问题的最佳方案，就是做出迅速灵巧的变通，切不可被对方的问题困死、陷于被动。

面对恶意冒犯者，装聋作哑轻松击退对方

在人际交往中，遇到那些恶意冒犯的人，我们可以用到"秀才遇到兵，有理说不清"的战略方法，故意装作没有理解他的意思，让对方产生一种强烈的挫败感。如果你这样做激发了他的怒火，那么你将立于不败之地，因为发脾气的人给我们的感觉就是理亏；如果他没有对你发火，那也一定能够打乱他的思维。要知道无招胜有招，对方出了招，你却不接招，对方就好像使出浑身力气，却打在一团棉花上，那么他将拿你没办法，只有退却。故意装作听不懂对方的话，装傻充愣，歪解他的意思，这样几个来回，他必然会觉得你不可理喻，放弃和你继续交谈下去。

王艳是某公司的一名普通员工，平日里默默地工作，话不多，性格也有些内向，和人说起话来，脸上总是带着微笑。有一年，公司里新来了个女孩子，这女孩特别好斗，动不动就和同事争吵，有时候，甚至没有理由，看别人不顺眼，就要过去和他斗上半天。一段时间之后，大家再也受不了女孩的纠缠，不是辞职就是请

调。最终，话锋终于指向了王艳。一次，这位女孩抓住了王艳的把柄，于是在众人面前煽风点火，谁知道王艳始终面带微笑，一句话也没有说，只是偶尔说了一句"啊？"最后那个女孩只好收手，还气到自己，一句话也说不出来，过了不久，这位好斗的女孩也辞了职。

有人会说王艳的修养太好了，可是事实并不是这样，因为王艳的听力不好，理解别人的话总是会慢一些，而当她在仔细地听过你的话之后，仔细地想过你话中的意思，才会作出回答，脸上露出无辜、茫然的表情，而那个好斗的女孩，性子又是比较急，对于她这样的反应，不生气才怪。

事实上，我们在生活中，难免和别人磕磕碰碰，当别人用语言对你进行伤害的时候，不妨学学王艳，茫然不知所措地望着对方，然后无辜地问一句"啊？"想想当对方看到你如此表现的时候，该是多么的气愤和难堪。把自己的真实想法隐藏起来，让对方琢磨不定，把对方的攻击和伤害反弹回去，让对方抱起石头砸自己的脚。

所以，在面对别人恶语挑衅的时候，你只要装聋作哑，他自会收兵，面对沉默，他再说下去也没什么意义。

当别人对我们中伤调侃的时候，我们也可以使用这一方法，朋友之间也会出现这一情况。有时候因为玩笑开得太过了而大动肝火，伤了彼此之间的和气。面对这样的情况，不妨装作不知道，给他一种丈二和尚摸不着头脑的感觉。

清清是一个女孩子，因为身体过度的肥胖，同班的同学经常拿她开玩笑，什么冬瓜、肥猪、油桶等不好的词都用在她的身上。面对这些恶意的词语，实在让清清很气愤，毕竟自己是一个女孩子，被人这么说，很失面子。如果去阻止他们那就是不打自招，如果不管，却又抑制不住心中的怒火。清清脑子一转，想了个好方法对付他们。这天，同学们又叫清清的绰号，开起了玩笑，清清走过去拍着他们的肩膀说："陈亮，你不是说你有一米七吗，我看没有吧？"接着又对胡海说："胡海，你早晨吃饭了没有啊？要不要我帮你找点冬瓜吃啊，你不是一直在叫冬瓜吗？"

听到这样的话让他们感到出其不意，没想到清清会这么说，全班安静了几秒钟,然后哄堂大笑,刚才两人的对话再也进行不下去了。

面对别人的讽刺和挖苦,一些尖酸刻薄的语言,我们没有办法不去理睬,尤其是那些喜欢拿别人生理缺陷做文章的人,更是让人心烦,为了避免两败俱伤,你就可以巧妙地装作是没有理解对方话的含义,让他们哑口无言。

用装聋作哑来应对别人的伤害的时候,要注意哪些方面的问题呢?

1.在姿态上保持高调

面对别人的语言攻击,在姿态上要保持高调,用这种不屑一顾的情绪来表达对对方的漠视。不妨将自己定位为一个观众,将对方的喋喋不休当作是看一场精彩的表演,在对方表现得突出的时候,不妨鼓掌喝彩。这样一来,对方本想着羞辱你、伤害你,却被你的高姿态所羞辱,被你的看客态度所伤害。对方达不到羞辱你的目的,继续下去,只能让他自己出丑丢脸,所以这个时候,对方着急要做的事情,就是闭嘴消失。所以,在面对对方语言攻击的时候,在姿态上要保持高调,让对方的强烈攻势在你置身事外的态度面前变得软弱无力。对方伤害不到你,反而被你所伤害,自然会停止对你的攻击。

2.转移自己的注意力

一般情况下,别人想要难为你,想要攻击你,自然是有备而来。所以,当你听到别人恶毒攻击的时候,不妨将自己的注意力从对方愤怒的情绪和恶毒的言语上转移开来。这样一来,你就不会被对方难听的话所伤害。当对方发现你的注意力根本不在他的身上时,尽管很恼火,但是却拿你一点办法也没有,相反,对方想要攻击你,首先得酝酿激烈的情绪。这些激烈的情绪反过来会让攻击者愤怒,事实上伤害的是自己。对方攻击你的目的就是引起你心里的愤怒,引起你情绪的波动。当你不被这些攻击所动的时候,对方白白承受了说出那些恶毒的攻击言语的悲愤,得不偿失。这所谓"拿泥巴扔人,也会弄脏自己的手",更何况不但没有攻击到对方,还把自己的手弄脏了,这个亏自然是吃大发了。

3.始终保持微笑

用言语攻击别人也是一种与人交流的方式。与人交流就要有互动,才能更好地进行下去。当别人攻击你的时候，始终保持微笑。这样，对方的攻势找不到互动的载体，根本没法进行下去。更何况对方前来是以伤害你为目的，而你却报以真诚的微笑。这样对方尽管情绪很激烈，但是心里已经虚了，气势上已经弱了。因为你的真诚微笑，会让对方觉得自己做错了。当对方心里否定了自己之后，自然坚持不下去。就算坚持着，也没有后劲了。除了乖乖收兵外，没有别的任何办法。所以，面对别人凌厉的语言攻势的时候，不妨报以一个真诚的微笑。

时机未到时不要轻易表态

我们常说，说话时机重于说话内容。在我们与人交谈前，应该提前做好准备，在恰当的时机做恰当的表述。

我们都知道，一个足球运动员，即使拥有细腻的脚法，强健的体魄，但是如果他没有抓住那瞬间的机会，没能在临门前一脚踢进球，那么一切都是白费力气。同样的道理，无论我们说的话怎样精彩，如果时机不对，你就没有办法达到你的目的。听者的心情往往随着时间的变化而变化。想要对方接受你的观点，就应该选择恰当的时机。

我们在与人交往的时候，尤其是在谈判或发表意见的时候，一定要稳住步调，小心谨慎。我们只有把握好时机，抓住问题的关键，才能使自己的语言更有力量，才能得到对方的理解和认同。没有看准时机，轻易表态，很可能就会断送自己的前程。

王评是个很会说话的人，大家也喜欢和他交往。一次例会，大家一起讨论一个策划案，对于这个策划案，王评正好有一个好想法一直想和领导说，只是还憋在心里，这次的会议，刚好能把这个想法和大家说说。领导让大家发言，大家众说纷纭，只是领导一直没有听到满意的答案，直到大家都说完了，领导感到有些失望的时候,王评清了清嗓子,站起来,把自己的想法说了出来。他之前听了大家的说法,再结合自己的想法,扬长避短,使自己的想法更趋完美。当王评把自己的想法说完后,领导高兴地说:"其实我也一直有这样的想法,我想看看有没有人和我有同样的想法,终于让我等到了,而且你的建议,比我想的还要完善,就按你说的建议办吧。"不久之后,王评的建议果然起到了效果,公司的销售业绩有了明显的提升,王评本人也被提升为销售部的副经理。

王评恰到好处地掌握了时机,并且在合适的时间表态,如果在会议的一开始就发表见解,可能就达不到这样效果,在众人说完意见之后,领导在有些失望的时候,发表自己建议,又恰好这也正是领导所想。王评把握好了时机,最后的受益者就是他自己。

在讨论会上,我们不妨采取这种方法,虽然在听众中,大家都有先入为主的思想,可是大家也总是会觉得好的可能在后面,所以发言的时候不要过早,一开始的时候气氛还比较沉闷,如果后讲,还能对先发表的意见进行总结归纳,弥补别人发言的漏洞,发表更完善的意见,可是要是发表得太晚了,听众感到疲倦,再好的意见都是白费,所以在等3个人发言完毕你再发言,切入主题,往往会引起大家的关注。

聪明的人步入社会的时候先要学会倾听,倾听不是代表他没有想法,倾听的时候,其实是看清事情的始末,做出正确的判断,什么事情该做,什么不该做,什么话该说,什么不该说这些都是很重要的。不是所有的事情都是别人可以教你的,有些事情还是要靠自己。在社会中一定要有一双慧眼,看好方向,看好风向,你才能扬起帆,继续前行。聪明的人总是会静静地等着时机的到来,在合适的时间说合适的话,这样成功的可能性就大大地得到了提升。

中国第一位现代舞拓荒者裕容龄,年轻时随外交官父母迁居巴黎。由于受到旧时礼数的束缚,一直不敢表达自己学舞的愿望。一次,日本公使夫人来家里做客,顺便问她的母亲:"你家的小姐怎么不学跳舞呢?在日本,女孩子都是要学跳舞的。"母亲不好拒绝,给自己找了个台阶说道:"以后再学吧。"裕容龄趁机向母亲表态："好母亲，我今后就学日本舞，跳给您看好吗？"说完，就换了衣服跳起了《鹤龟舞》，公使夫人对她夸赞不已，母亲也只好认可了，让她学习跳舞。抓住时机，说出自己心中的想法，你的愿望才能够实现，裕容龄就是抓住了这个时机，并且毫不犹豫地、巧妙地说出了自己心中的想法，从而让母亲答应自己学跳舞。

为人处世要看时机，说话也同样要看准时机，讲究分寸。在与人相处的时候，求人帮忙的时候，时机把握得不好，你说出口的话就很难打动别人，也就很难说服别人，更别说是达到愉快地交往了。所以抓住时机、在恰当的时机开口，才是最正确的选择。

别人有拒绝之意，自己要识趣

被别人拒绝总是一件很尴尬的事情，无论我们是听话的人还是说话的人，我们最好都不要直接面对，所以在多数情况之下，表示拒绝都是委婉的、迂回的，而听话的人在对方有拒绝之意的时候，一定要明白对方的意图，不要让对方当面拒绝，否则就有可能当面出丑。

别人拒绝你，往往会找一些借口。其实，要想分辨哪些话是真实的意思，哪些话是对方的借口也很简单。只要我们认真观察对方的神态、动作，就可以分辨出对方所说话语的真假，若是对方对你说的是借口之辞，那么他的神态一定就会有异常，他的语言语调也会有所变化。比如，对方说有急事需要离开，那么不管是他的神情还是他的动作，都可能变得比较着急。但如果他口上说有事急着离开而神态却并不慌乱，那么他八九不离十是在找借口。

要想听出别人的拒绝之意，可以从以下几个方面入手。

1.动作

如果对方有拒绝之意的时候，会在他的动作上有表示，比如有的人喜欢加大动作的幅度，或者是发出很大的响声。当你们谈话时间比较长的时候，对方觉得很累或者是想要拒绝你的时候,会皱皱眉,揉揉太阳穴,或者是看看手表,玩玩手机之类的,看到这种情况,对方已经很明显地表现出来拒绝的意思了,而你们的对话也就可以结束了,不要迟钝到需要对方用语言来拒绝,你才肯罢休。

2.语气语调

如果对方有拒绝你的意思,那么他的语气是不顺畅的,还有可能变调,用很奇怪的语调或语气和你说话。也有可能是正话反说,暗中讽刺。如果对方一开始就非常激动,好像有很强的抵触情绪,遇到这种情况,事情最好就此作罢,对方已经表明心意自己不愿意。如果强求,只会让事情变得更糟。

《红楼梦》中有这么一个段子。荣国府的丫头傻大姐在园中游玩的时候无意中捡到了一个绣有"春画"的荷包,结果被邢夫人发现了,事情传到宝玉的母亲王夫人那里,王夫人害怕宝玉有失,立即命令侄媳妇王熙凤连夜查抄大观园里各位小姐丫头的私物。

一行人来到了三小姐探春的住处,探春本就是性子刚烈的女子,"早就猜着必有缘故。所以引出这等丑态来。"于是命令丫头开门等着。不久,抄检的一行人来到探春的住处,探春立刻开门见山地说:"我们的丫头自然都是些贼,我就是头一个窝主。既如此,先来抄我的箱柜,她们所有偷了来的都交给我藏着呢。"说着,便命令所有的丫头把箱子、柜子、大大小小的东西全部都打开,请王熙凤来抄阅。这种话什么人听不出来话外音呢,把大大小小的物件都打开,这哪里是让人查阅呢,分明就是在示威给大家看。意思就是对着来人说:"你们搜吧,搜不出来什么,看看你们到时候该如何做出交代。"

更厉害的话还在后面呢,探春说:"我的东西可以让你们搜,但是,要想搜我丫头的东西,这就不行了。我原本就比众人狠毒,只要是我丫头们的东西我都知道,全部都在我这里收着呢,连一针一线她们都没有藏着,你们要查的话就查我好了。你们要是不愿意,就只管告诉太太,直说我违背了她的意思,该怎么处置,我自己会去领的。"要知道这最厉害的话还在下面。

探春慷慨激昂地说道:"你们别着急,自然连你们抄家的日子有呢,你们今天早晨不是还在议论甄家,自己家里好好的,偏偏抄什么家,果然,今天就抄了。我们也渐渐来了。要知道这样的大户人家,自己外人杀是杀不死的,不是说'百足之虫,死而不僵'吗?只有从家里内讧开始,自灭起来,才能一败涂地。"说着探春的眼泪不自觉地流了出来。

王熙凤自然是识时务的,所以随即打圆场,准备撤退,可是谁知道,喜欢搬弄是非的王宝善家的,是个不长眼色的人,听不出事情的进退,看不出事情的始末。在这个节骨眼上,居然上前拉住探春的衣裙,故意一掀,笑嘻嘻地说道:"连姑娘身上我都敢翻,真的没有什么。"她这一下可是惹火了探春,随之而来的就是探春给的一个耳光,接着探春指着她大骂道:"你是什么东西,敢来拉扯我的衣裳,我只不过看着太太的面子,看你又上了年纪叫你一声'妈妈',你就狗仗人势,现如今,越发的不得了,你看着我是和你们姑娘那样好性子,任凭你们欺负,你来查我的东西我不生气,可是你不该拿我取笑。"说着就要解开衣服拉着王熙凤仔细地搜,"省的叫你们奴才来查我。"

凤姐是很会做人的,自然不会动手去翻,探春最初的话,凤姐就读懂了其中的一丝,她没有动手,而是选择撤退,可是她的奴才却没有听出其中的意思,一味地蛮干不加思考,所以才弄出之后那些尴尬的局面。

3.答应的速度

如果对方愿意帮助你,那么一定就会在你刚说出要求的时候不假思索地答应帮助你,其间的速度是很快的,可是他要是不想答应,一定不会很痛快,通常的时候他都会迟疑一下,或者语气缓慢,面露难色地说出"我考虑考虑",要么就是装作没有听见,不做反应。遇到这种情况,对方十有八九就是在拒绝你。

不论是在我们的生活中,还是在我们的工作中,和别人交谈的时候,我们一定要小心谨慎,还要灵活,一旦听出对方有拒绝的意思,就不要再赖着不走,到时候对方真的摊牌了,恐怕你的颜面就难以保存了。聪明人不会不识趣,一旦察觉到对方有不乐意的倾向,又想要拒绝自己的意思,聪明人就会立刻收兵,不会让自己颜面扫地。

被人拒绝是一件很尴尬的事情,别人有拒绝的意思的时候,你就要及时地撤退,没有谁愿意得罪人,对方要是想极力地拒绝你,一定不会很明白地说出口,而当对方把拒绝的话说出口,那后果就可想而知了。人贵有自知之明,要想不陷入尴尬的局面,就学得精明一些,听得出对方话里藏有的拒绝之意。

对于不同的意见,先表示"部分同意"

我们在生活中,常会遇到与别人意见不相同的时候,这时没有谁会愿意服从别人,不愿意去接受别人的想法,总是觉得自己的想法才是正确的。这样双方就容易争吵,矛盾愈演愈烈,最终伤了两个人之间的感情。很多时候只因一件小事情,双方争得脸红脖子粗,谁也不让谁,最终落得两败俱伤的结果。

当我们的意见和别人不一样的时候,我们可以先在态度上给予对方发表意见的机会,并且表明自己已经接受了对方的观点,然后,再委婉地说出你自己的想法与意见,这样就可以很和谐地交换两者的思想,求同存异,而不会大动干戈,大伤元气。

当对方提出观点,而我们又无法认同的时候,我们可以先赞同他的意见,夸赞他的方法,然后再以谦虚的口气说出你的建议,这样就很容易让对方接受。对方的心理得到满足,对你的意见也就更容易接受。这对于我们来说,不但表现了我们的风度,也坚持了我们的立场,何乐而不为呢?

大多数人可能不同程度地遇到过这样的问题,你的上司在台上滔滔不绝地陈述自己观点的时候,当上司觉得自己的观点很不错,正在为自己的观点沾沾自喜的时候,你的脑子里突然冒出来一个比上司还要好的想法时,你会选择直接告诉你的上司,还是会另做打算呢?

如果上司被你的意见弄得很尴尬有失颜面,这时候即使你的想法再好,恐怕也不会被上司看好了,那么你该如何向上司说出你的建议呢?

乐乐是一家商场的导购,工作已经 4 年多了,也有一定的工作经验,老板和同事们也对她很赏识。由于商场的销售额一直在增长,老板想要再增加一些档次稍低的产品,因为老板觉得这样做的话消费者似乎会更多一些。当时一家化妆品产的产品比较合老板的心意,老板就想大批量地进货。

当时乐乐的想法和上司的完全不同,她觉得进那么多低档次的化妆品并不是很好,而是应该增加一些名牌产品来适应不同的消费者。

在一次会议上,老板把自己的想法说出来后,问大家有什么看法。大家都顺着老板的意思来表达意见,大家都恭维老板说,这样的想法一定会让商场的销售额有大幅度地提升。可是乐乐知道,这时候要是说出自己的想法,一定会影响老板的情绪。

会议开到最后,老板突然问起乐乐:"乐乐,你是一个女孩子,你最有发言权,我看你在化妆品专柜做得就很不错,也说说你的想法。"乐乐很谦虚地说道:"其实我不是一个很爱打扮的女孩,可是我的朋友们都很时尚,很爱打扮,她们可都是非品牌不买。"说到这里,领导们一起笑了,老板很得意地问道:"那你喜欢什么样的化妆品呢?"乐乐笑着说:"我喜欢中档次的,既经济又实惠。"老板这次没有笑,而是陷入了思考中,过了一会他抬起头来说:"我想我们想在商场上做大做强,就必须在产品的品种和质量上下工夫。"最终老板还是采纳了乐乐的意见,果然销售的成果取得了不错的成绩,乐乐也越来越被老板器重了。

在一般的情况下,你认为自己比老板的意见好,你就一定要做充分的准备,把你的理由都罗列清楚,然后找一个合适的机会,委婉含蓄地向领导说出来,或者是将领导意见的不足之处含蓄地告诉他,你一定要牢记,千万不要在人多的时候或者是领导正在被人吹捧、扬扬得意的时候来说领导的不足。这时你完全可以把你的意见保留下来,等有机会再和领导进行沟通。

我们在表达不同意见的时候,不妨先做出退让,表示自己在某些方面是同意对方的意见的。你可以用询问的口气来重述对方的意见,请对方再重新考虑一下，让不愉快的情绪降到最低点，再委婉地说出你的意见。你可以这样说："这个地方，你是否再想想，有没有更好的解决办法，我有一些粗浅的建议……"、"我十分同意你的意见，只是我还有一些建议，希望你能听听看。"这种谦虚的态度不仅能表明你是赞同他的意见，而且你对他的意见还很感兴趣，当你用这样的态度和对方说话，就可以让对方很乐意地与你继续讨论下去，也会很乐意地接受你的意见。

卡耐基在《人性的弱点》一书中就提出，每个人都有与他人意见不相符的时候，每个人都有强烈的自尊心和面子观念。所以，当我们用直截了当的态度反问对方时，不管你的口气多么和气，对方都会觉得你是在扫他的面子，伤他的自尊，这样，无形中就多了一些不必要的麻烦。

对朋友、同事的所作所为，即使你有意见，说的时候不妨婉转一些。你总得先说"你的某某事做得挺好，效果、反映都不错"，然后，你再用"就是"、"但是"、"不过"等来做文章。谁都知道"但是"后面的才是真正要说的话，但前面的话一定要说，因为它不是假话，也不是废话，而是为营造一种和谐气氛所说的客气话。你若直来直去，对方必然会觉得你伤了他的自尊，心中会大起反感。所以，曲线救国，拐弯抹角的话少不了。

不管遇到何事，都不要跟别人争辩，别老是指责别人错了，而要讲究一些方法技巧，不如用先肯定后转折的语气说话，让对方不知不觉地接受你的意见。这里介绍几种较为可行的方法。

1.商量法

尽量用商讨或询问的口吻，不用命令或过于绝对的语气。当你要表达不同意见时，先可用较温和的口吻来说，比如："你的意见是这样，我觉得是不是可以这样？你再想想。"或者这样说："我们能不能换一个角度来考虑？你看那样行不行？"先商量，当对方仍坚持己见时，你再用坚定的语气也不迟。商量是尊重人的表现，你非常尊重人家，即使人家不想否定自己的意见，不想接受你的意见，也会充分考虑你的意见，并给以相应的尊重。

2.两分法

用辩证的方法先肯定对方的意见有合理的因素,再提出自己的不同意见。比如在讨论怎样搞好集体卫生时,有人提出一个小组连着搞一个星期,而你觉得不妥,认为还是一个小组搞一天好。这时,你不妨这样说:"刚才××提出的意见有一定的道理,也是一种方法,但我认为还是一个小组搞一天比较好。"接着,你可以具体说说理由。先肯定对方,再提出不同意见,这样显得公正和客观,也容易让人接受。

3.析弊法

由对方的观点推导出可能产生的不良后果,在此基础上再提出自己的意见。你要提出不同意见,肯定是对对方的意见不满意,那对方的意见弊端在哪里呢?你得好好思考一番,尽可能多找一些出来,你给对方的意见找的毛病越多,否定起来就越容易。分析别人意见的弊端要实事求是,要有理有据,不能无中生有,更不能任意扩大。

4.借助法

借助他人的观点和做法来替代自己的不同意见。有时,自己直接说出不同意见比较为难,比如面对的是老师、长辈或上级。此时,你可借助同类型的、对方也熟悉或已经明确了的事例来替代自己的意见。比如你可这样说:"张永他们也有过这种事,他们就是这样处理的,结果倒不错,我们是不是可以借鉴?"借助法,实际上就是用事实来说话。

会说话的人走在什么地方都会赢得听众的好评，高超的技巧、随机应变的能力，无疑是让人最羡慕的东西。很多不容易应对的事情，你不知道怎么开口，这时候，你不妨问几个问题来解决这一难题。问话是打开对方话匣子的一个好方法，不会问话的人，也常常会得罪人。一个善于问问题的人，能够以一个个巧妙的问题激起对方的谈兴，牵引对方的思路，推动事态向自己的既定目标发展。

第三篇

高明人懂得问

第一章　问出热烈的气氛来

会问话的人，总能调动起别人的热情，我们在交谈时总会有遇到冷场的时候，会问话的人，就不会把气氛弄得很尴尬。调剂气氛，其实并不需要我们知道得太多，你只要挑开话题，对方感兴趣的话，就会打开话匣子。所以，开场的话一定要说好，它起着至关重要的作用，还直接影响到谈话的结果。

开头的问话，往往决定谈话效果

我们常说万事开头难，讲话也是同样的道理，开头的几句话往往就是点睛之笔，常常决定着你接下来谈话的成败，在你最初的几句话说出口时，对方若是不感兴趣，那么你就很难让他对你接下来的话感兴趣，注意力一旦被分散，之后你的谈话再精彩，也会变得黯然失色。

善于交谈的人，能够巧妙地从对方的口中引出有趣的话题，看似毫无意义的交谈，却为接下来的谈话营造出良好的气氛，在融洽的交谈中，可以消除你紧张的情绪，也可以让对方紧张的心理消除，这样就能很快地使对方进入良好的交谈状态。

在社交中，最引人注目的就是交际的魅力。与相对陌生的人交谈，我们有的时候可能不知道该如何搭讪，其实这很简单，只要你善于提问，引起对方的兴趣，交流就会很好地进行下去。我们常用的方式有以下几种：

1.寻找共同爱好

常常出门的朋友可能知道,在漫长的旅途中,可能会觉得有些无聊,你想和别人交谈,这时候怎么打开话匣子呢?

小李去外地出差,就他一个人,觉得有些无聊,身边的乘客正在看报纸,小李瞭了一眼,身边的乘客正在看的这一页报纸有他最喜欢的 NBA 的赛事,小李有礼貌地说:"您好,你的报纸看完了以后,可以借我看一下吗?"乘客很乐意地把手中的报纸分给小李,小李继续说:"您也喜欢 NBA 吗。"乘客一听立刻有了精神,说:"是啊,我最喜欢的就是篮球了。""我也是啊,你喜欢哪个球队?"两个人立刻就投入到激烈的讨论中去,无聊的时间就这么打发了,临下车还互相留了电话,说有机会约着一起打篮球。

2.以攀认式拉近彼此的距离

一般来说,对任何一个素不相识的人,只要善于观察,你就可以找到或近或远的关系,在你抓住这一层关系的时候,无形中就可以拉近和对方的距离,让对方产生一种亲切感。

陈元是一个销售人员,可是一般的人对销售都会有些反感,这时有个大爷在散步,陈元走上前,对大爷笑着说:"大爷,出来散步啊。"大爷说:"是啊。"陈元一听大爷操着一口浓重的甘肃口音,于是笑着对大爷说:"大爷,您是西北人吧?"大爷有些吃惊:"你怎么知道?""大爷,我也是西北的,一听您的口音就感觉特别亲切。您是甘肃的吧?"大爷笑着说:"是啊,我是兰州的,你呢?""那太巧了,我也是兰州的。"于是陈元用家乡话和大爷对起话来。大爷很高兴,最后决定了,下次买东西就找陈元,大爷还主动地问陈元要了张名片。

3.敬慕式的谈话能给人满足的感觉

谁都喜欢别人称赞自己,人都有一种虚荣感,你可以夸赞他的过人之处,对陌生人表示敬重、仰慕是一种热情有礼的表现,但是用这种方式的时候,你一定要注意掌握好分寸,恰到好处,不能说话不着边际,而说话的内容也要因人而异。

对于领导,一定不能用太过的话,比如:"如雷贯耳,久闻大名。"这些话让人听起来会感觉你不实在,有些溜须拍马。不仅不会给你加分,反倒会对你的印象大打折扣。所以,夸赞的话也要说得有艺术,才能拉进对方的距离。表示敬慕的时候要恰到好处,让听者觉得自然舒服,对准对方的喜好,一语中的,你的交谈也就越能打动人心,受到别人的欢迎、信赖。

一个陌生人在你面前并不可怕,可怕的是你不知道该如何与他交谈。其实,你只要主动热情地通过话语,与他聊天的时候找到对方的交会点,赢得对方的好感,这样就能拉近你们之间的距离。

变命令为提问,让员工乐于服从

如果你是一个领导者,在工作中难免要发号施令。要想让你的员工听从你的命令,不折不扣地执行,你就必须注意你下达命令的方法。有的人可能不习惯你直接用命令的口气和他说话,这时候,对待这种人,你不妨使用一些方法来使你的员工听从你的命令。

在你命令你的员工去做事情的时候,不要以为只要下达命令了,事情就可以顺利完成了,这只是你个人的想法,事实上,下达命令、作出指示这是很有必要的。然而,你必须仔细观察考虑你的员工在你下达命令的时候是什么反应,他们在什么状况之下,你怎样的说法才能让他们接受。

你要是这么说,他们绝对会产生反抗的心理:"小王,把这份材料赶出来,你必须用最快的速度,明天早上没看见的话我就……""你怎么可以这样做?我都说过多少次了,你就是记不住,现在马上停下手中的事情,立刻给我重做。"

作为一个领导,如果你这样给员工下达命令,你的下属脸色一定会不好看,很不情愿接受你的命令,这样的情况之下,你的员工不是去做好它,而是应付差事地完成它,其实你也一定希望他们做好事情,而不是单纯地完成任务。

当他们的工作完成以后交给你,你可能会大失所望,难免会有些生气,然后再用不好听的话去责怪你的员工。这样不光是员工的心情不好,你自己的心情也不会好。在你下达命令的时候,不妨换一种方法,让人更容易接受,也不会产生逆反的心理,是去做好它,而不是完成它。

一家小工厂的主管拿到了一位商人送来的大订单,但是他工厂的活已经安排满了,可是订单上要求完成的时间非常短,可是这笔生意又很大,不接受的话,又会觉得很可惜,机会实在是很难得。

他没有下达命令要供人们加班加点的来干活,赶工程,他只是召集了所有的员工,对他们解释了具体的情况,并且说明了假如能如期的完成工作,对他们厂的影响有多大。主管提出了一系列问题:我们有什么办法来完成这张订单?有没有人有别的办法来完成这张订单? 有没有办法来调整我们的工作时间和安排好的工作来帮助整个厂子?工人们提出很多意见,并且一致赞同拿下这张单子,他们用"我可以办到"的态度拿下了这张单子,并且如期地完成了任务。

试想一下,如果主管只是下达命令,工人们只是会勉为其难地接受,还会抱怨连连,工作的效率也就可想而知了。可是主管却用提问的方法,将下命令变成了协商,自然而然地大家都接受了任务,大家会觉得领导看得起自己,把他们自己看作是出主意的一分子,办事的积极性也就很高了。

在你给下属下达命令的时候,让他们复述你的命令,可是你要是直接说:"小陈,你复述一下刚才我说的话。"你这样直接说出口,对方可能会不高兴。首先,他会觉得你在侮辱他的记忆力和理解能力,其实你要是换一种说法的话,同样的事情就可以起到不同的效果,你可以这样说:"小陈,你重复一下我刚才的话好吗? 我想检查一下我还有什么没有说到的。"这样的话,就很简单地解决了问题。

当他们没有听明白你的话的意思时,你可以向他们提问题。如果对方没有听明白你究竟想要干什么的时候他就会问你,以便弄明白你的意思,这些都是很正常的。但是如果是当着一群人下达命令的时候,即使没有人向你提出问题,你也不要以为大家都懂了。在多数情况下,大家多多少少都会有些问题想要问,可是又碍于面子，不想在同事的面前丢脸，不想让大家觉得他的理解能力不好。如果你确认有人没弄明白的时候，你可以问他："小赵，这个问题，你打算怎么处理呢?"或者是"小赵，你对这个问题还有什么看法""小赵，你对这个问题，还有什么好的建议?"

如果你希望一个人在他工作的时候能发挥他最大的能力，希望他把工作都做得十分出色，那么你就要告诉他，你要让他做什么，什么时候做，但是你不要告诉他如何去做。让他自己去想办法，这样他就能在完成任务的时候有所提升，积累更多的经验。

这种下达任务的方法可以增强人的责任感，每个人都愿意发挥自己的才智，让别人刮目相看，所以这样的方法所达成的效果也是很好的。他们会感到自己是这个集体的成员之一，而不会产生被冷落的感觉。

对于我们每个人来说，命令多少都具有一点强制性，难免会让人感到厌烦，会产生抵触的心理，会产生抵抗的心理，因此我们必须学习下达命令的技巧，达到是否能少下几个命令，而员工也都能主动地做自己应做的事。

美国传记协会主席伊多·塔贝尔女士在谈人与人的关系时说道，她在写《欧文·杨传》的时候，同时采访了和她在一个办公室里工作了3年的人，那个人说，3年的时间里，他几乎没有给别人下达过命令，他总是提出自己的建议，而不是单纯地命令。比如：他从来不会讲"你一定要做那件事"、"这件事不能这么做"，他通常会说："你可以先看看这个"、"你觉得这个合适吗?""你是否想过这样做会更好呢?"他从来都是让助手选择要做什么，而不是下命令说你该做什么。这样的态度能使人容易接受，还不会让别人的自尊心受到伤害，也不会埋没人的优点，让他们发挥出自己的光和热，实现自己的价值。这样，在不引起对方的怨恨和分歧的情况下，你就可以采用这种变命令为提问的方法。

你的命令是否能顺利地贯彻执行，简单地说对方对命令的理解程度很高，也很大。不会下达命令的人，即使你的命令下达下去，其效果将会不尽如人意。你可以把你的命令变成提问，让你的员工很乐意地接受你的命令。

"目的性"提问，找到更多共同点

在与人交谈中，问问题对于我们来说算是比较容易的，问话是使对方开口的金钥匙，也是打开对方话匣子的一个好方法。我们感觉问话是一件小事，可是问话有很多技巧在里面，不会问话的人，也常常会得罪人。一个善于问问题的人，能够用一个巧妙的问题达到自己的目的。

当你和别人刚开始交谈的时候，你可以问对方一些容易回答的问题，然后由浅入深，渐渐地深入，提一些不能单纯地用"是"或者"不是"来回答的问题。比如说："你喜欢什么？""你为什么喜欢？"你提出的这些问题，即使对方觉得很厌烦，但是又不得不去作出回答，当然这样有目的地问话，也能将对方的心里话以及你想知道的事情问出来。在交际的场合中，如果你特别想知道对方的意图，这个方法是很有效的。

第二次世界大战的时候，东条英机出任日本首相，这件事情是秘密决定的，各报社的记者都想深入打探这个秘密，竭尽全力地追逐参加会议的大臣，想让他们接受采访。可是时间一天一天地过去，记者们仍然一无所获。

这时候，有位记者很细心地研究了大臣们的心理：大臣们不会说出谁是首相，可是如果问话的人把问题问得很巧妙，对方就会不自觉地露出某种迹象，有可能打探出一些秘密。于是，他向一位刚参加会议的大臣提出问题："此次出任首相的人是不是秃子？"因为当时的候选人有3位，一个是秃顶，一个是满头白发，还有一个就是半秃顶，而这个半秃顶的人就是东条英机。这个看似是闲谈的对话中，这位大臣没有考虑到保密的重要性，虽然他们没有直接作出回答，可是聪明的记者从大臣思考的时间就推断出最后的答案，因为大臣在记者问问题之后，一直在考虑半秃顶是属于秃子，还是不属于，而迟疑的时间就清楚地告诉了记者问题的答案,记者也就很随意地在闲聊中问出了问题的答案。

有一个心理学专家的声誉很不错,他的独特之处就在于他能用问话问出对方的一些真实的想法。在交谈中,对方说了一些看似异常的话,心理学专家就马上用这些异常的话来反问对方,这样就可以打探出对方的真实想法了。

有一次,一位中年妇女来到专家这里,话题的中心点就是说她的丈夫经常晚归的问题。一开始,这个妇女举出很多认为丈夫晚归是因为有外遇的理由,之后,她又突然冒出一句:"为什么只有男人可以这么做,却不准我们女人这样做?"这位心理学专家马上就反问说:"为什么只有男人可以这么做,什么意思?"

这位妇女大声地说:"不,说这种男人对爱情不专,是男人有魅力的表现,是陈旧的观点,我也很想这么做,也想背叛他……"心理学专家马上又反问道:"虽然说这是陈旧的观点,你是认为现代的女性就应该水性杨花吗?"

妇女沉思了一会说道:"其实不是的,事情不是这样的,不是对爱情不专,这件事好或者不好,而是我讨厌我丈夫对我撒谎。"心理学专家又问:"那他不撒谎,坦白地对你说出来你可以原谅他吗?你觉得对爱情不专的这种态度好吗?你不能认为丈夫对爱情不专,你自己也去试试对爱情不专的行为。"

听了专家说完这些话后,中年妇女很害羞地承认了自己的想法不对。

这位心理学专家很细心地抓住了"只有男人……"这句话,从而引发对方说出自己内心深处的欲望,也想去试试对爱情不专的感觉。

要从语言中了解对方的心中所想,闲谈是了解对方的一种不错的方式,整个谈话的氛围会显得很轻松愉快,可以让对方放下心理的防线,吐露自己的心声。

问话是一种谦虚的表现,同时也是对对方表示尊重的意思。问话的方法有很多种,其效果也高低不同。高明的问话者的问话方法会让人感到很愉快,而不会问话的人则会引起对方的嘲笑,还会引发对方的反感和不满。

假如你到海鲜城里,问服务员,今天的螃蟹好不好?你问这些话就是白问,因为不管好不好,他一定会说好。可是你要是换一种方法问:"今天有什么好的海鲜?"这样的问话效果就不一样了,你就能吃到好的海鲜了。

会问话的人，可以很轻松地问出自己想问的结果，可是不会问话的人，可能会绕一个大圈子还没有得到自己想要的结果。问话带有目的性，才能达到你最终的目的。

多请教，以满足他人的为师欲

孟子说："人之患在好为人师。"孟子这句话，说出了人们的一种潜在欲望，就是喜欢充当他人的老师，满足自己的成就感。

每个人都渴望自己被别人认同，被别人赞美，只是很多人都把这种欲望深深地藏起来，让人不容易察觉。当你遇到很难沟通又很固执的说服者时，你不妨采用请教式的沟通方式来达到你预期的效果。

徐沁和严琴是大学同班同学，毕业后又应聘到同一公司、同一部门工作。每当徐沁向领导请示汇报工作时，总是面面俱到，生怕让领导看出问题，挑出毛病。而严琴有的时候会出现一些小错误，且经常会让上司发现，因此导致上司对其进行一番具体指导。严琴还会时不时地向上司、同事请教一些简单的问题，常常说："张总，您看这个方案还有哪些地方需要完善一下"、"您是这方面的专家，我想听听您的意见"、"对这方面，我了解得有限，望你不吝指教"等等。徐沁总是想，这么简单的问题，问得真没有水准。做同一项工作，徐沁总是想方设法独立完成，而部门的其他人总是非常愿意帮助严琴，甚至上司也经常对严琴的工作予以指点。徐沁与严琴大学一起住了 4 年，对她非常了解。在徐沁的印象中，严琴是一个非常细心的人，而且具有很强的独立完成工作的能力，真没想到一参加工作反而不如以前了。但同事们非常喜欢和严琴交往，上司也似乎并不因为严琴的粗心大意而不满，而且有什么问题还特别愿意找严琴商量，而对待徐沁却总是不冷不热的。时间一长，严琴在部门的地位不知不觉地有了提升。而徐沁呢，虽然工作依旧十分努力,却总是无法得到上司的青睐,徐沁对此十分困惑,因此陷入了深深的苦恼之中。

严琴的成功之处,在于她和别人交谈合作的过程中放低自己的姿态,常以谦虚之态请教老板、同事,不但表现出自己的勤奋上进,又表现出自己知趣、知理的一面。因此,她获得老板的青睐、同事的喜欢也就在情理之中了。

当一个人表现得比对方聪明和优越时,其他的人就会感到自卑和压抑,相反,我们能表现得谦虚一点,让对方感觉到自己的和气,对你的喜欢也就增添一分,对你的忌妒就减少一分。对有志于成就一番事业的人来说,你要时刻提醒自己,不要自作聪明,也不要恃才而骄,如果在交谈中放低自己的姿态,更容易得到他人的认同,这样会减少成事的阻力。

通常来说,我们都不喜欢别人比自己聪明,而我们总是喜欢比自己愚笨的人,谁都不喜欢在别人的光环下生活。所以,我们不如去做那个愚笨的人来满足他人的为师欲。

作为上司,他当然不喜欢自己的下属能力超过自己,他一定会因为下属有过人的实而觉得忧心忡忡,他会担心有一天他的位置会被你给占据了。可是,如果你很平淡,上司就可以高枕无忧了,他对你的警惕心也就放松了许多。

在职场中,不管你有多么聪明,一定要记得"谦虚谨慎,低调做事",一定要让你的上司觉得你不会对他产生威胁,那么我们应该怎么做才能消除上司对你的顾及呢?很简单,只要我们多向上司请教就好了。并且,向他请教,不仅能满足他的为师欲,还能在无形之中拉近你们的距离。有事情的时候请教,是一种谦虚的态度,没事情的时候也要请教,这也能体现出你的一种人生智慧。

在现实生活中,向上司请教的人并不多,有的人是因为居功自傲,不屑向别人请教,有的人是因为害羞而不好意思向人请教,有的人怕上司说自己请教的问题没有水平,可是有的人却又害怕上司回答不出来自己的问题。这些问题你大可不必担心,只要你去请教,你的上司都会很乐意为你作出解答。

"抛球式"提问，让谈话持续不断

在我们与人交往的时候，除了要找到对方的兴趣之外，还有一些很重要的事项需要我们注意，就是要引导对方加入我们的交谈。

交谈就像是在打乒乓球，有来有回，不要给对方打扣球，让对方死于你的球下。要使用和谐的打球方法，才能将你们之间的谈话很融洽地进行下去。交谈，不仅在于一个"谈"字，还在于一个"交"字，一个人说话不叫交谈，只有你来我往的才叫做交谈。永远不要做单向的传递，就算是老师教学，也不仅仅只限于老师一个人讲，还要注重和学生们进行交流。你说出一个话题，如果对方没有接起你的话，就会出现一阵难堪的沉默。直到有人再一次把话题捡起来，然后继续进行交谈，继续传递信息，一切才能恢复正常。这里面有一个非常易于掌握的技巧问题：问一些需要回答的话，这样谈话就能持续不断。

掌握问话的技巧，恰到好处地向对方提出问题，才能逐步查明对方的本意，从而达到交流的真正目的。开始的时候，应该让对方回答一些比较容易的问题，然后再渐渐地深入，层层递进，不能再让对方作出"是"或者"不是"这类简单的回答。渐渐深入地问起，你喜欢什么、为什么喜欢等等，由开始回答的一个字、两个字逐渐变成 5 个字、10 个字、一段话，甚至很多段话。这样你们原本简单的对话也就变得有意思起来。你问的问题还要很高明，要知道有些问题是不好回答的，对方可能不愿意回答，甚至还会回避这些问题，这样你们的谈话也就进行不下去了，所以在和人进行交谈的时候，你提出问题的时候，一定要事先想好你要问什么问题，问问题之前一定要考虑清楚这件事问出来好不好、合不合适。

在会议上我们经常听到主持者这样发问："不知各位对此有何高见？"虽然从表面上看，这种问话很好听，但效果不好。因为，谁敢肯定自己的见解就高人一招呢?就算是高见,谁又好意思先开口呢?其实,不妨问:"各位有什么想法呢?"

提问不唐突,也是不可忽视的。假如在大庭广众之下问对方:"你有什么理由可说?""你迟到一小时,上哪儿混去了?"如此唐突的问法,令人难以下台,人家一定会不高兴的。

李明是一个报社的记者,一次报社派他去采访一位作家,到了作家那里,李明看见作家的家里摆放了很多具有民族特色的艺术品,于是他就大概知道,作家喜欢的是中国的民族特色,于是就问:"老师,我一进门就注意到了那个摆在电视机旁边的工艺品,那个好像是少数民族的吧,可是,具体是哪个民族的呢?"果然作家很激动地说:"这是云南傣族的工艺品,这个象征着吉祥如意。""哦,我还看见有不同风格的工艺品,您一定去过很多地方吧。"作家说:"是啊,我最喜欢旅游,喜欢收集这些民族的工艺品,对这类的东西收藏了不少,我拿给你看看。"作家对李明侃侃而谈,一边热情地把自己的收藏品拿出来让李明看,一边讲述着自己旅行时发生的一些奇闻异事。李明才知道,原来这些艺术品的背后,还藏着这么多故事,谈话的气氛变得非常融洽,正是因为有这种气氛,之后的采访工作变得很顺利。

有个年轻人想向一位老中医请教针灸的技巧,为了博得老中医的欢心,他在登门拜访之前专程向别人打探了老中医的兴趣喜好。最后他了解到,老中医平时喜欢书法,于是他就看了很多书法方面的书。两个人刚见面,老中医开始的时候对他的态度很冷淡。

当年轻人发现老中医案几上放着书写好的书法,便拿起来边欣赏边说:"老先生,您这副墨宝写得真是雄劲挺拔,难得的好书法啊!"年轻人对老中医的书法称赞了一番,使老中医升起愉悦感和自豪感。接着,年轻人又说:"老先生,您这写的是唐代颜真卿所创的颜体吧?"老中医一听,立刻来了兴趣,现代的年轻人,喜欢书法的很少了,更何况是看了一眼就知道是谁的字体。这样,就进一步激发了老中医的谈话兴趣。果然,老中医对年轻人说话的态度转变了,话也多了起来。接着,年轻人对所谈话题更深入了一步,让老中医精神大振,有一种相见恨晚的感觉。终于,老中医很乐意地收下了这个"懂书法"的弟子。

在交流中,想要问得巧、问得好,保持谈话持续不断,就要选择恰当的提问形式。

1.选择型提问

这种提问方式多用于朋友之间,同时也表明提问者并不在乎对方的抉择。如,你的朋友来你家做客,你留他吃饭,但不知他的口味,于是问他:"今天咱们吃什么?牛排还是火腿?"

2.婉转型提问

这种提问的意图是为了避免对方拒绝而出现尴尬的局面。例如,一位先生爱上了一个女孩子,但他并不知道女孩子是否爱他,此话又不能直说,于是他试探地问:"我可以陪你走走吗?"如女方不愿交往,她的拒绝也不会使对方难堪。

3.协商型提问

如果你要别人按照你的意图去做事,应该用商量的口吻向对方提出。如你要秘书起草一份文件,把意图讲清之后,应该问一问:"你看这样是否妥当?"提高了人们的参与意识之后,可以很好地调动他们工作的积极性。

一个好的话题会引出另一个话题

我们在与大家的交流中,一个好的话题常常能作为媒介、引出另一个话题。一个好的话题是最开始交谈的媒介、深入谈话的基础、敞开心扉纵情交谈的开端。但是在具体选择话题的时候,要顾及到对方,看清谈话的对象喜欢什么样的话题。一个话题,只有让对方感兴趣,谈话才能有维持继续下去的可能。

你喜欢军事,他喜欢摄影,你和他大谈军事,他却对军事一窍不通,就等于是对牛弹琴,你津津有味地说了半天,结果发现对方根本听不懂、听不进去,你的谈兴肯定会受到影响,同样对方的心情也不会好。你们的谈话没有交集点,这样的谈话也就没有必要继续谈论下去。你说你的,他说他的,最终你们之间的谈话只会变得很糟糕。你就照你的兴趣大谈特谈,对方只会觉得索然无味,和你找不到共同话题,两个人的对话,也就变成你一个人的唱独角戏了,这样下去一定会冷场。

长辈给美仪介绍了一个对象,按照约定,两个人要见面谈。

按照介绍人的安排,美仪手里拿着一本杂志走进公园与另一个手拿杂志的男孩冯雷相见。两人像招聘考试似的各自报了家门后,便默默无语地沿着公园的湖畔徜徉。

美仪感到两人既然是来相亲,总应该说说话,增进一些彼此的了解吧,都不说话算什么呢?她眉头一皱,计上心来。

"你手里拿的是一本什么杂志,可以看看吗?"

"刚买的《中国化妆品》。这本杂志挺不错的,有品位。"冯雷一边简略地介绍,一边把杂志递给美仪。

美仪说:"哇,看不出,你对美容时尚还挺有研究的。"

冯雷说:"你可别这么夸我。我只是爱好而已。你想啊,过去美容化妆仅仅是女人的时尚,现在人们生活水平提高了,追求早已发生了变化,男人为什么不能活得光鲜灿烂一点呢。"

他们围绕着时尚,从化妆谈到时装,从扮"酷"谈到天昏地暗,等到两人分手时,早已酷似一对相恋已久的恋人了。

美仪的聪明之处就在于,她想到了一本书总会引出许多与书相关的话题。即使冯雷拿着书只是做做样子,对书或对某一个话题不感兴趣,那么围绕书所引发的许多社会生活方面的话题,他总有感兴趣的吧。因此他们的初次谈话是非常成功、默契的。

你在和他人交谈前,要组织好自己所要提的问题和步骤。为了引起下一个话题,你在提问时,可以这么做:

1.想到什么你就问什么。比如:"如果你能有更多的休闲时间,岂不是很好?"这个问题的设计就是为了引出对方肯定的回答,唤醒对方善待自己、自我保护的意识。

2.多问对方知道答案的问题。被问到自己回答不了的问题时,人们往往会感到恼怒。换句话说,那么问对方熟知的问题呢?这样就容易多了。因为人们总是很乐意分享自己的知识,并且会对自己的知识展开讨论,由此对方便找到了自己的价值感。于是,你的下一步提问也便容易多了。

3.要尽可能地问诱导性问题。诱导性的问题很容易提出,你只要把一些陈述性的话改装成问句就可以了。比如,"这本书很吸引人,不是吗?"这个陈述句后面紧跟的这个小小的反问,就是你为提问设计的一个小技巧。

4.要让问题贴近实际和对方。当你的问题与当时的情况或者说服对象有关联的时候,你就会更容易得到肯定的回答。使用这种提问技巧的目的就是要将已知与未知联系起来。比如,你可以这样问:"我知道您通常会选绿色,但现在红色那款产品刚上市,您不妨试一试。我给您送一个过去,如何?"

5.在问题中要倾注感情。每个人都想获得健康、快乐,希望自己被认为是一个有贡献的人,所以你应尽量把你的问题设计得更具有人情味。比如,你为了推销一种新车型,你就可以这样问:"您知道,如果您开着这辆新车去兜风,人们会有多羡慕您吗?"

提问也需要技巧,一个说话高手,同时也必定是一个提问高手。

投石问路,摸清情况再问话

当你有具体想法时,不要直接提出,而是先提一个与自己本意相关的问题,请对方回答,如果从其答案中,自己已经得出否定性的判断,那就不要再提出自己原定的要求与想法,这样就可以避免尴尬。比如,有人买了一袋食品,拿回家后感到服务员找的钱不对,但是,又没有把握是人家找错了。于是他找了去,问道:"小姐,这种食品多少钱?"对方回答后,他立即明白是自己算错了,说了句"谢谢",满意地离开了商场。看来这个人的处理方法是明智的。

这个事例告诉我们,当自己拿不准的时候,不要武断地提出否定对方的要求,最好使用投石问路法,先摸清情况,再决定下一步行动不迟。

1.触类旁通法

当你想提出一个要求时,还可以先提出一个与此同属一类的问题,试探对方的态度。如果得到肯定的信息时,便可进一步提出自己的要求。如果对方的态度是明确的否定,那就免开尊口,以免遭到拒绝而出现尴尬。比如,有一位干部打算调离本单位,但是又担心领导当场给以否定或给领异留下坏印象,以后不好工作。于是他这样提出问题:"书记,咱们单位有的青年干部想挪挪窝儿,你觉得怎么样?"书记说:"人才流动我是赞成的。"他见领导持肯定的态度,于是进一步说道:"如果这个人是我呢?"书记说:"那也不拦着,只要有地方要,也可以高就。"这样他摸到了领导的态度。不久,他正式向领导提出了调动的申请。用触类旁通法进行试探,其好处是可进可退,进退自如,在交际中有广泛的用途。

2.顺便提出法

有时提出问题,并不用郑重其事的方式,因为这种方式显得过分重视,至关重要,一旦被否定,自己会感到下不来台;而如果在执行某一交际任务过程中,利用适当时机顺便提出自己的问题,给人的印象是并未把此事看得很重,即使不能满足,也没有什么不好的感觉。

某业务员在与某厂长谈判生意告一段落时,向对方提出一个问题,说:"顺便问一句,你们厂要不要人?我有个同事想到你们这里来工作。"厂长说:"我们厂的效益不错,想来的人很多。可是目前一个也没有被录用。""噢,是这样。"在对方的否定答复面前,业务员一点也没有感到尴尬,但是已达到了试探的目的。试想,如果一开始就以郑重其事的态度向对方提出这个问题,并遭到对方的拒绝,那现场的气氛就可想而知了。

再如,小李随同厂长去拜访一位有名望的书法家,在谈完正事之后,小李趁机说:"蒋老,我很喜欢您的字,如果您在百忙中能给我写一幅,那就太好了。"蒋老说："近来我的身体不太好,以后再说吧。"很显然这是在拒绝,但是,由于是顺便提出的要求,小李并不感到尴尬。

实际上,在很多情况下,顺便提出的问题往往是自己要说明的真正意图,但是,由于使用这种轻描淡写的方式顺便一说,就使自己变得更主动一些,有退路可走,可以有效地防止对方否定造成的心理失衡。

3.开玩笑法

有时还可以把本来应郑重其事提出的问题用开玩笑的口气说出来,如果对方给予否定,便可把这个问题归结为开玩笑,这样既可达到试探的目的,又可在一笑之中化解尴尬,维护自己的自尊。

第二章　问出急需的忠告来

语言是一门值得推敲的艺术，尤其是在与人交往的时候，说话是否得当直接影响到事情的成败。有时候，你急需知道的问题，对方却有可能不好说、不愿意说或者不方便说，此时，直接追问，常会激起对方的逆反心理，结果适得其反。所以问题要怎么展开，怎么逐步涉及重点不是一件容易的事情。我们要学会技巧的问话方式，问出你想要知道的东西来。

在新环境中问话的技巧

语言是一门值得推敲的艺术，尤其是在与人交往的时候，说话的好坏直接影响到事情的成败。与人说话，也有着各种不同的方式，这些方式，并没有什么好坏、优劣之分，也无所谓什么得失。可是从听话人的角度来看，却有着合适与不合适的问题，合适的就装进脑子里，不合适的就拒绝。对方如果听从，就是你的成功，可是对方要是拒绝，就是你的失败。

在新的环境里，你说的话将很容易引起别人的注意，于是，在问话的时候也要掌握技巧。与别人交往的时候，总是离不开问。什么事该问、什么事情不该问、怎么问、问什么都是很重要的。对于不同的对象，你的问话方式、问话的内容都要因人而异。

该问的事情明知故问，不该问的事情绝对不问，这也是对人的一种尊重，别人也会觉得你是一个会说话的人，也就很乐意与你交往。比如说，你看到对方戴的手表很不错，你可以问他："你的手表看起来不错，一定很贵吧。"人都有虚荣心，你这么一问，他自然会觉得很高兴。"听说最近你出了本新书，一定很畅销吧。"这些可能都是你知道的，可是你明知故问，对方一定不会觉得厌烦，反倒会很高兴。对方还会觉得你很关心他，会对你产生好感。他还有可能接着你的话题继续讲下去，心情一定会有很大的改变。

明知故问，就是明明知道的也需要你去问对方，只要能使对方高兴，你可以先问他一些无关紧要的事情，然后当他的心情变好时你再问你真正想要问的问题。问对方得意的事情，问对方想让大家都知道的事情，他可以借着你的嘴巴将他最想告诉大家可是又不方便自己告诉大家的事情来说给大家听。这样，你一定能赢得他的好感，从而打开他的话匣子，拉近彼此的距离。

那么，什么事情是不该问的呢？

1.别人的隐私

在与别人交际的时候，很多问题都需要注意是不应该去问的，为了避免发生不快，一定要避免问起别人的隐私。比如：你多大了，是哪一年的？尤其是上了年纪的女性，对于年龄绝对是一个敏感的问题，问起对方的年龄，对方会觉得你不懂礼貌。"你一个月赚多少钱？""你住哪儿？""你结婚了吗？"打听这些个人隐私的人，会让人觉得很反感，本来自己的事情越少的人知道就越好，有的人打听，可能只是随口问问，但是被问的人会觉得你是有意的，甚至是不怀好意的。容易产生误会，还有可能导致"战争"的爆发。

在你打算问对方问题的时候，最好先想想什么事情该问，什么事情不该问，看看这个问题是否涉及对方的敏感之处，如果又涉及对方的隐私，那么你最好尽量避免问起这些问题。这样对方会很乐意接受你，你也会对他产生好印象，为你们以后的交往打下良好的基础。

2.不要问同行的营业情况

大家常说同行是冤家，你所要见面的人是你的同行，不管你们关系如何，都不要牵扯到彼此公司的利益情况，一般人都会有这种心理，就是对同行带着点抵触情绪，防备的心理。在这个竞争激烈的时代，利益是最大的敌人，为了利益，即使好朋友也会变成对手。大家谁都不会愿意将自己的营业情况或者秘密告诉一个竞争对手。即使你问到这些情况，也只能自讨没趣。和人交往，对方不知道的事情、不愿意说的事情、忌讳的事情最好都不要问，你要时刻记住，问的话题最好都是能引起对方兴趣的问题，不要让问题问的对方接不下去。

3.有些问题不要追根究底

在我们和别人交谈的时候，很多话不适合过多地问下去，你问了第一句话，对方回答得不情不愿，那你就不要再追问下去，否则对方就会对你产生不好的印象。如果对方高兴，他就一定会说下去，可是对方如果不高兴，可能你问第一句时他就开始有情绪带入你们的谈话中。你要是问一句："你住在那里？"对方回答说："在上海。"或者说："在西北。"这样的回答，对方很明显就不愿意听你再继续问下去，你就应该识趣一点，主动转换话题。有朋友问路过的一位小姐："您是住在附近的小区吗？"其实朋友只是没话找话地搭讪，对方说了一句："是啊。"朋友还是面带微笑随口问道："是哪个小区呢？"不料小姐很警觉地说了一句："干什么，你要到我家去敲门啊？"一句话将朋友弄得很没面子。

所以这样自讨没趣的事情，我们还是不要做得好。不该问的事情，见到对方有不良的情绪，或者不满意的表情，你就立刻转换话题，不要在这个话题上做过多的停留了。

4.对方不知道的事情最好不要问

和明知故问一样，明明知道对方不知道的事情，你也就不要问他，就像你问起一个老师，今年本市参加高考的学生有多少，这个问题对方可能真的不太清除，你这么一问，反倒会让对方有失面子，自己也会自讨没趣。

会问话的人也会受到人的欢迎，话说得有度、问话的好坏不在于你问了什么，而在于你怎么问。与人交往是一种智慧，这种智慧就是给人表现的机会，让他们说出自己的得意之事，而你在交往的过程中，又不会使对方陷入尴尬。问话比说话更需要口才,在不同的场合问话问得好,就等于你掌握了主动权。

与人共事,不要对人刨根问底

每个人都有自己的秘密,在和别人聊天的时候,如果对方不小心把自己的秘密说了出来,你最好不要刨根问底。如果你喜欢打听别人的隐私,即使你只是随便问问,没有什么目的,你的询问也会让对方对你心存戒心、心生忌讳。

初次与人共事,是一件至关重要的事情,初次谈话的成功,也影响你今后与他共事时的关系,所以初次对话起着至关重要的作用。两个素不相识的人在初次见面的时候一定要慎重,该问的话可以问,不该问的话千万不要问,你的不慎重可能会触犯到别人的隐私,可能你觉得没什么,但是你不要忘记了,这件事情可能会是对方的忌讳。

有一天,刚参加工作的苏珊被派到外地出差,在机场,她遇到一位到中国旅游的美国女孩。由于对方先向苏珊打了招呼,苏珊觉得如果不和别人寒暄几句就会显得不友善,于是,就用自己最得意的英语,流利地和对方交谈起来。

在交谈中,苏珊没话找话地询问对方:"你今年多大岁数呢?"却没有想到对方答非所问地搪塞说:"你猜猜看。"苏珊觉得没意思,然后又问:"到了这个岁数,你一定结婚了吧?"对方沉默不语,苏珊仍在问对方:"你家里有几口人啊?"这一回,那位美国女孩的反应更令苏珊出乎意料:对方将头扭向一边,再也不搭理她了。

从这个例子中我们可以看出来,苏珊其实不太会与人交流,年龄是女孩最忌讳的问题,她问出来之后对方委婉地拒绝了,她还没有看出来,然后问了下面更不合适的问题。两人话不投机,也就没有了共同话题。这次交流失败的主要原因,是因为苏珊不会问问题,不知道哪些事情是可以问的,哪些事情是她想问却不能够问的。初次见面就打听别人的隐私,对于谁都不会愿意回答的,这是最起码的礼貌问题,况且在国外,大家也是不会互相打听隐私的,对方拒绝回答也在情理之中了。

刚上大学的莉莉很喜欢打听别人的家庭背景，也喜欢和有钱人家的孩子一起玩，只要认识新朋友，她总会去问：你家住哪儿？你的衣服是什么什么牌子的吧？你家有多大啊？你爸爸妈妈都是做什么的？起初和她在一起的同学还没有感觉什么，可是后来发现，她只喜欢和看起来有钱？出手阔绰的同学玩，当这些同学不愿意再和她交往以后，莉莉又会在背后说："其实她家也不是很有钱，我跟你说，她是什么样子的人。"久而久之，自然没有人愿意和她交往了。可是莉莉自己却没有觉得自己做错了什么。

喜欢打听别人隐私的人，是所有人都讨厌的。可是有的人偏偏就有这个爱好，喜欢关注别人的隐私，尤其是一些名人的隐私。对一些小报上的八卦信息十分关注，一旦小报上出了什么信息，他们总是很激动。正是因为有这些人，才多出了很多流言飞语的制造者。可是在我们的人际交往中，为了避免引起对方的不快，我们最好学会避免这一爱好，避免询问对方的隐私，更不要染上喜欢八卦这个不好的习惯，成为流言飞语的制造者。

张倩的性格活泼，和人交谈起来也很亲切，凡是她在的地方，欢声笑语总是不断。她长得很漂亮，穿着打扮也很得体。可是她有一个毛病总是让人受不了，就是喜欢打听别人的私事，不管是谁，不管在什么地方，她见到别人总是很起劲地询问别人的家庭情况、收入多少、是不是单身等等，还喜欢在别人不在的时候随便地翻别人的东西。更让人受不了的是，她还喜欢把自己问来的事情在和其他人交谈的时候随意地讲出去，也从来没有想过这样做是不是会损害到别人的利益。

她的这个毛病很是令人头痛，并且还会使别人对她产生恐惧、排斥心理，以为她是别有用心。其实，她的内心是毫无恶意的，一方面是因为好奇，另一方面是因为喜欢说话。好奇，就对别人的私事产生无穷的兴趣；喜欢说话，就不免会把自己的见闻讲出来。可是她不知道，在她这种"天真烂漫"的行为中，给别人带来了很多的不安与不快。

公司又新来了一个同事，年纪和张倩相仿，于是张倩很高兴地上前与她打招呼,对方很开心,没想到一来公司就有同事关心,看到张倩如此热情,她对张倩也产生了不错的印象。只是在交谈的过程中,张倩问到对方:"你家是做什么的?你多大了?你住在哪里啊?"张倩的问话让对方不知所措,立刻就对她产生了防备心理,觉得她像是在调查户口。

如果一个人老是关注别人的隐私或不幸,那么这个人也往往是别人不喜欢的,所以除非是涉及工作上的问题,否则你最好不要去挖别人的隐私。即使是和你朝夕相处在一起的同事,也要学会尊重别人的隐私。有时候你可能是出于好心,可是你的过度关心反而会给你带来不必要的麻烦。

社会很复杂,大家为了保护自我,自己的一些私事是不希望别人知道的。一般人对于别人的私人问题,不要主动去询问,如果他愿意告诉你,你就仔细地聆听,但是千万不要把这事当做新闻一样到处传播;如果他不愿意告诉你,你也不要去追问。

有些人总喜欢打破沙锅问到底,不管你愿不愿意回答,总是没完没了地问,让人厌烦。问问题的时候,不要打破沙锅问到底,如果对方不愿意回答,或者不愿意多说,那就适可而止。比方说,你问对方住在哪里,对方回答说"在北京"或者说"在香港",那么你就不宜再问下去。如果对方高兴让你知道,他一定会主动详细地说出来,而且还会说"欢迎光临"之类的话。否则,别人便是不想让你知道,你也就不必再问了。此外,在问其他类似的问题如年龄、收入等的时候,也要注意掌握问话尺度,要适可而止。

有一些人十分热衷于倾听别人的家事,什么事情都想问得明明白白,追根究底弄清楚他想知道的事情,这样的人是最让人厌烦的。即使你没有别的意思,人家也会觉得你别有所图。对于这样的人,只要别人和他交往过一次,都会对他敬而远之的。

抛出问题，获取双赢

有一位谈判大师说过这样的话："成功的谈判是每个人都赢。"谈判的目的是双赢，说服的目的也是双赢。在一项游戏中，总会出现赢者与输者。一方赢正是另一方输，根据正负相抵消的原理，游戏的总成绩永远为零。管理者也应该重视这种现象，要想在竞争中获得优势，就得懂得上面所列出的现象。要知道这种观念在社会的方方面面都普遍存在，也就是说胜利者的光荣往往是建立在失败者的辛酸和苦涩的基础之上的。

我们都知道世界上没有永恒的敌人，也没有永恒的朋友，有的只是利益。说服他人就像是一场博弈，可是对于双赢则是在这个博弈之下寻找彼此之间的共同点，直到取得满意的结果为止，所以一个好的说服者就应该学会适应不同的说服阶段，调整自己的说服沟通的风格，并且尽可能地照顾到双方的利益，找到双方实现双赢的契机。

说服他人的目的就是为了寻求相应的方法，解决相应的困难，强化自身的优势，以保持整个局面的控制。因此，当我们提出一个充分而有利的建议时，一定要提醒对方注意，如果他拒绝这些建议，会给自己带来哪些不利影响。

由于信息的不对称和人的趋利性，有的人可能会不了解对方的需求和标准，并且在了解中还可能遇到困难和障碍，因而实现双赢并非易事。这就要学会坦诚相待，真诚地交流，从而建立起彼此信赖的关系。然后，再发挥你的聪明才智，巧用言辞，从而实现皆大欢喜、满载而归的双赢结局。

一旅行团 16 个人，在导游的带领下去一个景区游玩，刚开始由于车辆的调配问题，当地派出了一辆 40 座的新型豪华大巴来接团。在这个大巴车里，客人们感觉很舒适，车开得也很平稳。但是，当他们在这个景点游玩结束后准备换下一个景点的时候，旅行社却派来了一辆24座中型巴士。这一下客人都闹起情绪来了，闹着要求换车。这时候，一位有经验的导游过来劝说大家，他说："真是不好意思，其实是上一站的旅行社出了问题，他们以为我们的团还是像之前一样是35人，所以就派错了车，正常情况下，16个人坐24座的车刚刚好。现在我们为了不耽误大家的游玩时间，所以就要求他们将错就错，不要换车了，现在我们还在和公司商量加车费的问题呢，如果大家愿意交差价的话，我们还可以换回40座的大车……"听到有这么一说，大家都觉得很有道理，于是很快就接受了事实。

在我们与人交往的过程中，人们一般都愿意建立在利益上，如果对方不肯对你的意见配合，你就可以明确地告诉他当中的利益关系，他也就会答应你的要求和你合作。

在英国工业革命方兴未艾时，以发明发电机而闻名的法拉第，为了能够得到政府的研究资助，去拜访当时的首相。

法拉第带着一个发电机的雏形，满腔热忱并滔滔不绝地讲述着这个划时代的发明，但英国首相的反应却始终很冷淡，一副漠不关心的样子。英国首相是一个了不起的政治家，但要他把这种周围缠着线圈的磁石模型与产业结构的变化联系起来，实在是太困难了。

但是，当法拉第说了另一句话后，却使原本漠不关心的首相突然变得非常关心起来。法拉第说道："首相，这个机械如果将来普及的话，必定能增加税收。"显而易见，首相听了法拉第的话后，态度突然有了很大的转变。其原因就是这个发动机的投产必定会获得相当大的利润，而利润增加必定会使政府得到一大笔税收。首相关心的就在于此。

要想让别人心甘情愿地去做任何事，最有效的方法，不是谈你所需要的，而是谈他所需要的，教他怎么去得到。只考虑自己的利益，不替对方着想，这样的说服肯定困难重重；只有建立在双赢基础上的说服，才有可能说动对方。

双赢是人们的一个主观意识的要求，只要一个理性的人觉得付出的代价小于或等于获得的利益，那么他就会觉得自己是赢的。说服要力求做到双赢，双赢就是一切利益活动的最高境界，而且你也将从这种双赢中获益匪浅。

在说服他人时，你如果只作基本的介绍，人们大都不太爱听，那么进一步讲具体的实用功能，人们就会比较爱听，再如果你讲的是关系到人们利益的事情，那么人们就会集中精力听了。所以，不管讲什么事，要想说服人，就应该有意识地把他人的利益摆在前头，并且要把这种利益和对方联系到一起，这样才能收到绝好的效果。所以，利益原则就是我们做好说服工作的起点和归宿。

找出听众心中的愿景，弄清楚对方需要的是什么，并帮着他去获得满足，那么你的说服工作就会变得容易多了。

用自己的秘密换取对方的秘密

好奇心是人人都有的，在我们与人交谈的时候，就可以利用对方的好奇心做文章，从而达到你的目的。在与人交谈的时间，尤其是对方比较陌生，难免会带着戒备心理，要想拉近彼此的距离，并不容易。秘密谁都有，如果你能在与对方交流的时候抓住对方的心理，讲一两个自己的小秘密，不但让对方对你消除戒心，还能在无形中拉近你们的关系。

我们每个人都有一些小秘密，有一些生活中的趣事甚至糗事，如果我们能将这些小秘密在适当的时候和别人分享，以一种诱惑性的方式告诉别人的话，不难引起别人好奇的心理，来主动接近我们探听虚实。

肯尼迪就很善于用自己的小"秘密"拉近与听众的距离。在竞争总统席位的时候，在他的演说中曾轻描淡写地说："紧接着，我还要告诉各位一句话，我和我的妻子虽然赢得选票，但我们希望能再生个孩子。"

我们和同事、朋友聊天，不一定非要说工作上的事，有关工作的话题比较枯燥，往往会引起别人的反感，所以在我们与人交谈的时候不妨先暂时抛开主题，先聊一些共同的话题,或者是发生在身边的一些小事,以达到心灵的共鸣。

在公司,本来就很枯燥的办公环境,就是需要一些小秘密来给生活加点料,但是这些小秘密最好是无关紧要的,小秘密可以增加人与人之间的亲密感。这些小秘密可以是生活中常识,也可以是生活中的有趣的事情,可是千万不要和别人分享一些隐私的问题,不管是自己的,还是别人的,这些都是绝对不能对别人说的。如果你向你的同事说出自己的隐私,别人可能会拿这个作为话题来攻击你。如果你随意谈论其他人的隐私,别人也会对你表示出不满的态度,并且很有可能趁机报复。

人与人之间的交流是互相的,也正是因为这样,你说出你的秘密,对方才有可能说出他的秘密作为交换。

姚遥是一家公司的主管,她的人缘非常好,上至老板下至员工,她都能和对方打成一片。她善于和人交流,在交谈中,总是有意无意地"泄露"自己的一些小秘密,三言两语就能使对方把她当成"自己人"。比如,她会和同事讲她幼年时家里经济条件不好,没少吃苦;很小的时候不懂事,和小伙伴一起爬树,偷过邻居家的枣子;上初中时,暗恋当时的语文老师,所以语文成绩特别好,等等,都是一些无伤大雅的小事,但这样一来,她的听众往往也会讲自己的一些事,于是他们有了共同的秘密,关系也就更加亲密了。

要做一个有头脑的人,会讲话、善于说话的人,这个优势即使不是先天就有的,后天也一样可以培养出来。只有会说话、有头脑的人才能将别人的兴趣提高而且又能恰到好处地提出来,让别人愿意听,而且他还会希望能听到得更多。

想成为一个交流高手,你就要有一颗仔细谨慎的心,还要有一双敏锐洞察生活的眼睛,要善于发现身边的一些细小的事情,把握住这些细节,你才有可能用最快的速度抓住对方的心,明白对方到底在想什么,然后你就从细小的地方入手,轻轻松松地搞定对方。

某电台的一个广播节目对 3 位候选人的情况进行介绍,要求听众投票来选择其中的一位。

第一位候选人具有很高的资质和学历，还有做政治家的专业资质，具有作为政治家的人际关系。第二位候选人重点介绍了至今为止的辉煌成就。而第三位候选人主要介绍自己的私生活，比如对子女的溺爱、喜欢在每天早晨去公园遛狗散步等等。投票的结果很明显，第三位候选人取得了压倒性的胜利。原因就是，第三位候选人让大家感受到了亲近和温暖，从而大家就会顺其自然地对他产生喜爱之情，并且接受他。

这个事例的结果表明，有的时候告诉别人一点小秘密很自然地就拉近和其他人的距离，也会很自然地受到大家的欢迎。关于这一点，生活中的很多细节都可以做出证明。

一般情况下，作为偶像明星，为了维护"粉丝"对自己的崇拜，总是努力地保持个人的神秘感，为了避免让群众过多地知道自己的隐私，有很多明星甚至都不敢在众人面前公布自己已经结婚的事实。不过现在，一些明星会向"粉丝"公布自己的小秘密，如自己的特别爱好、各种心酸的经历等，他们这样做，没有让公众对他产生不好的印象，反而还因为这些小秘密增加了更多的"粉丝"，让更多的人去喜欢他。

明星也是人，也会有自己的潮起潮落，而不是神，完美的人是不存在的，可是作为一个偶像，在众人心目中的形象就像一个神一样，大家只是在顶礼膜拜，而不会对他亲近，正是因为适时地暴露一些小秘密，才将他拉回到现实，把他与群众的距离拉得更近，才会招来更多的群众对他产生好感。

我们也是一样，你能主动和别人说起你的私事，就是对别人的一种信任，你说出口，对方也就会附和着你，说出自己的一些小秘密，如果你什么都不想让别人知道，什么事情都对人保密，那么谁还会走近你、信任你呢？在合适的时间对别人讲述自己的小秘密，才能有效拉近你们之间的感情。

借助第三者之口巧妙发问

有的时候,你千方百计地想从对方的嘴里打探出一些事情,但是任凭你怎样诱导,你的伶牙俐齿就是撬不开他的嘴,让他说出一点有意义的话。这个时候该怎么办呢?这时我们就可以采取一些小手段,你可以虚拟出一个第三者,借他人之口来解答自己内心的疑惑。

在很多时候,你问起对方"你是怎么认为的"、"你对这个事件有什么看法"这类的问题时,会给对方带来一种需要他来承担责任的感觉,那么他出于自我保护,为了避免为所说出口的话承担责任,也是为了避免一些不必要的麻烦,自然就会拒绝回答你的问题,都会选择闭口不答。

在问别人问题的时候,你要找到一个合适的第三者,借助第三者之口来提问,用这个第三者来转嫁当事人的责任,从而缓解对方的心理压力,减轻对方的自我保护意识,对方也就能够知无不言、言无不尽。

有一天,丈夫回来得很晚,妻子怀疑丈夫是和朋友喝酒去了,但是如果丈夫回来之后,妻子直接问他,丈夫一定会说,我在公司加班,才下班,不信你可以问某某某。这样的回答完全没有效果,还可能会让丈夫觉得妻子疑神疑鬼。如果丈夫在加班他一定会说是,如果他说谎要自圆其说,一定也会说是,那么妻子就弄不清楚丈夫到底有没有加班。这也无疑是在逼着丈夫说谎。于是妻子看见回家的丈夫,微笑着迎上去说:"我刚才看见你们公司附近发生交通事故了,没堵车吧?"接下来妻子只要听丈夫的回答就知道他有没有说谎了。

如果丈夫说:"是啊,堵得很厉害呢。"那么丈夫一定是在说谎。如果丈夫立刻反驳说:"你从哪里看到的?车况很好,一点也不堵。"这样的话就是说明丈夫没有说谎。

其实这种借助第三者之口来让对方说出真话的方法，生活中我们经常能用到。我们都知道，不轻易开口的人，通常都有很强的自我保护意识，遇到人、遇到事情的时候，他会选择很保守的方法，让自己的利益得到最大的保护。自我保护意识强的人，一般都是极其缺乏安全感的。当你直接询问他一些事情的时候，得到的一定是否定的答案，你的一切付出都是徒劳。

当你要问起一些问题的时候，他是一定不会作出回答的。比如："你是怎样看待那个人的？""你觉得公司的新计划怎么样？""如果你遇到这个问题，你会怎么做？"等这类的问题，你想要撬开他的口，非常不容易。而你得到的回答也通常会是"不错"、"很好"、"我没意见"这样的回答，其实和没有回答一样。如果你的问题很敏感，或者触碰到别人的隐私，弄不好的话，对方可能会生气地离场。可是你要是能借助第三者的口，就可以缓解对方的心理压力，从而获得对方的认同，然后把自己的心声一点点地吐露出来。

委婉地说话，顺利达到自己的目的

在社交场合中，委婉地说话是一种魅力。把话说在明处，而含义却藏在背后，要想成功地办事，用委婉的表达方法会取得更好的效果。不是什么话都直说才好，很多时候都需要我们从侧面去切入话题，暗中点明自己要说话的主要含义，让那个听话的人觉得你是在为他着想，或者感到事情合情合理。这样就容易达到目的，让他满足你的要求。

委婉含蓄地说话要比口若悬河、滔滔不绝地说话更胜一筹，当你想要表达自己内心的想法时，但是又无法启齿，你就可以使用委婉的表达方法来表达你内心的想法，有的时候，把话说得委婉一点，要比直接说出本意更能达到你的目的，收到令人满意的结果。可是，你说出的委婉的话一定要建立在让人听得懂的基础上，如果你说出的话比较生僻难懂，也就没有了委婉可说。

在与人交谈的时候，含蓄地说话有很多讲究，从某种意义上来说，含蓄的表达方式也是一种艺术，要想你在办事的时候达到最好的效果，直言不讳的方法不一定都适用，委婉的说法可能更容易达到你的目的，有很多时候，别人拒绝你的要求的时候，你不妨采用一下"欲擒故纵"的方法，绕开当时的话题，与对方巧妙地周旋，打迂回的战术。然后再择机行事，从而达到自己的目的。

有一次，足球评论员黄健翔想要采访荷兰的球星古利特。可是当交谈一开始，古利特就立刻拒绝了黄健翔，谈话立刻就陷入了僵局。当黄健翔刚说一句"您好"，古利特就立刻说："对不起，我不接受记者的采访。"

黄健翔立刻说："您可能误会了，我不是记者，也不是要采访您。我只是想祝福您，您看我手中的这些信，都是您的球迷写给您的，这些信全部都表达了一个意思，那就是祝福您。"

古利特一听，很高兴地说："中国球迷真让我感动。"

黄健翔看古利特进入了状态，立刻穷追猛打："那么我能不能代表中国球迷问您几个问题？"

古利特微笑着说："当然可以。"

同样的事情，不一样的说法，如果黄健翔没有换个角度旁敲侧击，古利特还会接受他的采访吗？所以，一样的话，直接说出来和委婉地说出来，效果是完全不一样的。人们在语言的交往中，考虑到双方之间的关系，或者其他原因，说话的人不能或者不方便直接说出来，而需要把话转换成比较委婉的语言，把原本要说的话或者表达的意图暗示出来，让对方去领会、去思考。

林肯对每天送到他白宫办公桌上的那些冗长、复杂的官样报告感到厌倦时，他提出了反对的意见，但是他不会以那种平淡的词句来表示反对，而是以一种几乎不可能被人遗忘的图画式字句说出："当我派一个人出去买马时"，他说，"我并不希望这个人告诉我这匹马的尾巴有多少条，我只希望知道它的特点何在。"

这里，林肯运用了一种以甲喻乙，但又不明说乙的暗喻，婉转地表达自己的本意——不愿意批阅冗长、复杂、毫无重点的报告,应该像买马人报告马的特点那样,抓住重点即可。

晋文公一次用餐时,厨官让人献上烤肉,肉上却缠着头发。晋文公叫来厨官,大声责骂他说:"你存心想让我噎死吗?为什么用头发缠着烤肉?"

厨官叩着响头,拜了两拜,装着认罪,说:"小臣有死罪3条:我找来细磨刀石磨刀,刀磨得像宝刀那样锋利,切肉肉就断了,可是粘在肉上的头发却没切断,这是小臣的第一条罪状;拿木棍穿上肉块却没有发现头发,这是小臣的第二条罪状;捧着炽热的炉子,炭火都烧得通红,烤肉烘熟了,可是头发竟没烧焦,这是小臣的第三条罪状。君王的厅堂里莫非有怀恨小臣的侍臣吗?"

晋文公说:"你讲得有道理。"就叫来厅堂外的侍臣责问,果然有人想诬陷厨官,文公就将此人杀了。

这明显是个冤案,如果厨官正面辩解,有可能使晋文公火上浇油,怒气更盛而获死罪。因此,厨官采取正意反说的方式为自己辩解。切肉的刀如此锋利,肉切碎了而头发居然还绕在上面;肉放在火上烤,肉烤焦了而毛发犹存。这明显不合乎事理。至此,厨官已证明自己无罪,同时提醒晋文公,是否有人陷害自己?厨官的辩解顺其意,却能揭其诬,可谓灵活机巧。这种做法也是非常必要和适当的。

总之,委婉说话不仅是一种策略,也是一门艺术。作为一个说话高手,应当掌握这一有利于人际交流的语言表达方式。委婉地说话,可以借鉴下列技巧。

1.间接提示。通过密切相关的联系,"间接"地表达信息。

2.留有余地。不要把话说绝了,从而使自己失去回旋、挽回的余地。

3.比喻暗示。通过形象的比喻让对方展开合理准确的联想,从而领会你所要传达的意图。

4.旁敲侧击。不直接切入主题,而是通过"提醒"让对方明白你的意图。

5.先肯定,再否定。有分歧的时候,不要断然否定对方的全部观点,而是要先肯定对方观点的合理部分,然后再引出更合理的观点。

6.不用祈使句,多用设问句。祈使句让人感觉到是在发布命令,而设问句让人感觉是在商量问题,所以后者更容易让人接受。

　　语言说出来就是要表达一些意思,也就是说,说话的人要表明自己说话的态度和感情, 可是这个意思是通过委婉的语言来达到的。委婉地说话也是有讲究的,对不同的人要采取不同的方法,因人而异,具体问题具体分析,我们在直路走不通的时候,一定要灵活变通,随机应变,想要达到你的目的,就要看你会不会说话了。

第三章 问出预期的结果来

　　问话也是一门学问,什么话该问、什么话不该问,预先都要有周到的考虑。如果想让事态向你期望的方向发展,你的问题之中,应该对对方的思路形成一种引导。目的性要明确,而姿态要放低,通过声音、表情和姿态的辅助,营造一个便于沟通交流的氛围,与对方达成共识,顺利化解难缠的、棘手的事情。

诱导对方多说"是"

　　习惯于顽固地拒绝别人说服的人,经常处于"不"的心理状态中,对于这类人,如果一开始就提出问题,绝对不能打破他说"不"的心理,所以你得努力寻找和他一致的地方。先让对方赞同你远离主题的观点,然后对你的话产生兴趣,然后再将你的想法引入话题,最后说服对方,促使对方同意你的要求。

　　如果你的意见一开始就被对方同意,你就要抓住重点,使对方多说是。一旦对方开始说是,就能使他忘记你们原先交流时争执的话题,愿意做你建议他去做的事情。

　　我们每个人都处在一定的社会关系当中,时时刻刻都要与别人打交道,不仅是说服,我们在生活中还常常会遇到劝说别人的时候,我们都会担当劝导者和被劝导者的角色,为了把事情办好,我们就必须灵活地把握和运用好说理的方式,那么在这时候,我们可以试试以下几种方法。

1.循循善诱的劝导

采用循循善诱的方法,首先要抓住对方的要害,然后从他最薄弱的地方切中要害,唤醒他的角色心理,然后对其进行有效的说服,一点一点地把对方引到你的圈子里。它是激发了对方潜意识中的"良知",促进对方尽快产生与之相应的角色心理意识,以适应新的角色要求。

小于是一位小学语文教师,他对一些社会现象很不满意,甚至在课堂教学中有时也甩开教学内容,大发牢骚。很明显,他缺乏教师这个角色应有的心理意识。年级主任了解这种情况后,与他进行了一次诚恳的交谈。主任说:"你对某些社会不良风气不满意,对教师待遇低不满,这是可以理解的。你的心中不满,尽管将怒气朝我发吧,但是请你千万不能在课堂上发牢骚。"听了校长的一番语重心长的话,小于认识到当教师确实不能随意把这种心理表现出来,不然对学生会产生不良的影响。从此以后,再也没有听说他在课堂上发牢骚了。

2.心理共鸣

在你尝试着说服他人的时候,最好先避开对方的忌讳之处,先从对方感兴趣的话题着手,不要过早暴露自己的意图,而是要让对方一步步地赞同你的想法,不知不觉地认同你的观点。

攻心说服最基本的要点之一,就是运用你的语言巧妙地诱导对方,一点一点地把握对方的心理,切入要害,将其说服。先引起对方的心理共鸣,让对方对自己产生信任感,你才能乘虚而入,把握住重点,将对方说服。

3.旁敲侧击地暗示

在社会生活中,有些时候我们会忘记自己的社会角色,出现了行为偏差,要说服这类人,可以采用旁敲侧击的方法来唤醒他们的意识。点到为止,如果还有良知,他们自会觉醒。

一位青年妇女抱着孩子上了公交车,车上人很多,而她身旁,一个年轻人占着两个位子装睡。孩子很小,又在不停地哭闹着要座位,而且就要坐年轻人的座位。母亲微笑着对孩子说:"好孩子,叔叔累了,让叔叔休息一会儿,他会让给你的。"话音刚落,年轻人就主动地起身让了座。我们可以想一想,如果这位妇女直说:"你起来,把座位让给小孩。"不但不能说服年轻人让座,反而可能会引起双方的争执。

4.婉转道来

如果想让你说理的语言具有很强的穿透力,让对方听起来有所感悟,那么你就必须适当地运用一些生动形象的比喻,转个弯将自己的意思委婉地表达出来。

大夫登徒子对楚王说:"宋玉这个人非常好色,还希望大王不要带他出入后宫!"楚王听后就用登徒子的话去问宋玉。

宋玉回答说:"我体貌端正,这是我天生的;至于好色,根本没有这么回事。"

楚王问:"既然你不好色,那为什么会有这样的传闻呢?"

宋玉说:"天下间的美女,最美丽的要算我邻居家的女子了。她回眸一笑,就能迷倒所有的公子哥。但是这位女子爬上墙向我张望了3年多,至今我还没有回应她对我的爱慕。登徒子则不是这样,他的妻子躬身驼背,走起路来歪歪斜斜,就是这么一副模样,登徒子还是爱得不得了,跟她生了5个孩子。请大王仔细想一下,到底谁才是好色之徒。"

楚王听后连连点头,夸赞宋玉品行端正。

在我们说服别人的时候,只有把握住重点,切中要害才能以智取胜。在我们说服别人的时候,唯有把握住重心才能取胜,而说服的过程也是对被说服者攻心的过程。运用攻心的说服技巧,在说服中往往能取得理想的效果。

话里藏话,一语双关

一语双关,就是用词语的多义让你所表达的意思产生不同的效果。表面上一个意思,暗指还有一个意思,通常情况下,我们用这样的方法是为了避免对方陷入尴尬的局面时所采取的最佳方法。在不好开口的时候,我们也可以用双关的词语来表达自己的意思。

双关的方法,什么时候能用呢?当对方提出要求的时候,可是你又不想答应,这时候你就可以运用双关的方法,委婉地拒绝他提出的要求。此外就是在反驳对方意见的时候,我们可以采用这个方法。他提出的建议,你不好当面说出它的不好,可是直接说出口又会使对方觉得很难堪,这样与其得罪他,不如用双关语来委婉地告诉他你的意思。

双关有的时候我们还可以理解为话中话,话中有话,表面上想要表达的是这个意思,其实暗有所指,只是让对方好下台,或者是为自己解围。

话里藏话,能委婉含蓄地表达自己的真实想法,话说得很艺术,又让听话之人心领神会,明白你话中的锋芒所在。人总会有意无意地遇到一些不平之事、不公之人,特别是对于一些非原则性的问题,一定要做到既能表达出对对方的不满,又不至于破坏和谐的人际关系,的确是不太容易的事。话里藏话、一语双关则不失为一个理想的武器。

有一天,商场来了一位顾客,要求退回昨天新买的皮鞋。按照商场的规定,售出的皮鞋,在一周之内可以退换。那位顾客对年轻的售货员说:"这双皮鞋是昨天才买的,当时我的妻子没来,我觉得大小合适就买了。可是买回去后一试,发现鞋子小了一点,而且她昨天也买了一双,所以我们想把这双退了。"售货员仔细地检查了一下皮鞋,发现这双皮鞋并不是这里售出的,而是一双假鞋,于是就跟那位顾客说:"这双皮鞋不是我们售出的,这是一双假的,我们不能退换。"可是顾客坚持说就是在这里买的,怎么不能退换呢?于是双方发生了争吵。顾客显得很愤怒,出言不善,执意说就是在这里买的,引来了许多顾客围观。

就在这个时候,商场经理闻讯赶来,又仔细检查了这双皮鞋,确定这双皮鞋确实是假货。他意识到事态的严重性,围观的人这么多,事情若是处理不恰当一定会影响到商场的声誉。他了解到对方来者不善,可是直接说明又会让对方很尴尬,于是经理对那位顾客说:"我想知道,你们家里是不是有一双与它相像的皮鞋,您有可能拿错了。我们这里曾经有过这种情况:有位顾客要求换鞋,但他却错误地拿了一双穿过好多天的皮鞋,我怀疑您是否也遇到了这种情况。这鞋子仔细看一下,还是能分辨出来的。"

说着随手从货架上拿起一双皮鞋,给顾客对比看,然后又说:"我们这里的货都是有保证的,还没出现过类似的情况。"顾客看了看,无话可说,原来想拿一双假鞋骗点钱,可是现在弄成这样,好在经理给他留了条退路,他于是说:"大概是弄错了,我回去问问。如果没有弄错,我再来找你们。"说完,收起那双假皮鞋走了。

经理巧用话中话为商场维持了良好的形象,也让客户免于尴尬,让他知难而退。人难免会犯错误,做一些不恰当的事情,遇到这种情况的时候,就需要你把握好分寸,既指出对方的错误,又要顾及对方的面子,避免对方陷入尴尬的局面,使对方从根本上明确自己的错误,这就需要批评者从深处挖掘错误的原因,晓之以理,动之以情,循循善诱,帮助他认识、改正错误。

生活中,当我们不能直言的时候,话中话能帮助我们走出僵局、摆脱麻烦。话外之音所表现的才是你真正想要表达的意思。聪明人不会听不出你的话中话,有时候也正是需要你来用话中话为对方解围,避免对方的尴尬。

巧妙提问,让对方说"是"

如果你在大街上碰到一小商贩向你推销商品时回答说"不"而予以拒绝的话,大概双方都会感到不舒服的。可是,是否简单地答道"好的"就行了吗?

这却又不是我们的本意。凡是说"不"的时候,人的表情大多都会不太自然,相反,如果回答别人时说"好的",那么这样不仅会使对方心情愉悦,而且自己也会感到十分舒畅,而且,这种舒畅的情绪也会很快在你的脸上流露出来。

可见,回答别人时说"不"的人和说"好的"的人,在表情上必然会有很大的不同,这全然是由于心理感受不同而引起的。不过,如果你想把对方的不愉快心情降至最低限度,那么最好的方法就是加以"引导"。

经常抗拒别人说服的人,其潜意识中常常存在着"不"字,对付这种人切不可采取硬碰硬的办法,而必须想办法引导他,使他感到不回答"是"就不行。所以,在设计说服的提问时,你就要多找出一些让人必须回答"是"的问题。

比如,有人问:"兔子跑得比乌龟快,对不对?"

对方肯定会回答:"对。"

又问:"有时候兔子也会在赛跑途中睡大觉,对不对?"

对方答:"是的。"

再问:"这时乌龟的速度就会比兔子快了,是不是?"

对方答:"是。"

最后问:"这样一来乌龟就会比兔子先到终点,所以乌龟比兔子跑得快,对不对?"

对方会答:"对。"

于是你的目的就达到了。

特别是女性,在这种说服方法面前显得极其脆弱,所以对于很难说服的女性,这种方法极为奏效。起初对方的反应会是"不",而只要我们以渐进的方式,就会很自然地将她引导到"是"或"对"上来,到最后,她就会自然而然地、极为乐意地赞同你。

有一个小伙子固执地爱上了一个商人的女儿,但姑娘始终拒绝正眼看他,因为他是个古怪可笑的驼子。

这天,小伙子找到姑娘,鼓足勇气问:"你相信姻缘天注定吗?"姑娘眼睛盯着天花板答了一句:"相信。"然后反问他,"你相信吗?"他回答:"我听说,每个男孩出生之前,上帝便会告诉他,将来要娶的是哪一个女孩。我出生的时候,未来的新娘便已经配给我了。上帝还告诉我,我的新娘是个驼子。我当时向上帝恳求:'上帝啊,一个驼背的妇女将是个悲剧,求你把驼背赐给我,再将美貌留给我的新娘。'"

当时姑娘看着小伙子的眼睛，并被内心深处的某些记忆搅乱了。她把手伸向他，之后成了他最挚爱的妻子。

巧妙的提问孕育着无限的智慧，其效果将是让人惊喜的。为了说服对方，要尽可能使对方在开始的时候说"是的"，尽可能不使他说"不"。

说服过程中，一个否定的反应是最不容易突破的障碍，当一个人说"不"时，他所有的人格尊严也都会要求他坚持到底。也许事后他觉得自己的"不"说错了，然而，他必须考虑到宝贵的自尊，既然说出了口，就会永久地坚持下去。因此，一开始就使对方采取肯定的态度，是最最重要的。

使用让对方说"是"的方法，有几点要特别引起我们注意：

一定要创造出让对方说"是"的氛围，千方百计避免对方说"不"的气氛。因此，提出的问题应精心考虑，不可信口开河。

要使对方回答"是"，提问题的方式是非常重要的。什么样的发问方式比较容易得到肯定的回答呢？最好的方式应是：暗示你所想要得到的答案。所以，在推销商品时，不应问顾客喜不喜欢、想不想买。因为你问他"你想不想买"、"喜不喜欢"时，他可能回答"不"。因此，应该问："你一定很喜欢，是吧？"

有技巧的说服者，一开始便能获得对方的赞同，为听众设下心理的认同过程，使他们朝着赞同的方向前进。就像撞球游戏里的弹子一样，将它往一个方面推动后，若欲使它偏斜，便需费些力气，欲将它推回相反的方向，则需花费更大的力气。

心理的状态在这方面表现得很明显。当一个人说"不"，而且真心如此时，他整个人都会收缩起来，进入抗拒状态。通常，他的身体会有微小程度上的撤退或撤退的准备，有时甚至明显可见。简而言之，整个神经、肌肉系统都戒备起来要抗拒接受。

相反，当一个人说"是"时，就绝无撤退的行为发生，整个身体也会都处于一种前进、接纳的状态中。因此，一开始就能诱发对方说"是"，便愈有可能成功地搂住对方的注意力。

限制式提问，让对方没有第三种选择

在我们对别人进行说服的时候，在说服的过程中，对方因为存在过多的选择、犹豫不决的时候，你作为说服者，就可以采用故意缩小选择范围，直到余下两个办法，来让对方做出你预期的选择，这种方法也叫"二选一法则"。

二选一的方法也叫封闭式提问，只让对方回答"是"或者"不是"，来达到你想问话的目的。二选一的法则是一种提问的技巧。比如你希望约见一个人的时候，如果你只是问对方有没有时间，那么对方的回答只能是"有"或者"没有"，而你要是问到对方："你是明天有时间还是后天有时间？"那么对方一定会顺着你的问题去考虑他哪一天才有时间，而不是单纯地回答"有"或者"没有"。这样的询问很自然地让对方进入到你所期望的状态，从而让你掌握主动权。

据说，香港一般茶室因为有些客人在喝可可时放个鸡蛋，所以，侍者在客人要可可时必问一句："要不要放鸡蛋？"心理学家建议，侍者不要问"要不要放鸡蛋"，而要问"放一个还是两个鸡蛋？"这样的提问就缩小了对方的选择范围。这种问话，显然可以多做鸡蛋的生意。

一个成功的销售员会这样问顾客："你需要多少？""你喜欢哪种样式？""喜欢这种颜色还是别的颜色？"面对这种问题，客户还来不及多想就直接被你引导到你的问题上，他也就会想是喜欢这种还是那种，到底哪个产品会好一些。

销售人员在销售相机的时候，会问："你喜欢这款时尚型的，还是喜欢那款实用型的呢？"这时候客户一定就会在售货员的诱导下想，到底哪一款最适合我呢？这种方法在其他的场合也很适用，比如一位银行的职员向客户询问的时候，不是问他要不要存钱，而是要问他你要存活期的还是死期的。问对方要不要吃饭的时候最让人头疼，你要是问他："你想要吃什么？"他一定会想半天，然后还是给不了你答复。可是你要是问他："你是吃米饭,还是吃面条?"他一定会对你说要吃米饭或者面条。

这种方法给对方一定的选择机会,让他感到结果不是你加上的,而是他自己选择的。会在你说服他的时候满足对方的自尊心,所以也更容易与他达成协议。

曾经有一个媒婆很会做媒,只要有人开始考虑是否要结婚的话,无论男女,她都会有100%的信心去给他们做媒。为什么她能有这么大的信心?关键就在于她的提问,她说:"当一个人对是不是要结婚举棋不定的时候,你只需直截了当地问他'是自由恋爱的方式好呢?还是介绍见面的方式好',而不能问他犹豫不决的理由。如果他做了选择,那就表示事情已经成功了一半,然后再谈结婚的事。"

在婚姻问题上,很多人之所以举棋不定,最主要的一个原因就是他们对自己想要选择配偶的形象深感渺茫,没有明确的选择范围,不知如何取舍。所以,每当碰到这种情况的时候,她都是暂时不提选择对象的问题,而是直接问他选择什么方式开始恋爱。这样一来,就会使他产生"是否结婚的问题已经解决了"的错觉,从而顺着你的思路做出选择。

在提问时,你绝对不要问只有"是"与"否"两个答案的问题,除非你十分肯定答案是"是"。这样的提问方法还有很多,比如:

"你比较喜欢浅色还是深色?"

"寄出的东西,是寄到你家还是你的单位。"

"你是付现金还是刷卡?"

"你是坐火车还是坐飞机?"

"你要咖啡还是茶?"

相信在上述的问题中,无论客户选择哪个答案,业务员都可以顺利地做成一笔生意。

值得注意的是,"二选一法则"的应用也要注意把握好时间,能在开始的时候使用就不要在结束时用。在对方还没有了解到你要和他沟通什么的时候,想要说服他什么,甚至对方还没有对你产生好感,你就突然问他打算做什么,很可能会让你们变得很尴尬,所以使用二选一法则时一定要讲究时机,以便于问话顺利地开展下去,问出你想要的结果。

我们在生活中,也时常会遇到二者选一的情况,如果你想让对方选择你所期待的,问话的时候最好把它放在后面。比如说你不太想帮别人带东西,你就可以对他说:"是我帮你拿回去呢,还是你自己拿回去?"这就让对方感觉到你是在关心他,可是你说了后面的话,他又不好意思说,你帮我带回去吧。

二选一的提问方法,帮我们解决了很多难题,也能用这种方法很容易地达到我们提问的目的,问出我们想要的结果。学会这一招,在我们的生活中,还是很有用的。

层层递进,获得对方的赞同

我们听别人说话的时候,如果对方直接提出一个意见,直入主题,我们可能一下子接受不了,所以我们在和别人进行交谈的时候,一定要层层递进,一点一点地深入主题,千万不要单刀直入,让人摸不着头脑。

邹忌身高8尺多,相貌堂堂,仪表不凡,是个美男子,自我感觉也很好,一天早晨,他穿好衣服戴上帽子,对着镜子看着自己,问他的妻子说:"我和城北的徐公,谁比较好看一些?"城北的徐公是齐国有名的美男子,邹忌想要听听妻子的意思,妻子说:"城北的徐公哪里能和你相比呢?"

邹忌不太相信,于是就问自己的小妾:"我和城北的徐公谁比较好看?"小妾说:"徐公没有你好看。"过了一会儿外面来了一位客人,两个人谈话的时候,邹忌又问起客人:"我和城北的徐公,谁比较好看呢?"客人回答说:"城北的徐公不如你好看。"

第二天,邹忌看到城北的徐公,觉得自己比徐公差远了。第二天上朝的时候,邹忌把这段经历告诉给了齐威王，他说："我的妻子夸我美，是因为偏心我，小妾说我比徐公好看，是因为她怕我，我的客人说我比徐公好看，那是有求于我，其实我发现自己并没有徐公好看。现在齐国的土地千余里，城池也超过了100座，王宫里的女人和大臣们没有一个不想讨大王喜欢的，朝廷上的大臣没有一个不害怕大王的，全国的百姓没有一个不有求于大王的。从这种情况来看，大王您听到的都不是真实的事情啊。"

齐威王点点头，十分赞同邹忌的这番话，觉得自己不能偏听偏信。于是齐威王下了一道命令："不论朝中大臣、地方官吏，还是老百姓，当面指出我有错的，就能得到上等的赏赐，上书给我的得到中等的赏赐，能在大庭广众之下议论我的人得到下等赏赐。"

命令下达以后，给齐威王提建议的人很多，人多得就像在集市一样，几个月后还常常有人提建议，一年之后，有些人还是想提建议，可是已经没有建议可以提了，于是齐国变得很稳定。

邹忌通过家中的一件小事，循循善诱，层层递进，由小到大，从一件小事情联想到国家大事，邹忌这种以小见大，从自己本身的事情映射出治国的道理，从而使得齐国日渐强大。试想一下，如果邹忌直接就对齐威王说让众人进谏的事情，恐怕齐威王没有这么容易就答应，可是他用自己切身的例子来联系到治国方面，就很容易让人接受了。

有一位顾客在商店里买了一套西装，由于掉颜色的问题要求退货。售货员却觉得自己根本就没有错，新买的衣服掉色是很正常的现象，于是就和他争执起来。商店的经理听到争吵声之后，连忙赶过去。经验丰富的经理，十分懂得顾客的心理，三言两语便使已经被售货员气得近于发疯的顾客很快地恢复了平静。

经理来到顾客面前，先是面带微笑地、诚恳地听完顾客的抱怨和发泄。等到顾客说完以后，接着又让售货员说话。当他了解清楚他们两个人争吵的缘由之后，经理很认真地对顾客说："对于这件事我感到很抱歉，我不知道这种西服会掉颜色。现在您怎么处理，我们店完全听从您的意见。"

顾客说:"你知道有什么方法可以防止西服掉颜色吗?"经理问:"您能否可以回家试穿一周,然后再作决定?如果到时候您还是感觉不满意,那么我们就无条件给您退货,好吗?"结果,顾客穿了一周以后,西服真的没有再掉颜色。

对于怒火中烧的顾客,如果你还是持着很激动的态度与他争论,这就大错特错了,其实这只是一件小事,只要你心平气和地给他讲清楚道理,你自然就会获得对方的赞同。售货员只是觉得自己没有错误,而不知道从侧面引导对方,解决问题,只是一味地推卸责任。这不是解决问题的方法。要想说服别人,不必诡辩有加,完全可以通过循循善诱来进行。因为经理善于倾听并且循循善诱,层层递进。而售货员却只懂得做无谓的辩解。虽然最后的目的同样是说服这个顾客,但是这两种做法最终的结果是完全不一样的。

要想让别人接受自己的意见,就要让他放弃之前固有的观念,这非常容易让对方产生抵触的情绪。一个善于说话的人,也一定是一个善于用语言来引导别人的人,通常都会把自己真实的意图隐藏起来,然后利用各种方法来引导听话的人,让听话的人走到轨道上来。

用"我们"等字眼,形成共同意识

"我们"是一个很亲切的字眼,试想如果把"你"说成"我们",无形中就拉近了你和谈话者之间的距离。

你在求人办事的时候,如果让对方觉得你们是站在相同的立场上,有着共同的利益目标,对方办起事情来就会更卖力。这就像是在战场上一同经历生死的战友一样,有着共同的目标信仰,一起生死存亡,每一个人都为了保住性命而战斗,每一个人都付出全力,这才能取得共同的胜利。

有一家工厂效益不是很好,工人们的工作很辛苦,工资也很低,于是工人们向老板提出要求增加工资的时候，老板娘出来应付，她对工人们说："各位，我知道大家都很辛苦，你们希望工厂倒闭吗？"当然，作为工人，没有人希望自己的工厂倒闭，如果倒闭了，就会失业，连眼前的这点工资也拿不到了。

老板娘停顿了一下继续说道："如果工厂倒闭了，大家就一点工资也拿不到了，我不希望工厂倒闭，相信大家也不希望工厂倒闭吧。我与你们有着共同的利益，工厂倒闭了对你们、对我们都没有一点好处。现在唯一的办法就是我们团结一致，一起渡过难关，把工厂办好了，大家才会都有饭吃。"

工人们听了老板娘这么说，感觉到老板娘与自己有着共同的利益关系，确实工厂办好了，自己的工资收入才会提高。于是这些工人齐心协力，努力工作，不久以后，工厂的效益真的有了很大的提高，老板娘和工人们都实现了自己的愿望，大家其乐融融。

双方达成共识，有共同点，让对方感觉到你们的利益是一致的，他也就会主动地配合你。我们每个人的潜意识里，或多或少地存在着自我意识，所以我们都不喜欢被人指使。如果对方意识到你是在试图说服他，他的自我意识就开始变得强烈，本能地对你产生反抗，在这样的情况下，即使你说得再好，也很难打动他的心，而且他还会觉得你的所作所为只是为了自己的利益着想，甚至会对你的人品产生怀疑。所以你要从对方的角度出发，让他感觉到你们的利益是一致的，你也有考虑到他的利益，对方就会很主动地配合你。

小美是一个小城市的年轻女演员，人长得漂亮，演技也很好，在表演上很有天赋，刚刚在电视上崭露头角。为了增加自己的知名度，她需要一家公司为她在各种报刊上刊登宣传文章，但是她没有钱，也没有机会。

后来，经朋友介绍，她认识了陈经理。陈经理曾经在一家大的公关公司工作过许多年，不仅熟知业务，而且也有很好的人脉。几个月前，他自己开办了一家公关公司，并希望能够打入娱乐领域。但是到目前为止，一些比较出名的演员、歌手、夜总会的表演者都不愿与他合作。小美与陈经理相识后一拍即合，立即联手。自从与陈经理相识后，小美觉得自己的机会来了，但是在陈经理那边，总是因为小美还是新人而不肯投资。于是小美找陈经理谈了一次话。她很详细地向陈经理描绘了一番合作的美好前景,她说:"在茫茫人海中,能和陈总结识,我很荣幸,这也是我们的缘分。其实,我们事业的发展,往往只需要一个契机就能发生翻天覆地的变化。毫不谦虚地说,我觉得自己是一块璞玉,而陈总您则是一位技艺高超的工匠,在您的投资、包装、雕琢下,璞玉一定会发出璀璨夺目的光彩,我们一定会迎来辉煌的明天的!"最后,小美一再强调陈经理不要错失良机,要把握住我们共同的机会。

小美在谈话中强调这是"我们"共同的契机、共同的事业,她的话打动了陈经理,于是,小美成了陈经理新公司的形象代理人。

在别人不肯为自己提供帮助的时候,应不失时机地多说几个"我们"、"我们的",效果立刻就有了明显的改变,对方立刻就会觉得你们是站在同一条战线上的,于是坚硬的壁垒也就在不知不觉中消除了。对于那种自我意识很强的人,我们可以采用这种方式。

想让自己拥有真正的成功,好人缘是不容忽视的。在现实生活中,有的人仿佛天生就有与人交际的能力,简单的几句话就能和对方的关系有了很大的进步,提升到一个新的层次,其实这个过程中也有些小秘密、小技巧,那就是把对方当做自己人,以"我们"为出发点考虑问题,对方自然而然就会被你的热情所吸引,然后他会把你也当做自己人,这样你的目的也就达到了。

在激将法上做文章

激将法是指用语言来刺激对方,促使对方按照你的意图行事,做出有利于你的反应。在生活中、外交场合或商务谈判的时候,我们就常常用到这种方法。激将法用得得当可使你在做事时起到"请君入瓮"的效果。

使用激将法的关键就是要摸清对方的性格。一个人的性格常常会通过他的言谈举止流露出来。对于不同性格的人,一定要具体问题具体分析,区别对待。对于傲气十足的人,你可以先对其恭维,夸赞他引以自豪的地方,让他感觉到自己云里雾里、飘飘然,因为你的夸赞,飘飘然的他也就会顺着你的思路走了。这一切都是在不知不觉中进行的,对方情不自禁地就钻进了你的"圈套",这也正是激将法的妙处所在。

我们要摸清对方的性格,因为不是每个人都适合激将法,也不是每种激将法都适合每一种人,就是激将,也要因人而异,对症下药。对方头疼,你不能给他吃治嗓子疼的药,事实就是这样。我们每个人的性格都不一样,所以我们一定要看准对方适合哪一种方法,然后再采取合适的方法激发对方的需要,从而达到你的目的。

工厂要建一幢大楼。许多承包商竞相承包,但经过筛选后只剩下 A、B 两个势均力敌的承包商。厂家不好决定到底交给哪一方做,只好约请双方各来 3 个人参与公开招标。

于是双方积极备战。A 队探知 B 队 3 个人中有两人才识平平,而另外一人是技术员,他不仅具有丰富的建筑知识和施工经验,而且口才一流,这个人最大的缺点就是太过于自负。要战胜这样一个人,正面和他交锋显然不妥,于是 A 队采取了一些策略。

双方一见面,A 队 3 个人都热情地向 B 队中那两人致意和问候,而对那位原本想大放光彩的技术员却刻意忽视、冷落。不出所料,这一举动令那位技术人员十分不快。接着他们又恭敬地对那两人说:"二位的大名,我们是久仰了。知道你们在业界都是相当出色的人物,能独当一面,今天二位来参加,我们真是幸会啊,还希望二位能够对我们手下留情啊!"站在一边的那位技术员,听了这些话,自尊心受到极大的伤害,心中的怒火迅速地燃烧起来。

当招标开始的时候,A 队又抢先恭敬地对那二人说:"我们早就想听听二位的高见,今天正是一个好机会,还是请二位先指教吧。"

不等二位开口,那位愤怒到极点的技术员呼地一下站了起来,说:"好,你们有本事!你们谈!"说完便扬长而去。剩下那两位一时无言,不知如何是好。厂方代表见这样的状况,说道:"这样的技术员,我们怎么能信赖呢?"于是厂方同 A 队签订了承包协定。

协定刚一签订,那位技术员便气喘吁吁地跑了回来,说道:"我们上当了!"然而,一切都晚了。

在我们面对高傲的人的时候,要明白心高气傲就是他的弱点,也许他很强,看不起所有人,这时候你就不要再恭维他,而是要称赞他不喜欢的人,这样激怒对方,他原本不愿意去做的事情,可能很痛快地就答应你了。对于那个技术员,本来就是很高傲的,见到对手恭维身边不如自己的人,他自然会很生气,而他一生气、一离开,也就正中 A 队的下怀。就是后悔也来不及了,也就是这一缺点把自己本应得的机会拱手让人,实在是可惜。面对自以为是、欲显示其优势的对方,与其正面施行攻击,不如冷落他,将其搁置一边,让他的优势和锋芒受到抑制,从而使他情绪失控。

著名的亚佛斯德原则说:你若能在他人心中激起一种急切的需求,并能引导这种需求,你便能无往不胜。

在生活中、工作中、商场中,我们可以适当地用这种方法来刺激对方,激起对方成事的欲望。他越是避讳哪一点,你就专攻他的痛处。比如一个人做事情,最不喜欢别人拿他和其他人比,他不愿意去做这件事情的时候,你就可以拿他不喜欢的人来激他,只要他一激动,就不怕他不上你的道。激将术主要是通过隐藏的各种手段,使对方激动,扰乱他正常的思绪,使他的情绪失去控制,然后在他无意识的时候再引导他去做你想让他做的事情。说到底,人是感情动物。所以在人际交往中,必须想方设法调动感情的力量来激发人的积极性,调动其热情和干劲儿。

说好话,有时候有人就不吃这一套,说好话他会觉得你太虚伪了,反倒是巧言相激,他才能上你的道。借以语言加以刺激,激起对方按照说话人的意向说话或回答问题,也就是俗话说的"请将不如激将"。

激将法常常使被说服者情绪激动,在冲动的情况下做他在平静的时候不可能去做的事情。激将法还可以激发起对方的愤怒、羞耻心、自尊心等各种感情,在激动的情况下,不自觉地钻进你事先挖好的"陷阱"里。

愚蠢的激将法，往往是用嘲讽、污蔑、轻浮的语言将对方激怒，这样往往会适得其反；而一个高明的人，能够掌握激将法的分寸，灵活运用。

1.巧妙的激将法

运用激将法要看对象，年轻人的弱点是好胜，"激"就是选在这一点上，你越说他害怕，他就越勇敢。老年人的弱点是自尊心强，此点一"激"就灵，你越说他不中用，他越不服老、越逞强。所以当别人指责他放弃责任、隐退不出，嘲笑他不负责任、胆怯后退时，他身上的能量就激发出来了。

2.对比激将法

对比激将法是要借用与第三者(一般来说是强者)对比的反差来激发人的自尊心、好胜心、进取心。

用对比法激人，选择对比的对象很重要。一般来说，最好选择被激对象所比较熟悉的人，过去情况与他差不多、各方面条件与其差不多的人。而且对比的反差越大，效果越好。

3.煽情激将法

煽情激将法需要用具体的有感染力的描述，用富有煽动性的语言激起人们心中的激情、热情。所用的可以是严酷的现实，也可以是轻松的愿景，不拘一格。

布下"最后通牒"的陷阱

对于不需要马上完成的任务，人们总是习惯于在最后期限即将到来时才努力去完成，能拖就拖，但在不能拖的情况下，如条件不允许或到了规定时间，人们基本上也能完成任务，这在心理学上叫做"最后通牒效应"。

人总是会有这样的心理，得不到的永远是最好的。"最后的机会"、"最后一天"、"最后几个"等等，人们听到这样的词通常会觉得快没有的一定就是好东西，在心理上会迫使自己抓住最后的机会。

我们和别人交往的时候，要想对方答应我们的要求，达成我们的目的，我们可以使用最后通牒效应。

于洋是某房产公司的销售人员，他的业绩在公司里一直名列前茅，也是众人学习的典范。大家问到他销售的经验是什么，于洋微微一笑，说："我的秘诀就是抓住客户的心理，客户总是觉得还有下一个，后面出现的房子，户型、朝向等都会比之前的好，总是不慌不忙地等着下一套房子的出现，可是人也有一种心理，抢手的一定不错，所以每次遇上这样不慌不忙的客户，我都会给他们下最后通牒：'您看的这套房子真的很不错，您要是喜欢，就快点定下来，要知道遇见这么一套好房子挺不容易的，我也带您看过别的房子，您自己对比一下也知道，这几套房子就属这套性价比最高。而且我跟您说，一会儿我们同事还要带别的客户看这套房子，您要是决定了，我就不让他们看了，这房子这价钱，错过了多可惜啊。下一次再出这样的房子还不知道什么时候呢。'客户只要听到房子比较抢手，可能之前的话都是没用的，但是这一句其他客户也准备定这套房子，出于人的本性，成交的可能也就大大提升了。"

我们常会看到超市里有限时抢购、限时特价之类的活动，其实这些商品可能并不见得有多好，但它给顾客一种错过就不再有的心理，这就勾起了人的购买欲。东西越少，大家就越是想得到，所以就变得抢手，即使不好卖的东西也会销售一空。

在生活中，我们可以适当地运用"最后通牒效应"，借助语言加以刺激，激起对方急切的心理，使对方按照你的意向说话或回答问题，以达到自己的目的。

有一年，在贵阳举办的中国国际名酒节上，外省的一家经贸公司与贵州的一家酒厂谈判，该公司欲订购白酒10吨。但贵州的酒厂非常多，名酒更是不在话下，酒厂之间的竞争相当激烈，每家公司各有千秋，究竟订哪家的，确实不好作决定。

他们在与这家酒厂的洽谈间，对这么一宗大生意，厂家掩藏起内心的兴奋，平静而又抱歉地说："对不起，我们今年的货早已订完了，已经开始订明年的了。如果你们需要，我们设法给你们安排明年早一些的。"听了这一席话，公司当然大感意外："是吗?前天你们还在大拉客户呢!"厂家随即摆出一副赤诚的样子："众所周知,我们的酒是根本用不着'拉'的,更何况过了一天,情况还不会变?这不,今天一清早,广东一家公司才将今年的最后一批 10 吨全部订完,你们可以去问问他们嘛!"此一说果真有效,公司有些急了："是的,听说你们的酒好,我们才慕名而来。我们来一趟也不容易,能不能通融一下,先挪给我们一些?"厂家故意装作很为难。

公司更加着急,说了一大堆的好话。厂家这才松口说道："既然你们要与我们长期合作,看到你们也很有诚心,也考虑到我们的长远利益,我们可以给其他客户做做工作,每家匀出一点,给你们凑足 10 吨。"公司很高兴,厂家达到目的,更为高兴。

酒厂货物短缺,使买家觉得是因为酒厂的酒好,所以预订的人才会多,好东西都会很抢手。厂家成功地抓住了客户的这一心理,在语言上耍了一个小花招,成功地销售出了白酒。

调动起别人心中的渴望,这是一个屡试不爽的方法。说好话,有时候有人就不吃这一套,反倒是用"最后的"、"最终的"这样的词去激起别人的兴趣,不失为一条妙计。把握住人的心理,用"最后通牒"使他产生焦灼的心理,从而达到我们的目的,这确实是很实用的语言技巧。